LA CORÉE

ET

LES MISSIONNAIRES FRANÇAIS

1ʳᵉ SÉRIE GRAND IN-8°

PROPRIÉTÉ DES ÉDITEURS

Golde en costume de guerre.

LA CORÉE

ET

LES MISSIONNAIRES FRANÇAIS

PAR

ADRIEN LAUNAY

DE LA SOCIÉTÉ DES MISSIONS-ÉTRANGÈRES

INTRODUCTION SUR LE PAYS, LES MŒURS ET LES COUTUMES

PAR

CHARLES DALLET

DE LA MÊME SOCIÉTÉ

TOURS
MAISON ALFRED MAME ET FILS

LA CORÉE

I

LE PAYS. — LES PRODUCTIONS. — LES HABITANTS

Le royaume de Corée, au nord-est de l'Asie, se compose d'une presqu'île de forme oblongue et d'un nombre d'îles très considérables, surtout le long de la côte ouest. L'ensemble est compris entre 33°15' et 42°25' de latitude nord, 122°15' et 128°30' de longitude de Paris.

Il est borné au nord par la chaîne des montagnes Chan-yan-alin, que domine le Paik-tou-san (montagne à la tête blanche), et par les deux grands fleuves qui prennent leur source dans les flancs opposés de cette chaîne. Le Ya-lou-kiang (en coréen, Am-no-kang, fleuve du Canard vert), coule vers l'ouest et se jette dans la mer Jaune ; il forme la frontière naturelle entre la Corée et les pays chinois du Leao-tong et de la Mandchourie. Le Mi-Kiang (en coréen, Tou-man-kang), qui va se jeter à l'est dans la mer du Japon, sépare la Corée de la Mandchourie et des territoires russes cédés par la Chine en novembre 1860. Les autres limites sont : à l'ouest et au sud-ouest, la mer Jaune ; à l'est, la mer du Japon, et, au sud-est, le détroit de Corée, d'une largeur moyenne de vingt-cinq lieues, qui sépare la presqu'île coréenne des îles Japonaises.

Le nom de Corée vient du mot chinois Kao-li, que les Coréens prononcent Kô-rie, et les Japonais Kô-raï. C'était le nom du royaume sous la dynastie précédente ; mais la dynastie actuelle, qui date de l'année im-sin, 1392 de notre ère, changea ce nom et adopta la dénomination de Tsio-sien (Tchoa-sien), qui est aujourd'hui le nom officiel du pays. La signification même du mot Tsio-sien, *sérénité du matin*, montre que ce nom vient des Chinois, pour qui la Corée est, en effet, le pays du matin. Quelquefois aussi, dans les livres chinois, la Corée est désignée par le mot Tong-koué, royaume de l'Orient. Les Tartares mandchoux la nomment Sol-ho.

C'est un pays de montagnes. Une grande chaîne, partant des Chan-yan-alin dans la Mandchourie, se dirige du nord au sud, en suivant le rivage de l'est, dont elle détermine les contours, et les ramifications de cette chaîne couvrent le pays presque tout entier.

« En quelque lieu que vous posiez le pied, écrivait un missionnaire, vous ne voyez que des montagnes. Presque partout, vous semblez être emprisonné entre les rochers, resserré entre les flancs des collines, tantôt nues, tantôt couvertes de pins sauvages, tantôt embarrassées de broussailles ou couronnées de forêts. Tout d'abord vous n'apercevez aucune issue ; mais cherchez bien, et vous finirez par découvrir les traces de quelque étroit sentier, qui, après une marche plus ou moins longue et toujours pénible, vous conduira sur un sommet d'où vous découvrirez l'horizon le plus accidenté. Vous avez quelquefois, du haut d'un navire, contemplé la mer, alors qu'une forte brise soulève les flots en une infinité de petits monticules aux formes variées. C'est en petit le spectacle qui s'offre ici à vos regards. Vous apercevez dans toutes les directions des milliers de pics aux pointes aiguës, d'énormes cônes arrondis, des rochers inaccessibles, et plus loin, aux limites de l'horizon, d'autres montagnes plus hautes encore, et c'est ainsi dans presque tout le pays. La seule exception est un district qui s'avance dans la mer de l'Ouest et se nomme la plaine du Naï-po. Mais, par ce mot de plaine, n'allez pas entendre une surface unie et étendue comme nos belles plaines de France; c'est simplement un endroit où les montagnes sont beaucoup moins hautes, et beaucoup plus espacées que dans le reste du royaume. Les vallées plus larges laissent un plus grand espace pour la culture du riz. Le sol, d'ailleurs fertile, y est coupé d'un grand nombre de canaux, et ses produits sont si abondants, que le Naï-po est appelé le grenier de la capitale. »

Les forêts sont nombreuses en Corée, mais c'est dans les provinces septentrionales que l'on trouve les plus belles. Les bois de construction de différentes espèces y abondent, les pins et sapins surtout. Ces derniers étant les plus employés, parce qu'ils sont très faciles à travailler, le gouvernement veille à leur conservation, et afin que chaque village ait toujours à sa portée les arbres nécessaires, les mandarins sont chargés d'en surveiller l'exploitation et d'empêcher qu'on n'en coupe un trop grand nombre à la fois.

Il semble certain que les montagnes recèlent des mines abondantes d'or, d'argent et de cuivre. On assure qu'en beaucoup d'endroits, dans les provinces septentrionales surtout, il suffit de remuer un peu la terre pour rencontrer l'or, et qu'il se trouve en paillettes dans le sable de certaines rivières. Mais l'exploitation des mines est défendue par la loi sous des peines si sévères, que l'on n'ose pas le ramasser, parce qu'il serait à peu près impossible de le vendre. Quelle est la véritable cause de cette prohibition? Les uns disent que cela tient au système de tout temps suivi par le gouvernement coréen, de faire passer le pays pour aussi petit et aussi pauvre que possible, afin de décourager l'ambition de ses puissants voisins. D'autres croient que l'on redoute les soulèvements et les troubles qu'amènerait infailliblement la concentration d'un grand nombre d'ouvriers dans des pays éloignés de la capitale, et où l'action de l'autorité est presque nulle. Le complot de 1811 se forma, dit-on, dans une de ces réunions. Quoi qu'il en soit, la loi est strictement observée, et la seule exception que l'on connaisse est la permission accordée, il y a vingt-cinq ans, d'exploiter pendant quelques mois les mines d'argent de Sioun-heng-fou, dans la province de Kieng-sang. Le cuivre de Corée est d'une excellente qualité, mais on ne l'emploie point, et c'est du Japon que vient celui qui sert dans le pays. Le minerai de fer est si commun dans certains districts, qu'après les grandes pluies il suffit de se baisser pour le ramasser. Chacun en fait provision à son gré.

Les silex (pierres à fusil) ne se trouvent guère que dans la province de Hoang-haï, et encore sont-ils d'une qualité tout à fait grossière. On fait venir de Chine ceux dont on se sert habituellement.

Le climat de la Corée n'est point ce que l'on nomme un climat tempéré. Comme dans tous les pays de l'Extrême-Orient, il y fait beaucoup plus froid en hiver et beaucoup plus chaud en été, que dans les contrées européennes correspondantes. Dans le nord, le Tou-man-kang est gelé pendant six mois de l'année, et le sud de la presqu'île, quoique sous la même latitude que Malte ou la Sicile, reste longtemps couvert de neiges épaisses. Par 35° de latitude, les missionnaires n'ont pas vu descendre le thermomètre au-dessous de — 15° centigrades; mais par 37°30' ou 38°, ils ont trop souvent — 25°. Le printemps et l'automne sont généralement fort beaux. L'été, au contraire, est l'époque des pluies torrentielles qui souvent interceptent, pendant plusieurs jours, toutes espèces de communications.

Dans les vallées, pour peu que le terrain soit favorable, on plante du riz, et l'immense quantité de ruisseaux ou petites rivières qui descendent des montagnes donne la facilité de former les étangs nécessaires à cette culture. Jamais on ne laisse reposer les terres ainsi arrosées; elles sont toujours en rapport. Ailleurs, on sème du blé, du seigle ou du millet. Les instruments aratoires sont aussi simples et aussi primitifs que possible.

Le bœuf est seul employé à la charrue; on n'a jamais recours au cheval, et un jour qu'un missionnaire engageait des chrétiens à se servir de sa monture, ce fut un éclat de rire général, absolument comme si en France on proposait de labourer avec des chiens. Du reste, le cheval ne vivrait pas en travaillant dans les rizières, parce qu'elles sont constamment inondées. Outre le fumier et les autres engrais animaux que l'on recueille très soigneusement, on emploie, pour la culture, les cendres dont chaque maison coréenne est riche, car le bois n'est pas cher, et on en consume prodigieusement pendant l'hiver. De plus, au printemps, quand les arbres commencent à se couvrir de feuilles, on coupe les branches inférieures, et on les répand sur les champs, où on les laisse pourrir. Après les semailles, pour

Le labourage en Corée.

empêcher les oiseaux de manger les grains et pour protéger les jeunes tiges contre les chaleurs excessives qui les dessécheraient sur pied, on recouvre les champs d'autres branches que l'on enlève plus tard, quand la plante est assez forte.

La récolte habituelle suffit à peine aux besoins des habitants, et les famines sont fréquentes en Corée. Pour la classe la plus pauvre de la population, on peut dire qu'elles sont périodiques à deux époques de l'année : d'abord au printemps, quand on attend la récolte du seigle, qui se fait en juin et en juillet; puis avant la récolte du millet, en septembre ou octobre. L'argent ne se prêtant qu'à un taux très élevé, les malheureux dont les petites provisions sont épuisées ne peuvent aller acheter du riz ou d'autres grains, et n'ont pour vivre que quelques herbes cuites dans l'eau salée.

Outre le riz, le blé, le seigle et le millet, les principales productions du pays sont: des légumes de toute espèce, mais très fades, le coton, le tabac, et diverses plantes fibreuses propres à confectionner de la toile. Le tabac a été introduit en Corée par les Japonais vers la fin du xvie siècle. La plante à coton vient de Chine. Il y a cinq cents ans, dit-on, elle était inconnue en Corée, et les Chinois prenaient toutes les précautions possibles pour empêcher l'exportation des graines, afin de vendre aux Coréens des tissus de leurs fabriques. Mais un jour, un des membres de l'ambassade annuelle réussit à se procurer trois graines, qu'il cacha dans un tuyau de plume, et dota son pays de ce précieux arbrisseau. La plante à coton périt chaque année après la récolte; on la sème au printemps, comme le blé et dans les mêmes terrains. Quand le germe est sorti de terre, on arrache un grand nombre de pieds, afin que ceux qui restent soient à la distance d'une dizaine de pouces; on relève un peu la terre autour de chaque tige; on a soin d'enlever constamment les herbes parasites, et, en septembre, on obtient une assez belle récolte. La pomme de terre, introduite à une époque récente, n'est presque pas connue des Coréens. La culture en fut longtemps interdite par le gouvernement, on ne sait pourquoi; les chrétiens seuls en font pousser quelques-unes en cachette, afin de pouvoir offrir des légumes européens aux missionnaires lorsqu'ils viennent visiter leurs villages.

Ce sont les chrétiens qui, les premiers en Corée, ont cultivé les montagnes. Repoussés par la persécution dans les coins les plus écartés, ils ont défriché pour ne pas mourir de faim, et l'expérience de quelques années leur a enseigné le système de culture le plus convenable à ce genre de terrain. Les païens, étonnés du succès de leurs tentatives, les ont imités, et aujourd'hui beaucoup de montagnes sont cultivées.

Les impôts sont moins élevés. Le bois, l'herbe, les fruits sauvages sont en abondance sous la main. Le gros navet, dont il se

Attelages coréens.

fait une consommation considérable, vient très bien au milieu des plantations de tabac et fournit une ressource précieuse. Malheureusement la terre s'épuise vite, et tandis que dans les vallées on ne voit jamais de champs en jachère, il faut sur les montagnes, après quelque temps, laisser reposer le terrain pendant plusieurs années; encore ne retrouve-t-il presque jamais la même force productive qu'il avait après le premier défrichement.

Les fruits sont abondants en Corée; on y retrouve presque tous ceux de France, mais quelle différence pour le goût! Sous l'influence des pluies continuelles de l'été, pommes, poires, prunes, fraises, mûres, raisins, melons, etc., tout est insipide et aqueux. Les raisins ont un suc désagréable; les framboises ont moins de saveur que les mûres sauvages de nos haies; les fraises, très belles à la vue, sont immangeables; les pêches ne sont que des avortons véreux. On mange beaucoup de cornichons et de pastèques, ou melons d'eau, qui sont peut-être le seul fruit passable que produise le pays. Quelques missionnaires font une autre exception en faveur du fruit du *lotus diospyros*, que l'on désigne en France par son nom japonais *kaki* (le nom coréen est *kam*). Pour la couleur, la forme et la consistance, ce fruit ressemble assez à une tomate mûre. Le goût rappelle celui de la nèfle, mais lui est bien supérieure.

Les fleurs sont très nombreuses. Pendant la saison les champs sont émaillés de primevères de Chine, de lis de différentes espèces, de pivoines et d'autres espèces inconnues en Europe. Mais, à part l'églantine, dont le feuillage est très élégant, et le muguet, qui ressemble à celui d'Europe, toutes ces fleurs sont inodores ou d'un parfum désagréable.

On cultive aussi le gen-seng, mais il est extrêmement inférieur en qualité au gen-seng sauvage de la Tartarie. Cette plante fameuse est, au dire des habitants de l'Extrême-Orient, le premier tonique de l'univers. Ses effets sont bien supérieurs à ceux du quinquina. D'après les Chinois, le meilleur gen-seng est le plus vieux; il doit être sauvage, et, dans ce cas, il se vend au prix exorbitant de cinquante mille francs la livre. La racine seule est en usage. On la coupe en morceaux, que l'on fait infuser dans du vin blanc, pendant un mois au moins. On prend ce vin à très petites doses. Il n'est pas rare de voir des malades à l'article de la mort, qui, au moyen de ce remède, parviennent à prolonger leur vie de quelques jours. Le gen-seng cultivé abonde dans les diverses provinces de Corée. On le joint à d'autres drogues pour fortifier le malade, mais on ne l'emploie presque jamais seul. Depuis quelques années son prix a doublé, à cause de la quantité considérable que l'on fait passer en Chine par contrebande, car les habitants du Céleste-Empire en font encore plus grand usage que les Coréens. Le gen-seng essayé à diverses reprises par les Européens leur a, dit-on, causé le plus souvent des maladies inflammatoires très graves; peut-être en avaient-ils pris de trop fortes doses; peut-être faut-il attribuer cet insuccès à la différence des tempéraments et de l'alimentation habituelle.

Les animaux sauvages, tigres, ours, sangliers, sont très nombreux en Corée, les tigres surtout, qui chaque année font beaucoup de victimes. Ils sont d'une petite espèce. On trouve aussi quantité de faisans, de poules d'eau et d'autre gibier. Les animaux domestiques sont généralement d'une race inférieure. Les chevaux, quoique très petits, sont assez vigoureux. Les bœufs sont de taille ordinaire. Il y a énormément de porcs et de chiens; mais ces derniers sont peureux à l'excès, et ne servent guère que comme viande de boucherie. On assure que la chair du chien est très délicate ; quoi qu'il en soit, c'est en Corée un mets des plus distingués. Le gouvernement défend d'élever des moutons et des chèvres; le roi seul a ce privilège. Les moutons lui servent pour les sacrifices des ancêtres; les chèvres sont réservées pour les sacrifices à Confucius.

Il est impossible de parler du règne animal, en Corée, sans mentionner les insectes et la vermine de toute espèce, poux, puces, punaises, cancrelats, etc., qui, pendant l'été surtout, rendent si pénible aux étrangers le séjour dans ce pays. Tous les missionnaires s'accordent à y voir une véritable plaie d'Égypte. En certaines localités, il est physiquement impossible de dormir à l'intérieur des maisons pendant les chaleurs, à cause des cancrelats; et les habitants préfèrent coucher au grand air, malgré le voisinage des tigres. Le cancrelat ronge la superficie de la peau, et y fait une plaie plus gênante et plus longue à guérir qu'une écorchure ordinaire. Ces animaux, beaucoup plus gros que les hannetons, se multiplient avec une rapidité prodigieuse, et le proverbe coréen dit : « Quand une femelle de cancrelat ne fait que quatre-vingt-dix-neuf petits en une nuit, elle a perdu son temps. »

Le climat de la Corée est assez sain; mais l'eau, insipide partout, est, dans plusieurs provinces, la cause d'une foule de maladies. Le plus généralement ce sont des fièvres intermittentes, qui durent plusieurs années. Quelquefois l'eau cause des scrofules, des accidents nerveux, l'enflure démesurée d'une des jambes, rarement des deux à la fois. Dans certains districts, elle produit une vieillesse prématurée : les dents tombent, les jambes s'affaiblissent, les ongles des doigts se décharnent et arrivent à couvrir presque toute la première phalange. Les Coréens nomment cette maladie *southo*, c'est-à-dire mal causé par l'eau et le terrain; en ce sens que l'eau agit non seulement d'une manière directe comme boisson, mais aussi en rendant malsains et dangereux les fruits et légumes, qui ailleurs sont utiles ou au moins inoffensifs.

Certaines maladies sont en Corée de véritables fléaux; entre autres, la petite vérole. Il n'y a peut-être pas dans tout le pays cent individus qui n'en aient été attaqués. Elle est d'une violence extrême. Souvent dans un district tous les enfants en sont pris en même temps, et ont le corps couvert de pustules ou de croûtes dégoûtantes. L'air en est tellement infecté, qu'on ne peut sans danger demeurer dans les maisons. Ceux qui échappent dans le bas âge sont sûrs d'être attaqués plus tard, et alors le danger est bien plus grand. Plus de la moitié des enfants meurent de cette maladie, et, en certaines années, presque aucun ne survit. Un médecin chrétien racontait un jour à Mgr Daveluy que quelques semaines auparavant, sur soixante-douze enfants pour lesquels il avait donné des remèdes, deux seulement avaient échappé à la mort. Chaque année, à la capitale, les victimes se comptent par milliers.

Parmi les maladies qui attaquent plus particulièrement les adultes, il faut citer une sorte de peste ou typhus, dont les cas sont fréquents. Si l'on ne peut provoquer la sueur, la mort est inévitable en trois ou quatre jours. Puis, les indigestions subites qui étouffent le malade et causent une mort instantanée, l'épilepsie qui est très commune, le choléra, etc.

Quelle est aujourd'hui la population totale de la Corée ? Il est difficile de le savoir exactement. Les statistiques officielles du gouvernement comptaient, il y a trente ans, plus de un million sept cent mille maisons et près de sept millions et demi d'habitants; mais les listes sont faites avec tant de négligence, qu'on ne peut pas s'y fier. Il semble certain que beaucoup d'individus ne sont pas comptés. Peut-être ne se tromperait-on guère en estimant à dix millions le chiffre total, ce qui donnerait une moyenne de presque six individus par maison. Quelques géographes modernes supposent à la Corée quinze millions d'habitants, mais ils ne disent point sur quoi se basent leurs conjectures évidemment très exagérées.

Les Coréens se rattachent au type mongol, mais ils ressemblent beaucoup plus aux Japonais qu'aux Chinois. Ils ont généralement le teint cuivré, le nez court et un peu épaté, les pommettes proéminentes, la tête et la figure arrondies, les sourcils élevés. Leurs cheveux sont noirs; il n'est pas rare cependant de rencontrer des cheveux châtains et même châtain-clair. Beaucoup d'individus n'ont point de barbe, et ceux qui en ont l'ont peu fournie. Ils sont de taille moyenne, assez vigoureux, et résistent bien à la fatigue. Les habitants des provinces du nord, voisines de la Tartarie, sont beaucoup plus robustes et presque sauvages.

II

HISTOIRE DE LA CORÉE. — SON ÉTAT DE VASSELAGE VIS-A-VIS DE LA CHINE.
— ORIGINE DES DIVERS PARTIS POLITIQUES

Il est difficile, sinon impossible, de faire une histoire sérieuse et suivie de la Corée, faute de documents. Les différentes histoires coréennes, écrites en langue chinoise, ne sont, au dire de ceux qui ont pu les parcourir, que des compilations indigestes de faits plus ou moins imaginaires, servant de textes à des déclamations emphatiques. Les savants coréens eux-mêmes n'y ajoutent aucune foi et n'en font jamais un objet d'étude. Ils se bornent à lire l'histoire de la Chine. On rencontre, il est vrai, des abrégés d'histoire en langue coréenne; mais ce ne sont que des recueils d'anecdotes curieuses, vraies ou fausses, arrangées pour l'amusement des dames et qu'un lettré rougirait d'ouvrir.

Ces différents recueils, d'ailleurs, n'ont trait qu'à l'histoire ancienne du pays, car il est sévèrement défendu de faire ou d'imprimer l'histoire moderne, c'est-à-dire celle des princes de la dynastie actuelle. Voici comment se conservent les documents. Certains dignitaires du palais inscrivent secrètement, et comme ils l'entendent, tout ce qui se passe; puis on dépose ces écrits cachetés dans quatre coffres conservés dans quatre différentes provinces. Quand la dynastie sera éteinte et qu'une autre lui aura succédé, on composera l'histoire officielle à l'aide de ces rédactions diverses. Il est d'usage néanmoins, dans la plupart des grandes familles nobles, de noter sur des registres particuliers les principaux événements, mais avec la précaution de ne jamais manifester ni un jugement ni une opinion sur les actes des ministres ou même des agents subalternes; autrement l'écrivain risquerait sa tête.

C'est donc principalement à l'aide des livres chinois et japonais que l'on a pu réunir quelques notions un peu certaines sur l'histoire de Corée.

On ne connaît absolument rien de l'histoire de Corée avant le premier siècle de l'ère chrétienne. Alors seulement on trouve les traces de trois États distincts qui se partagent la péninsule : au nord et au nord-est, le royaume de Kao-li; à l'ouest, celui de Pet-si; au sud-est, celui de Sin-la. Un chaos de guerres civiles interminables entre ces États rivaux, des querelles sans cesse renaissantes entre le royaume de Kao-li et la Chine d'une part, entre le royaume de Sin-la et le Japon d'autre part, voilà l'histoire de la Corée pendant plus de dix siècles. Ce qui semble évident, c'est que, vers la fin de cette période, le royaume de Sin-la eut une prépondérance marquée sur les deux autres. En effet, les histoires de Corée donnent le nom de Sin-la à la dynastie qui précéda celle de Kao-li ou Korie. Une autre preuve de cette supériorité, c'est que l'ouest et le nord paraissent avoir presque toujours été, de gré ou de force, sous la suzeraineté de la Chine, tandis que le sud ou royaume de Sin-la soutint pendant des siècles la guerre contre le Japon, avec des alternatives de succès et de revers. Les annales japonaises mentionnent une cinquantaine de traités successifs entre les deux peuples.

Quoi qu'il en soit, c'est vers la fin du xie siècle, sous Ouang-Kien, c'est-à-dire Ouang, le fondateur, que les trois royaumes coréens furent définitivement réunis en un seul. Le roi de Kao-li, appuyé par la Chine, conquit les États de Pet-si et de Sin-la et forma une seule monarchie, et en reconnaissance du secours que lui avait donné la dynastie mongole, qui s'établissait alors à Péking, reconnut officiellement la suzeraineté de l'empereur. Les historiens chinois donnent de cette révolution une version un peu différente. D'après eux, Tchéou-ouang, le dernier empereur de la dynastie des Yn, prince cruel et débauché, avait disgracié et envoyé en exil son neveu Kei-tsa, dont les remontrances lui étaient désagréables. Or Ouang, ayant renversé Tchéou-ouang et mis fin à la dynastie de Yn, rappela Kei-tsa, le fit roi de Corée, et lui donna pour armée les débris des troupes qui avaient servi son oncle.

Les descendants du fondateur de l'unité coréenne régnèrent pacifiquement pendant plus de trois cents ans. Ce sont ces princes qui, dans les livres et les traditions du pays, sont désignés sous le nom de dynastie Kao-li ou Korie.

Au xive siècle, la chute de la dynastie mongole en Chine entraîna par contre-coup celle de la dynastie vassale en Corée. Tai-tso, que les histoires chinoises nomment Li-tan, protégé par la dynastie Ming qui venait de supplanter les Mongols, s'empara du pouvoir en Corée, l'an 1392, et fonda la dynastie actuelle, dont le nom officiel est Tsi-Tsien. Les nouveaux empereurs de Chine profitèrent de cette révolution pour étendre leurs droits de suzeraineté, et c'est alors que fut imposé aux Coréens l'usage de la chronologie et du calendrier chinois. Tai-tso, affermi sur le trône, quitta la ville de Siong-to ou Kai-seng, où avaient résidé ses prédécesseurs, et établit sa capitale à Han-siang (Séoul). Il partagea le pays en huit provinces; et organisa tout le système de gouvernement et d'administration qui se conserve encore aujourd'hui. Les premiers successeurs de Taï-tso semblent avoir acquis une assez grande puissance; car sous le roi Siong-siong, qui occupa le trône de 1506 à 1544, c'est ouve mentionnée une guerre avec le Japon à l'occasion de la révolte de Taïma-to (île de Tsousima ou Tsou-tsima) et de quelques autres provinces japonaises qui étaient alors tributaires de la Corée. Mais, quelques années plus tard, le Japon prit sa revanche, et Taïko-Sama mit la Corée à deux doigts de sa perte. En 1592, ce prince, aussi grand guerrier qu'habile politique, envoya une armée de deux cent mille hommes en Corée. Son plan était de frayer une voie à l'envahissement de la Chine. En vain les Chinois accoururent au secours des Coréens contre l'ennemi commun; ils furent battus en plusieurs rencontres, et les trois quarts de la Corée tombèrent au pouvoir des Japonais, qui probablement seraient demeurés maîtres de tout le pays, si la mort de Taïko-Sama, en 1598, n'avait forcé ses troupes à retourner au Japon, en abandonnant leur conquête.

En 1615, à la chute de la famille de Taïko-Sama, le chef de la dynastie actuelle du Japon signa définitivement la paix avec les Coréens. Les conditions en étaient très dures et très humiliantes pour ces derniers, car ils devaient payer chaque année un tribut de trente peaux humaines. Après quelques années, ce tribut barbare fut changé en une redevance annuelle d'argent, de riz, de toiles, de gen-seng, etc. En outre, les Japonais gardèrent la propriété du port de Fousan-kaï, sur la côte sud-est de la Corée, et ils en sont encore aujourd'hui les maîtres. Ce point important est occupé par une colonie de trois ou quatre cents soldats et ouvriers, qui n'ont aucune relation avec l'intérieur du pays et ne peuvent faire de commerce avec les Coréens qu'une ou deux fois par mois, pendant quelques heures. Fousan-kaï est sous l'autorité du prince Tsou-Tsima. Jusqu'en 1790, le roi de Corée était obligé d'envoyer une ambassade extraordinaire au Japon pour notifier son avènement, et une autre tous les dix ans pour payer le tribut. Depuis cette époque, les ambassades ne vont qu'à Tsou-tsima, ce qui demande beaucoup moins de pompe et de dépenses.

En 1636, quand la dynastie mandchoue qui règne actuellement en Chine renversa les Ming, le roi de Corée prit parti pour ces derniers. Son pays fut aussitôt envahi par les Mandchoux, et il ne put opposer de résistance sérieuse à l'ennemi, qui vint lui dicter des lois dans sa propre capitale. Il y a encore aujourd'hui, près d'une des portes de Han-iang (Séoul), un temple bâti en l'honneur du général mandchou qui commandait l'expédition, et le peuple lui rend des honneurs divins. Le traité conclu en 1637, sans aggraver sérieusement les conditions réelles du vasselage de la Corée vis-à-vis de la Chine, rendit cette soumission beaucoup plus humiliante dans la forme. Le roi dut reconnaître à l'empereur, non plus seulement le droit d'investiture, mais l'autorité directe sur sa personne, c'est-à-dire la relation de maître à sujet (koun-sin).

L'un des articles de cette convention, signée le 30 de la troisième lune de tieng-tsiouk (1637-1638), règle ainsi qu'il suit le payement du tribut annuel :

« Chaque année il sera présenté : cent onces d'or, mille onces d'argent, dix mille sacs de riz en grain sans la balle, deux mille pièces de soie, trois cents pièces de mori (espèce de lin), dix mille pièces de toile ordinaire, quatre cents pièces de toile de chanvre, cent pièces de toile de chanvre fin, mille rouleaux de vingt feuilles de grand papier, mille rouleaux de petit papier, deux mille bons couteaux, mille cornes de buffle, quarante nattes avec dessins, deux cents livres de bois de teinture, dix boisseaux de poivre, cent peaux de tigres, cent peaux de cerfs, quatre cents peaux de castors, deux cents peaux de rats bleus, etc. » Cet envoi commencera à l'automne de l'année de kei-mio 1639.

Le sac de riz, dont il est ici question, est la charge d'un bœuf, un peu moins de deux hectolitres. Quelques années après le traité, en 1650, l'ambassadeur coréen, dont la fille, emmenée captive par les Mandchoux, était devenue sixième femme de l'empereur, obtint que le tribut en riz fût diminué de neuf mille sacs. Les autres articles du traité fixent en détail toutes les relations entre les deux pays, et sauf quelques modifications insignifiantes sur des points de détail, c'est ce traité qui jusqu'à présent est la loi internationale.

Avant la guerre japonaise, une ambassade coréenne allait chaque année à Péking payer le tribut et recevoir le calendrier. Cette dernière clause est, dans l'idée de ces peuples, d'une importance capitale.

En Chine, la fixation du calendrier est un droit impérial exclusivement réservé à la personne du Fils du Ciel. Différents tribunaux d'astronomes et de mathématiciens sont chargés de le préparer, et chaque année l'empereur le promulgue par un édit, muni du grand sceau de l'État, défendant sous peine de mort d'en suivre ou d'en publier un autre. Les grands dignitaires de l'empire vont le recevoir solennellement au palais de Péking; les mandarins et les employés subalternes le reçoivent des gouverneurs ou vice-rois. Recevoir ce calendrier, c'est se déclarer sujet et tributaire de l'empereur; le refuser, c'est se mettre en insurrection ouverte. Jamais les rois de Corée n'ont osé se passer du calendrier impérial; mais pour sauvegarder leur autorité vis-à-vis de leurs propres sujets et se donner un certain air d'indépendance, ils affectent d'y faire quelques changements, plaçant les longues lunaisons (celles de trente jours) à des intervalles différents, avançant ou retardant les mois intercalaires, etc., de sorte que les Coréens, pour connaitre les dates civiles et l'époque des fêtes officielles, sont forcés d'attendre la publication de leur propre calendrier.

Au reste, les empereurs chinois, en habiles politiques, ménagent les ressources et les susceptibilités du gouvernement coréen. Ils reçoivent les tributs mentionnés plus haut, mais ils font en échange des présents annuels aux ambassadeurs coréens et aux gens de leur suite; ils envoient à chaque nouveau roi un manteau royal et des ornements de prix. De même, ils ont le droit de demander à la Corée des subventions en vivres, munitions et soldats; mais ils n'en usent presque jamais, et surtout, quoiqu'ils le puissent, à la rigueur, d'après la lettre des traités, ils ne se mêlent en rien de l'administration intérieure du royaume. La dynastie des Ouang (mongole) intervint autrefois à diverses reprises pour faire et défaire les rois de Corée, et à cause de cela son souvenir est exécré dans le pays. Les Ming, plus sages, traitèrent les Coréens en alliés plutôt qu'en vassaux; ils envoyèrent une armée au secours du roi de Corée lors de la grande invasion japonaise, et aujourd'hui encore l'affection et la reconnaissance du peuple coréen leur est acquise à ce point que l'on conserve précieusement divers usages contemporains de cette dynastie, quoiqu'ils aient été abolis en Chine par les empereurs mandchoux. Ces derniers ne sont pas aimés en Corée, et, sur les registres des particuliers, on ne date point les événements des années de leur règne. Néanmoins leur joug n'est pas très lourd, et la pensée de le secouer ne vient à l'esprit de personne.

Depuis 1636, la Corée n'a eu de guerres ni avec le Japon, ni avec la Chine. Ce peuple a eu le bon sens de ne point renouveler des luttes trop inégales, et, afin de ne point tenter l'ambition de ses puissants voisins, il a toujours affecté de se faire aussi petit que possible, et de mettre toujours en avant sa faiblesse et la pauvreté du pays et du peuple. De là, la défense d'exploiter les mines d'or et d'argent, les lois somptuaires fréquemment renouvelées, qui maintiennent dans d'étroites limites le luxe et le faste des grands. De là aussi l'interdiction, à peu près absolue, de communiquer avec les étrangers. Par ce moyen la paix s'est conservée, et l'histoire des derniers siècles ne nous offre d'autres événements que des intrigues de palais qui, une ou deux fois, réussirent à remplacer un roi par quelque autre prince de la même famille, et le plus souvent n'aboutirent qu'à l'exécution capitale des conspirateurs et de leurs complices vrais ou supposés. Du reste, pas un changement, pas une amélioration sérieuse. Ce que nous appelons vie politique, progrès, révolutions, n'existe pas en Corée. Le peuple n'est rien, ne se mêle de rien. Les nobles, qui seuls ont en main le pouvoir, ne s'occupent du peuple que pour le pressurer et en tirer le plus d'argent possible. Ils sont eux-mêmes divisés en plusieurs partis qui se poursuivent réciproquement avec une haine acharnée, mais leurs divisions n'ont nullement pour cause ou pour mot d'ordre des principes différents de politique et d'administration; ils ne se disputent que les dignités et l'influence dans les affaires. Depuis bientôt trois siècles, l'histoire de Corée n'est que le récit monotone de leurs luttes sanglantes et stériles.

III

ROIS. — PRINCES DU SANG. — ESCLAVES. — FUNÉRAILLES ROYALES

En Corée, comme chez tous les autres peuples de l'Orient, la forme du gouvernement est la monarchie absolue. Le roi a plein pouvoir d'user et d'abuser de tout ce qu'il y a dans son royaume; il jouit d'une autorité sans limites sur les hommes, les choses et les institutions; il a le droit de vie et de mort sur tous ses sujets sans exception, fussent-ils ministres ou princes du sang royal. Sa personne est sacrée; on l'entoure de tous les respects imaginables, on lui offre avec une pompe religieuse les prémices de toutes les récoltes; on lui rend des honneurs presque divins. Bien qu'il reçoive de l'empereur de Chine un nom propre en même temps que l'investiture, par respect pour sa haute dignité il est défendu sous des peines sévères de prononcer jamais ce nom, qui n'est employé que dans les rapports officiels avec la cour de Péking. Ce n'est qu'après sa mort que son successeur lui donne un nom, sous lequel l'histoire devra ensuite le désigner.

En présence du roi, nul ne peut porter le voile dont la plupart des nobles et tous les gens en deuil se couvrent habituellement le visage; nul ne peut porter lunettes. Jamais on ne doit le toucher, jamais surtout le fer ne doit approcher de son corps. Quand le roi Tieng-tsong-tai-oang mourut, en 1800, d'une tumeur dans le dos, il ne vint à l'idée de personne d'employer la lancelle qui probablement l'eût guéri, et il dut trépasser selon les règles de l'étiquette.

On cite le cas d'un autre roi qui souffrait horriblement d'un abcès à la lèvre. Le médecin eut l'heureuse idée d'appeler un bonze pour faire devant Sa Majesté tous les jeux, tous les tours, toutes les grimaces possibles; le royal patient se mit à rire à

Le palais de Séoul.

gorge déployée, et l'abcès creva. Jadis, assure-t-on, un prince plus sensé que les autres força le médecin à pratiquer sur son bras une légère incision; mais il eut ensuite toutes les peines du monde à sauver la vie de ce pauvre malheureux, devenu ainsi coupable du crime de lèse-majesté.

Nul Coréen ne peut se présenter devant le roi sans être revêtu de l'habit d'étiquette et sans des prostrations interminables. Tout homme à cheval est tenu de mettre pied à terre en passant devant le palais. Le roi ne peut se familiariser avec aucun de ses sujets. S'il touche quelqu'un, l'endroit devient sacré, et on doit porter toute la vie un signe ostensible, généralement un cordon de soie rouge, en souvenir de cette insigne faveur.

La plupart de ces prohibitions et de ces formalités n'atteignent que les hommes; les femmes peuvent entrer partout au palais, sans que cela tire à conséquence. L'effigie du roi n'est pas frappée sur les monnaies; on y met seulement quelques caractères chinois. On croirait faire injure au roi en plaçant ainsi sa face sacrée sur des objets qui passent dans les mains les plus vulgaires et souvent roulent à terre, dans la poussière ou la boue. Il n'y a de portrait du roi que celui qu'on fait après sa mort, et qui est gardé au palais même, avec le plus grand respect, dans un appartement spécial.

Quand les navires français vinrent pour la première fois en Corée, le mandarin qui fut envoyé à bord pour se mettre en rapport avec eux fut horriblement scandalisé de voir avec quelle légèreté ces barbares d'Occident traitaient la face de leur souverain reproduite sur les pièces de monnaie, avec quelle insouciance ils la mettaient entre les mains du premier venu, sans s'inquiéter le moins du monde si on lui montrerait ou non le respect voulu. Le commandant offrit à ce mandarin un portrait de Louis-Philippe, mais il refusa de le recevoir. Peut-être craignait-il d'être puni par son gouvernement pour avoir accepté quelque chose des barbares. Mais il est plus probable qu'il crut voir un piège dans cet acte de politesse. Il se fût trouvé très embarrassé pour emporter ce tableau avec la pompe convenable, et d'un autre côté, ne pas témoigner au portrait du souverain la déférence requise eût été, dans son esprit, une insulte grave aux étrangers et une provocation à la guerre.

D'après les livres sacrés de la Chine, le roi s'occupe uniquement du bien général. Il veille à la stricte observation des lois, rend justice à tous ses sujets, protège le peuple contre les exactions des grands fonctionnaires, etc. De tels rois sont rares en Corée. Le plus souvent on a sur le trône des fainéants, des êtres corrompus, vieillis avant l'âge, incapables. Et comment en serait-il autrement pour des malheureux princes appelés au trône dès leur jeunesse, dont on adore tous les caprices, à qui personne n'ose donner un avis, qu'une étiquette ridicule enferme dans leur palais, au milieu d'un sérail, dès l'âge de douze ou quinze ans! D'ailleurs, en Corée, comme en d'autres pays dans des circonstances analogues, il se rencontre presque toujours des ministres ambitieux qui spéculent sur les passions du maître et cherchent à l'énerver par l'abus des plaisirs, afin qu'il ne puisse se mêler des affaires du gouvernement et les laisse régner eux-même sous son nom.

Il est donc rare que le roi soit capable d'administrer par lui-même et de surveiller les ministres et les grands dignitaires. Quand il le fait, le peuple y gagne; car alors les mandarins sont obligés d'être sur leurs gardes et de remplir leur devoir avec plus d'attention. Des émissaires secrets apportent au roi les cas d'oppression, de concussion, de déni de justice, et les coupables sont punis, au moment où ils s'y attendent le moins, par la disgrâce ou par l'exil. Aussi la masse du peuple, généralement attachée au roi, ne l'accuse pas des actes de tyrannie et d'oppression dont elle a à souffrir. Toute la responsabilité en retombe sur les mandarins.

L'aristocratie étant très puissante en Corée, il semble au premier abord que les princes du sang, les frères, oncles ou neveux des rois, doivent jouir d'un grand pouvoir. C'est tout l'opposé. Le despotisme est, par essence, soupçonneux et jaloux de toute influence étrangère, et jamais les princes ne sont appelés à remplir aucune fonction importante, ni à se mêler des affaires. S'ils ne se tiennent pas rigoureusement à l'écart, ils s'exposent à être accusés, sous le plus frivole prétexte, de tentative de rébellion, et ces accusations trouvent facilement crédit. Il arrive très fréquemment que ces princes sont condamnés à mort par suite d'intrigues de cour, même quand ils vivent dans la retraite et le silence. Dans les soixante dernières années, quoique la famille royale compte très peu de membres, trois princes ont été ainsi exécutés.

Au reste, la puissance royale, quoique toujours suprême en théorie, est maintenant, en fait, bien diminuée. Les grandes familles aristocratiques, profitant de plusieurs régences successives et du passage sur le trône de deux ou trois souverains insignifiants, ont absorbé presque toute l'autorité.

Ce que l'on appelle en Corée palais royaux sont de misérables maisons qu'un rentier parisien un peu à son aise ne voudrait pas habiter. Ces palais sont remplis de femmes et d'eunuques. Outre les reines et les concubines royales, il y a un grand nombre de servantes, que l'on appelle filles de palais. On les ramasse de force dans tout le pays, et, une fois accaparées pour le service de la cour, elles doivent, sauf le cas de maladie grave ou inguérissable, y demeurer toute leur vie. Elles ne peuvent pas se marier, à moins que les rois ne les prennent pour concubines; elles sont condamnées à une continence perpétuelle, et si l'on prouve qu'elles y ont manqué, leur faute est punie par l'exil, quelquefois même par la mort.

Les eunuques du palais forment un corps à part: ils subissent des examens spéciaux, et, d'après leur science ou leur adresse, avancent plus ou moins dans les dignités qui leur sont propres. On prétend qu'ils sont généralement d'un esprit étroit, d'un caractère violent et irascible. Fiers de leurs rapports familiers et quotidiens avec le souverain, ils s'attaquent à tous les dignitaires avec une insolence sans égale, et ne craignent pas d'injurier même le premier ministre, ce que nul autre ne ferait impunément. Ils n'ont guère de relations qu'entre eux; car tous, nobles et gens du peuple, les craignent autant qu'ils les méprisent.

Outre les palais habités par le roi, il y en a d'autres destinés exclusivement aux tablettes de ses ancêtres. On y fait exactement le même service que dans les premiers; chaque jour on salue ces morts comme s'ils étaient vivants; on offre de la nourriture devant les tablettes dans lesquelles leurs âmes sont supposées résider, et il y a pour leur service des eunuques et des filles du palais en grand nombre, le tout organisé sur le même pied et d'après les mêmes règles que dans les palais ordinaires.

En Corée, où la religion ne consiste guère que dans le culte des ancêtres, tout ce qui concerne les funérailles des rois est d'une importance extraordinaire, et la cérémonie de leur enterrement est la plus grandiose qu'il y ait dans le pays. Le roi étant considéré comme le père du peuple, tout le monde sans exception doit porter son deuil pendant vingt-sept mois. Ce temps se partage en deux périodes bien distinctes. La première, depuis le moment de la mort jusqu'à celui de l'enterrement, dure cinq mois. C'est l'époque du deuil strict. Alors tous les sacrifices des particuliers doivent cesser dans toute l'étendue du royaume; les cérémonies des mariages sont interdites; aucun enterrement ne peut avoir lieu, il est défendu de tuer des animaux et de manger de la viande, défendu aussi de fustiger les criminels ou de les mettre à mort.

Ces règles sont, en général, scrupuleusement observées; cependant il y a quelques exceptions. Ainsi les indigents de la dernière classe du peuple ne pouvant conserver leurs morts dans les maisons pendant un temps aussi considérable, on tolère qu'ils fassent leurs enterrements sans bruit et en secret; mais l'usage est sacré pour tous les autres. De même à la mort du dernier roi, à cause des chaleurs intolérables de l'été et de la nécessité de vaquer aux travaux des champs, son successeur donna une dispense générale de l'abstinence.

Outre ces dispositions spéciales à la première période de deuil, il y en a d'autres qui s'appliquent à la fois et aux cinq mois qui précèdent l'enterrement et aux vingt-deux qui le suivent. Un ordre du gouvernement désigne quels habits on doit porter. Toute couleur voyante, toute étoffe précieuse est sévèrement interdite. Chapeau blanc, ceinture, guêtres, habits, chemisette en toile de chanvre écrue, tel est, sous peine d'amende et de prison, le costume de tous, jusqu'à ce qu'une nouvelle ordonnance ministérielle permette de reprendre les vêtements ordinaires. Les femmes cependant ne sont pas soumises à ces règlements, parce qu'elles ne comptent absolument pour rien aux yeux de la loi civile et religieuse; d'ailleurs, la plupart restent presque toujours enfermées dans l'intérieur des maisons. Pendant tout le temps du deuil, les réjouissances publiques, les fêtes, les représentations scéniques, les chants, la musique; en un mot, toute manifestation extérieure de gaieté est absolument défendue.

Il y a même, à ce qu'on dit, une ou deux provinces où la loi de l'abstinence s'observe pendant les vingt-sept mois consécutifs.

Nous avons dit qu'aucun homme n'a le droit de toucher le roi; cette défense subsiste même après sa mort. Quand il a rendu le dernier soupir, on prépare le corps, on l'embaume, on le revêt des habits royaux, par des procédés particuliers, sans que la main de personne ait le moindre contact direct avec lui. Puis on le dépose dans une espèce de chapelle ardente, et tous les jours, matin et soir, on lui offre des sacrifices avec accompagnement des lamentations convenables en pareil cas.

Fréquemment, à certains jours marqués, toute la cour et les grands dignitaires du voisinage doivent assister à ces sacrifices. Le roi seul en est dispensé, parce qu'on le suppose occupé des affaires de l'État. Il ne préside aux cérémonies que pendant les premiers jours qui suivent la mort, puis il délègue un prince de la famille royale pour tenir sa place.

Aux heures des sacrifices, le peuple de la capitale ainsi que les nobles qui, n'étant point en fonction, n'ont pas le droit de pénétrer auprès du cadavre, se rendent en foule autour du palais et poussent des hurlements, des gémissements affreux pendant le temps fixé; puis chacun fait la génuflexion à l'âme du défunt et se retire.

Dans les provinces, les principaux habitants de chaque district se réunissent aux jours marqués chez le mandarin, et, tournés du côté de la capitale, ils pleurent et se lamentent tous ensemble officiellement pendant quelques heures et se séparent après avoir fait la génuflexion à l'âme. Tout le monde ne pouvant se rendre chez le mandarin, les gens de chaque village se réunissent ensemble, et, sur une montagne ou sur le bord d'un chemin, observent de la même manière les mêmes cérémonies.

Cependant on fait tous les préparatifs nécessaires pour l'enterrement. Les géoscopes les plus renommés sont mis en réquisition pour indiquer un lieu favorable de sépulture. Ils examinent si la nature de tel terrain, la pente de telle colline, la direction de telle forêt ou de telle montagne, doit porter bonheur et faire rencontrer la *reine du dragon*.

En effet, selon les Coréens, il y a au centre de la terre un grand dragon, qui dispose de tous les biens et de tous les honneurs du monde en faveur des familles qui ont placé les tombeaux dans une position à sa guise. Trouver cette position, c'est trouver la *reine du dragon*.

Pour la découvrir, les géoscopes se servent d'une boussole entourée de plusieurs cercles concentriques, où sont gravés les noms des quatre points cardinaux et des cinq éléments reconnus par les Chinois : air, feu, eau, bois, terre.

Tombeau royal (pierre du sacrifice).

Chacun de ces devins fait ensuite son rapport, et, après des délibérations sans fin sur un point aussi grave, le roi et ses ministres prennent une décision. On organise toute une armée pour former le cortège qui portera le corps du défunt. Pour cela, chaque famille noble de la capitale fournit un ou plusieurs esclaves et les habille selon l'uniforme voulu.

Dans le principe, cet usage très onéreux n'était qu'une marque de respect volontairement offerte. Aujourd'hui c'est une obligation à laquelle nul ne peut se soustraire.

Certaines corporations de marchands fournissent aussi un nombre d'hommes déterminé, et on recrute ce qui manque parmi les valets des divers établissements publics. Tous ceux qui doivent porter le corps étant ainsi réunis, on les divise en compagnies ayant chacune leur numéro et leur bannière, et on les fait exercer, pendant le temps voulu, pour que la cérémonie s'exécute dans le plus grand ordre.

Le jour de l'enterrement étant enfin arrivé, on place le corps du défunt dans son cercueil sur un énorme brancard magnifiquement orné, et chaque compagnie se relève pour le porter en pompe sur la montagne désignée comme lieu de sépulture. Toutes les troupes sont convoquées; tous les grands dignitaires en costume de deuil accompagnent le roi, qui presque toujours préside en personne à la cérémonie. On enterre le corps suivant les rites prescrits, et on offre les sacrifices d'usage au milieu des cris, des pleurs, des hurlements d'une foule innombrable.

Quelques mois plus tard, un monument s'élève sur la tombe, et, tout auprès, on bâtit un hôtel pour loger les mandarins chargés de garder la sépulture et d'offrir, à certaines époques, les sacrifices moins solennels. Tout le pays environnant, quelquefois jusqu'à trois ou quatre lieues de distance, dépend désormais du tombeau royal, et toute autre inhumation y est interdite. On fait même exhumer les corps qui ont été auparavant enterrés dans cet espace, ou, si personne ne se présente pour les réclamer, on rase le petit tertre qui est sur les tombes afin d'en faire disparaître la trace et le souvenir.

Chaque roi étant enterré à part, les sépultures royales sont assez nombreuses dans le pays. Les nobles préposés à leur garde sont ordinairement de jeunes licenciés qui se destinent aux fonctions publiques. C'est pour eux le premier pas dans la carrière, et après quelques mois ils obtiennent de l'avancement et passent à d'autres emplois. Ils sont ordinairement deux ou trois ensemble, avec un établissement de serviteurs et d'employés subalternes analogue à celui des mandarins. Outre le soin d'offrir des sacrifices, ils sont chargés de faire la police sur tout le territoire qui dépend du tombeau, car ce territoire est soustrait à la juridiction des mandarins ordinaires des districts. Les gardiens des tombes royales relèvent directement du conseil des ministres.

IV

GOUVERNEMENT. — ORGANISATION CIVILE ET MILITAIRE

Le roi de Corée a trois premiers ministres, qui prennent les titres respectifs de : seng-ei-tsing, admirable conseiller; tsoa-ei-tsieng, conseiller de gauche, — en Corée la gauche a toujours le pas sur la droite, — et ou-ei-tsieng, conseiller de droite.

Viennent ensuite six autres ministres, que l'on nomme pan-tso ou juges, et qui sont à la tête de six ministères ou tribunaux supérieurs. Chaque pan-tso est assisté d'un tsam-pan ou substitut, et d'un tsam-ei ou conseiller. Les pan-tso sont ministres de second ordre, les tsam-pan de troisième, et les tsam-ei de quatrième. Ces vingt et un dignitaires portent le nom générique de tai-sin ou grands ministres, et forment le conseil du roi. Mais, en réalité, toute l'autorité est dans les mains du conseil suprême des trois ministres de premier ordre; les dix-huit autres ne font jamais qu'approuver et confirmer leurs décisions. Les ministres de second ordre ou leurs assistants doivent présenter chaque jour un rapport circonstancié pour tenir le roi au courant des affaires de leur département. Ils s'occupent des détails de l'administration et règlent par eux-mêmes les choses de peu d'importance; mais, pour toutes les causes majeures, ils sont obligés d'en référer au conseil suprême des trois.

La dignité de premier ministre est à vie, mais ceux qui en sont revêtus n'en exercent pas toujours les fonctions. Sur sept ou huit grands personnages arrivés à ce haut grade, trois seulement sont ensemble en exercice; ils sont changés et se relèvent assez fréquemment.

Voici les noms, l'ordre et les attributions de chacun des six ministères, tels qu'on les trouve dans le code revisé et publié en 1785 par le roi Tsieng-tsong :

1º Ni-tso, ministère ou tribunal des offices et emplois publics.

Ce ministère est chargé de faire choix des hommes les plus capables parmi les lettrés qui ont passé leurs examens, de nommer aux emplois, de délivrer des lettres de patentes aux mandarins et aux dignitaires, de surveiller leur conduite, de leur donner de l'avancement, de les destituer ou de les changer au besoin. Il examine et met en ordre les notes semestrielles que chaque gouverneur de province envoie sur tous ses subordonnés, et désigne au roi les employés qui méritent quelque récompense spéciale. Les promotions et changements de mandarins peuvent se faire en tout temps; mais ils ont lieu plus habituellement à deux époques de l'année, à la sixième et à la douzième lune. Les nominations aux charges importantes et aux grandes dignités, telles que celle de gouverneur d'une province, ne relèvent pas de ce tribunal, mais sont faites par le roi en conseil des ministres.

2º Ho-tso, ministère ou tribunal des finances.

Ce ministère doit faire le dénombrement du peuple, répartir les impôts ou contributions entre les provinces et districts, veiller aux dépenses et aux recettes, faire tenir en ordre les registres de chaque province, empêcher les exactions, prendre les mesures nécessaires pour les approvisionnements dans les années de disette, etc. Il est aussi chargé de la fonte des monnaies; mais ce dernier point est passé sous silence dans le code de Tsieng-tsong, parce que les traités avec la Chine ne reconnaissent pas au gouvernement coréen le droit de battre monnaie.

3º Niei-tso, ministère ou tribunal des rites.

Ce ministère, institué pour la conservation des us et coutumes du royaume, doit veiller à ce que les sacrifices, les rites et cérémonies se fassent selon les règles, sans innovation ni changement. De lui relèvent les examens des lettrés, l'instruction publique, les lois de l'étiquette dans les réceptions, festins et autres circonstances officielles.

4º Pieng-tso, ministère ou tribunal de la guerre.

Ce ministère choisit les mandarins militaires, les gardes et les guides du roi. Il est chargé de tout ce qui concerne les troupes, le recrutement, les armes et munitions, la garde des portes de la capitale, et les sentinelles des palais royaux. De lui relève le service des postes dans tout le royaume.

5º Hieng-tso, ministère ou tribunal de guerre.

Ce ministère est chargé de tout ce qui a rapport à l'observation des lois criminelles, à l'organisation et à la surveillance des tribunaux, etc.

6º Kong-tso, ministère ou tribunal des travaux publics.

Ce ministère est chargé de l'entretien des palais ou édifices publics, des routes, des fabriques diverses, soit publiques, soit particulières, du commerce et de toutes les affaires du roi: telles que son mariage, son couronnement, etc.

Outre les vingt et un ministres désignés plus haut, on compte encore parmi les grands dignitaires de la cour les sug-tsi et les po-tsieng. Les sug-tsi sont les chambellans qui, outre les fonctions ordinaires attachées à ce titre, sont chargés d'écrire jour par jour tout ce que le roi dit ou fait. Il y en a trois, le to-sug-tsi ou chambellan en chef, et deux assistants qui prennent le nom de pou-sug-tsi. Les po-tsieng sont les commandants des satellites, valets des tribunaux et exécuteurs. Il y en a également trois : le po-tseing en chef et deux lieutenants nommés tsoa-po-tsieng et ou-po-tseing, c'est-à-dire de gauche et de droite. Ce sont ces lieutenants qui prennent le commandement des satellites, quand il s'agit d'opérer une arrestation importante.

A la tête de chaque province se trouve un gouverneur, qui relève directement du conseil des ministres et possède des pouvoirs très étendus.

Les huit provinces sont subdivisées en trois cent trente-deux districts, et chaque district, suivant son importance respective, est administré par un mandarin d'un rang plus ou moins élevé.

Si de l'organisation civile de la Corée on passe à son organisation militaire, ce qui frappe d'abord, c'est le chiffre énorme de l'armée. Les statistiques officielles comptent plus de un million deux cent mille hommes portés sur les rôles. Cela vient de ce que tout individu valide, non noble, est soldat; la loi ne reconnaît que très peu d'exceptions. Mais l'immense majorité de ces prétendus soldats n'ont jamais touché un fusil. Leurs noms sont inscrits sur les registres publics, et ils ont à payer annuellement une cote personnelle. Encore ces registres ne méritent-ils aucune confiance. Très souvent ils sont remplis de noms fictifs; on y voit figurer des membres de familles éteintes depuis une ou deux générations, et beaucoup de ceux qui devraient être inscrits échappent à cette obligation en donnant quelque présent aux employés subalternes chargés de la revision des listes.

Les impôts ordinaires sur les propriétés, sur certaines professions et certains genres de commerce ne sont pas excessifs, mais ces impôts légaux ne représentent en réalité qu'une faible partie des sommes qu'arrache au peuple la rapacité des mandarins et des employés de tout grade. D'ailleurs, les registres de dénombrement, d'après lesquels l'impôt est perçu, ne méritent aucune confiance. Un fait notoire, dont les missionnaires ont été plusieurs fois témoins, c'est que les employés des mandarins, lorsqu'ils viennent dans les villages pour dresser les listes officielles, ont l'impudence de fixer publiquement la somme que devra leur payer quiconque ne veut pas être inscrit. Ordinairement c'est une affaire de cent ou cent cinquante sapèques (deux ou trois francs). S'il s'agit de l'inscription sur les rôles de l'armée, il en coûte un peu plus pour y échapper; mais avec de l'argent on en vient également à bout.

Les provisions des magasins publics n'existent que sur les livres de compte. Dans le voisinage immédiat de la capitale, les arsenaux sont peu fournis. Un fort, pris par les Américains lors de leur expédition (juin 1871), renfermait une cinquantaine de canons de fabrique chinoise, se chargeant par la culasse. Il y avait aussi des cuirasses et des casques en toile de coton de quarante épaisseurs, impénétrables aux sabres et aux baïonnettes, et qu'une balle conique seule peut percer. Mais les arsenaux de province n'ont ni effets d'habillement, ni munitions, ni une arme en bon état. Tout a été vendu par les employés des préfectures, qui ont mis à la place quelques haillons et de vieilles ferrailles inutiles. Si par hasard un mandarin honnête essaye quelques efforts pour remédier à ces dilapidations, tous les employés s'unissent contre lui; son action est paralysée, et il est obligé de fermer les yeux et de laisser faire, ou bien d'abandonner son poste, heureux encore quand il n'est pas sacrifié aux attaques calomnieuses qui le représentent à la cour comme un révolutionnaire et un ennemi de la dynastie.

L'hiver dernier (1860-61), le ministre Kmi-Piong-ku-i, homme violent et assez hostile à notre sainte religion, a perdu la principale autorité, qui a passé à son cousin Kim-Piong-kouk-i. Ce dernier est parvenu au pouvoir par un crime d'État qui l'a rendu très impopulaire, et qui tôt ou tard peut lui coûter cher.

Quoique beau-frère du roi, il n'avait pas assez d'argent pour acheter le poste de premier ministre; car ici cette dignité se vend, comme les autres mandarinats. La seule différence est que les lettrés achètent les mandarinats ordinaires au ministre en faveur, tandis que celui-ci achète sa place aux eunuques. Notre petite Majesté coréenne est, comme vous savez, dans le même état qu'étaient jadis nos rois fainéants. Le ministre en faveur est le maire du palais de la Corée; mais il doit à son tour compter avec d'autres maires du palais, en ce sens qu'il ne peut s'élever à cette dignité, ni la conserver, que par la faveur des eunuques de la cour. Ces derniers hommes, méprisés et méprisables, généralement petits de taille, rachitiques et d'une intelligence très bornée, séjournent seuls, avec les nombreuses concubines royales et les servantes du palais, dans l'intérieur de la résidence royale. Les ministres et mandarins, qui ont à parler au roi, entrent dans une salle d'audience donnant sur une cour extérieure; les soldats et les autres gardes du palais sont consignés extérieurement. Les eunuques seuls servent de près le roi, ou plutôt le roi n'a habituellement pour société que les femmes et les eunuques.

Mais la cour coréenne est très pauvre, le trésor de l'État est plus pauvre encore; les eunuques et leurs compagnes, les concubines royales, s'en ressentiraient, s'ils n'avaient la ressource de se faire payer la place de premier ministre et même, de temps en temps, quelques autres dignités. Il faut donc que le personnage au pouvoir accumule don sur don, et rassasie chaque jour toutes ces sangsues avides; mais surtout lorsqu'il s'agit de gagner leur faveur, non encore obtenue, de grandes, d'énormes sommes sont nécessaires. Or Kim-Piong-kouk-i avait beau vendre très cher quelques mandarinats et revendiquer le monopole du gen-seng, il ne pouvait acquérir assez d'argent pour acheter tous les individus que le ministre Kim-Piong-ku-i comblait de richesses. Au milieu de l'hiver dernier, un homme qui devait tout ce qu'il était et tout ce qu'il avait à ce même Kim-Piong-ku-i alla trouver Kim-Piong-kouk-i et lui demanda s'il ne voulait pas saisir le pouvoir suprême.

« Je ne demande pas mieux, répondit le beau-frère du roi; mais l'argent seul peut me le procurer, et je n'en ai pas assez.

— Si vous me donnez la charge de faire rentrer les impôts du midi du royaume, je réponds de vous procurer la somme nécessaire.

— Volontiers, » dit le ministre.

Et aussitôt il prit ses mesures en conséquence.

Les impôts des provinces du midi consistent surtout en riz, que l'on transporte par mer à la capitale. Notre homme, ayant ramassé tout ce riz et l'ayant chargé sur des barques, fit voile vers la Chine, où il le vendit à un prix quadruple de ce qu'il aurait valu en Corée. A son retour, il acheta de nouveau la quantité de riz nécessaire pour payer les impôts. La différence du prix a suffi au beau-frère du roi pour gagner la faveur du troupeau d'eunuques et de femmes qui remplissent le palais; il a fait destituer son concurrent, et s'empara de toute l'autorité.

V

TRIBUNAUX. — PRÉTORIENS. — PRISONS. — SUPPLICES

Les mandarins des districts sont les juges ordinaires pour toutes les causes qui ressortissent aux tribunaux civils. Quand une affaire n'a pu être réglée à l'amiable par les anciens du village, et que les partis s'obstinent à faire un procès, on comparaît devant le mandarin, qui, dans les cas ordinaires, juge sans appel. Si l'affaire est très importante, on peut recourir au gouverneur de la province, puis au ministre compétent, et enfin au roi.

Les causes criminelles sont jugées par les mandarins militaires. Quelquefois les mandarins civils commencent l'instruction, afin de bien s'assurer des faits; mais toujours ils renvoient l'affaire aux juges militaires.

Les procès commencent près du tieng-tsang, dont le tribunal est appelé vulgairement « tribunal des voleurs », et de là, suivant la gravité des cas, sont renvoyés au pieng-sa ou au gouverneur de la province, puis à la capitale, au tribunal des crimes.

Ce tribunal se compose de deux cours distinctes. La première, nommée po-tseng, est une cour d'enquête pour entendre les témoins, examiner la cause, et arracher de gré ou de force des aveux à l'accusé. La seconde cour, nommée tieng-tso, est formée des juges qui portent la sentence sur les conclusions du po-tseng.

Au-dessous du tribunal des crimes, à la capitale seulement se trouve une cour inférieure, qui correspond à nos tribunaux de police correctionnelle ; on l'appelle sa-kouang-tseng. Le tribunal des crimes a juridiction sur les gens du peuple et sur les nobles qui ne sont pas dignitaires publics, pour les crimes de toute espèce, excepté ceux de rébellion et de lèse-majesté.

Un tribunal spécial, appelé Keum-pou, et dont les membres sont nommés directement par le roi, a seul le droit de juger les fonctionnaires publics, et peut seul connaître des actes de rébellion et de lèse-majesté, quels que soient les coupables. Dans ce dernier cas, la famille du condamné est enveloppée tout entière dans sa punition, et ses parents sont tous destitués ou exilés, ou même mis à mort. Lors du martyre d'Augustin Niou, en 1801, vingt-six mandarins de ses parents, tous païens, furent destitués, et son frère aîné fut envoyé en exil. Lorsqu'un meurtre a été commis dans un district, le mandarin local ne peut, à lui seul, examiner et décider la cause ; le gouverneur en désigne deux autres qui se réunissent à lui pour faire le procès.

Aucun mandarin ordinaire ne peut, de sa propre autorité, faire exécuter une sentence d'exil ou de mort. Les gouverneurs de province eux-mêmes n'ont ce droit qu'avec certaines restrictions, et presque toujours, quand il s'agit de la peine capitale, ils font d'abord approuver la sentence par le ministre des crimes. Mais, en échange, les juges ne répondent pas d'un coupable qui meurt sous les coups dans les interrogatoires, ce qui est assez fréquent, et souvent ils prennent ce moyen d'en finir le plus vite possible afin de s'éviter les embarras d'un procès en règle. Ils ont encore d'autres moyens de simplifier les formalités d'une longue procédure.

Ainsi, un jour, un jeune domestique, s'étant pris de querelle avec le fils d'un noble, le tua d'un coup de cognée dans le bas-ventre. L'assassin fut saisi aussitôt et traîné devant le mandarin. Parmi les témoins se trouvait le père de la victime. Après quelques questions, le mandarin fit apporter une cognée et, la plaçant dans les mains du père, lui dit :

« Montre-moi comment cet homme a frappé ton fils. »

Son but était de faire tuer le coupable sur place par le père, et de se débarrasser d'une affaire ennuyeuse. La vengeance étant, en pareil cas, permise par les coutumes du pays, tout eût été terminé de suite. Le père, trop timide, n'osa point frapper ; les assistants le méprisèrent comme un lâche, et louèrent comme très juste et très naturelle la conduite du magistrat.

Les mandarins civils étant à la fois préfets, juges de paix, juges d'instruction, percepteurs, inspecteurs des douanes, des eaux et forêts, de l'enregistrement, de la police, etc., il semble qu'il leur est impossible de suffire à une pareille tâche. Et cependant il n'y a guère de vie plus fainéante et plus inoccupée que celle d'un mandarin. Il passe sa vie à boire, à manger, à fumer, à faire des parties de plaisir. Son tribunal n'est ouvert que trois ou quatre fois par semaine pendant quelques heures ; et les affaires s'expédient à l'aide de quelques phrases ou de quelques coups de bâton, souvent sans entendre ni les parties intéressées, ni les témoins. Les mandarins militaires agissent d'une manière analogue, et, dans les tribunaux de toute nature, presque tout se fait par les employés subalternes. Donnons ici quelques détails sur ces agents des tribunaux, qui, en Corée, exercent une si grande part d'autorité. Il y en a de deux espèces : ceux qui servent les mandarins civils, et ceux qui sont attachés aux mandarins militaires ou juges criminels. Le nom des premiers est traduit ordinairement par le mot prétorien, parce qu'ils forment la cour ou le prétoire du mandarin, et sont chargés de l'assister dans l'administration.

Les seconds, qui exercent l'emploi de nos gendarmes ou agents de police et relèvent du ministère des crimes, sont appelés proprement satellites. On les confond quelquefois, parce que leurs attributions, quoique distinctes, les obligent souvent à agir de concert, et aussi parce que, dans les districts où il n'y a pas de juge criminel, le mandarin civil a sous la main un certain nombre de satellites pour faire la police.

Dans chaque district, les prétoriens sont en assez grand nombre. Les six ou huit principaux portent des titres analogues à ceux des ministres du roi, et remplissent en petit des fonctions de même nature, car chaque mandarinat est organisé sur le modèle du gouvernement central. Ils ont ainsi beaucoup d'autorité, et souvent plus que le mandarin, qui d'habitude, tout en les traitant comme des valets, se laisse mener par eux. Les autres prétoriens sont des commis, des huissiers ou domestiques soumis aux premiers. Tous ces prétoriens forment dans la société comme une classe à part. Ils se marient presque toujours entre eux, leurs enfants suivent la même carrière, et, de génération en génération, ils remplissent dans le tribunal des charges plus ou moins élevées, selon leur adresse à les obtenir et à s'y maintenir.

On prétend, et ce semble avec raison, vu les circonstances, que sans eux il n'y a pas d'administration possible. Rompus à toute espèce de ruses, d'intrigues et de stratagèmes, ils s'entendent admirablement à pressurer le peuple et à se protéger eux-mêmes contre les mandarins. On les casse, on les chasse, on les injurie, on les roue de coups de rotin; ils savent tout supporter et restent aux aguets pour saisir l'occasion de rentrer en place, et quelquefois même de se débarrasser des mandarins trop sévères.

Bien qu'ils soient divisés en divers partis, cherchant mutuellement à se supplanter, à peu près comme les grands partis politiques des No-ron, Nam-in, etc., dont il a été question plus haut, ils savent oublier momentanément leurs querelles et se soutenir tous quand les intérêts du corps sont menacés. Un de leurs axiomes fondamentaux est qu'il faut toujours tromper le mandarin, et le mettre le moins possible au courant des affaires locales. C'est pour eux une question de vie ou de mort, car la plupart n'ont pas de paye régulière, et ceux qui en ont une ne la peuvent toucher que très rarement. Forcés d'une part de satisfaire aux dépens du peuple, l'avidité insatiable des mandarins, et d'autre part obligés de dépenser beaucoup pour leur entretien et celui de leurs familles, ils ne vivent que des fraudes et des exactions qu'ils commettent pour leur propre compte. S'ils laissaient connaître au mandarin les ressources secrètes qu'ils savent ainsi exploiter, celui-ci s'en emparerait immédiatement, et il ne leur resterait qu'à mourir de faim.

« Si l'on avait le malheur, disait un jour un prétorien à l'un des catéchistes de Mgr Daveluy, si l'on avait le malheur de donner une fois au mandarin quelque chose de très bon, il en voudrait toujours, et, comme nous serions dans l'impossibilité de le satisfaire, il nous ferait assommer. »

L'aventure suivante, arrivée il y a quelques années dans la province de Kieng-keï, montre bien ce que sont les prétoriens et ce qu'ils peuvent.

Dans une ville assez importante fut envoyé un mandarin honnête et capable, qui, non content de maintenir énergiquement ses subordonnés dans le devoir, manifesta l'intention d'examiner et de punir toutes les malversations dont ils s'étaient auparavant rendus coupables. La plupart étaient gravement compromis, quelques-uns même risquaient d'être condamnés à mort.

Leurs ruses ordinaires, leurs intrigues, leurs faux témoignages, ne pouvaient parer le coup, et l'effroi était grand parmi eux, quand ils apprirent que des inspecteurs royaux, déguisés, parcouraient alors la province. En découvrir un, le suivre, le surveiller fut chose facile, et ils organisèrent de suite leur complot.

Comme il n'est pas rare que des bandits intelligents et audacieux se fassent passer pour e-sa ou inspecteurs royaux et rançonnent des districts entiers, il fallait persuader au mandarin que l'inspecteur dont on avait découvert la trace était de ce nombre, et obtenir la permission de l'arrêter. Ceux qui garrotteraient l'envoyé royal seraient très probablement mis à mort; mais, en revanche, le mandarin serait certainement dégradé, en vertu de ce principe que, s'il gouvernait bien, des désordres aussi monstrueux que l'arrestation officielle d'un grand dignitaire seraient impossibles.

Le mandarin une fois écarté, les autres prétoriens n'auraient plus rien à craindre. On tira au sort les noms de ceux qui devaient se sacrifier pour le salut commun, et, le soir même, la pétition fut présentée au mandarin. Il refusa d'abord de la recevoir; mais les prétoriens ne cessant de lui répéter qu'il encourait une terrible responsabilité en laissant impuni un pareil imposteur, qu'eux-mêmes se garderaient bien de lui faire une telle requête s'ils avaient le moindre doute, puisqu'en cas d'erreur il y allait de leur vie, il céda après quelques jours d'hésitation et signa le mandat d'arrêt.

Munis de cette pièce, les prétoriens désignés par le sort se rendent le soir même dans l'endroit où l'inspecteur était descendu, tombent sur lui et le lient comme un criminel. Celui-ci désigne son nom et sa dignité, exhibe sa patente munie du sceau royal, et fait un signal qui réunit auprès de lui ses assesseurs et une troupe de ses valets. Les prétoriens simulent la surprise et la consternation; les uns s'enfuient, les autres tombent aux pieds du magistrat et demandent la mort en expiation du crime horrible qu'ils viennent de commettre à leur insu. L'inspecteur furieux les laisse entre les mains de ses gens pour être assommés de coups, et, en grand cortège, se rend droit à la préfecture, dégrade et chasse le mandarin. Aucun prétorien, dit-on, ne mourut; plusieurs demeurèrent estropiés, d'autres furent exilés, mais leur but était atteint, et le nouveau mandarin, effrayé par l'exemple de son prédécesseur, se garda bien d'imiter son zèle pour la justice.

Les satellites ne sont pas comme les prétoriens une classe à part, exerçant les mêmes fonctions comme par droit d'héritage de génération en génération. Ce sont des valets que l'on recrute où l'on peut, en plus ou moins grand nombre, suivant les occasions et besoins, et qui souvent ne remplissent cet office que pendant quelques années ou même quelques mois. Il n'est pas rare de rencontrer parmi eux des voleurs ou autres individus gravement compromis avec la justice, qui se font satellites pour s'assurer l'impunité.

Dans chaque district il y a des satellites désignés sous différents noms; mais les plus adroits, les plus insolents et les plus redoutés sont ceux des tribunaux criminels de la préfecture de chaque province. N'ayant pas de rétribution fixe, ils ne vivent que de rapines et se font donner de force, par les gens du peuple, tout ce qui leur plaît. Les uns font le métier de gendarmes, d'autres servent le mandarin à la maison, d'autres forment son cortège quand il sort. Ils ont une adresse et une sagacité incroyables pour reconnaître les voleurs et autres coupables, et il est rare qu'un accusé sérieusement recherché puisse échapper longtemps à leurs perquisitions. Mais ils ne

Satellite coréen.

s'occupent guère des petits voleurs. Les prendre, les punir ne servirait, d'après eux, qu'à en faire de plus mauvais sujets.

Quant aux bandits, ou voleurs proprement dits, ils sont très souvent les affidés des satellites, et ceux-ci ne les livrent au mandarin que quand ils y sont absolument forcés.

Dans les grandes villes, il y a toujours sous la main des satellites, quelques filous responsables, payés par la police pour être déférés aux tribunaux quand le peuple perd patience et que les mandarins menacent plus que d'habitude. Avant de les empoigner, on convient d'avance des quelques méfaits, relativement minimes, qui seront déclarés par les satellites et avoués par les accusés ; sur tous les faits graves on garde le silence profond, et il est rare que les vrais coupables subissent le juste châtiment de leurs crimes. D'ailleurs, le gouvernement tolère beaucoup de voleurs notoires afin d'avoir sous la main, en cas de besoin, des auxiliaires aussi peu scrupuleux que déterminés.

On peut aisément conclure de tout ce qui précède combien il est difficile, en Corée, d'obtenir justice quand on n'a pour soi que son bon droit, sans argent ni protection. En théorie, chacun peut librement s'adresser au mandarin et lui présenter ses plaintes ; en fait, les accès du tribunal sont si bien gardés par les prétoriens ou satellites, qu'il faut, bon gré mal gré, passer par leurs mains, et, réussit-on à remettre directement la pétition dans les mains du mandarin, qu'on n'y gagnerait rien, puisque par ce procédé on mettrait contre soi l'influence toute-puissante de ses subalternes. Aussi, d'ordinaire, on s'adresse d'abord aux employés du tribunal, et, si l'affaire est importante, ceux-ci tiennent conseil, examinent ce qu'il faut déclarer, ce qu'il faut cacher, ce qui peut être avoué sans inconvénient, ce qui doit être nié, et enfin de quelle manière et sous quel point de vue il faut présenter la chose au juge. Puis, moyennant une somme plus ou moins ronde, ils se chargent de la réussite du procès. Bien peu de mandarins ont le courage de résister à l'influence des prétoriens ou l'adresse de déjouer leurs intrigues.

Une autre cause d'injustice dans les tribunaux coréens, c'est l'intervention des grands personnages. Les familles des ministres, les femmes du roi, des grands dignitaires, etc., ont une foule de valets ou suivants, qui s'attachent à leur service gratis et quelquefois même en donnant de l'argent afin d'obtenir leur protection. Ces individus, moyennant salaire, se font entremetteurs dans mille affaires, et obtiennent de leurs maîtres des lettres de recommandation, qu'ils présentent au mandarin. Celui-ci n'ose jamais résister, et la cause ainsi appuyée, quelque injuste qu'elle puisse être, est gagnée de droit. Il est reçu aujourd'hui que le créancier, qui ne peut rien tirer de son débiteur, n'a qu'à promettre moitié de la somme à quelque puissant personnage. Il en reçoit une lettre pour le mandarin, qui, sans examiner si la réclamation est fondée ou non, condamne le débiteur et le force à payer. Le mandarin, qui hésiterait en pareil cas, se ferait en haut lieu un ennemi acharné, et perdrait certainement sa place.

En Corée, comme jadis dans le monde entier et comme aujourd'hui encore dans tous les pays qui ne sont pas chrétiens, le principal moyen employé pour l'instruction d'un procès criminel est la torture.

Il y en a plusieurs espèces et de plusieurs degrés; mais la plus terrible de toutes est précisément celle qui ne figure pas au nombre des supplices autorisés par la loi, c'est-à-dire le séjour plus ou moins long dans les prisons.

Ces prisons consistent généralement en une enceinte fermée de hautes murailles, auxquelles s'appuient à l'intérieur des baraques en planches. Le milieu, laissé libre, forme une espèce de cour. Chaque baraque n'a d'autre ouverture qu'une porte très petite, par où la lumière pénètre à peine. Le froid en hiver et la chaleur en été y sont intolérables. Le sol est couvert de nattes tissées avec une paille grossière.

Nos chrétiens, écrit Mgr Daveluy en parlant de la grande persécution de 1839, étaient entassés dans ces prisons, au point de ne pouvoir étendre leurs jambes pour se coucher. Ils m'ont déclaré, unanimement, que les tourments des interrogatoires sont peu de chose en comparaison des souffrances de cet affreux séjour. Le sang et le pus qui sortaient de leurs plaies eurent bientôt pourri leurs nattes. L'infection devint insupportable, et une maladie pestilentielle enleva en quelques jours plusieurs d'entre eux. Mais la faim, la soif, étaient pour eux le plus terrible des supplices, et beaucoup de ceux qui avaient courageusement confessé la foi dans les autres tortures se laissèrent vaincre par celle-ci. Deux fois par jour on leur donnait une petite écuelle de millet de la grosseur du poing. Ils furent réduits à dévorer la paille pourrie sur laquelle ils étaient couchés, et enfin, chose horrible à dire, ils mangèrent la vermine dont la prison était tellement remplie qu'ils la prenaient à poignée.

Il est juste de remarquer que M⁀ Daveluy parle ici des prisons telles qu'elles sont pour les chrétiens en temps de persécution, et ce serait une exagération d'appliquer ses paroles à toutes les prisons coréennes et à toutes les époques. Néanmoins, un fait hors de doute c'est que tous les accusés, païens aussi bien que chrétiens, redoutent plus la prison que les tortures.

Ces tortures cependant sont quelque chose d'affreux. Le roi Ien-tsong, qui mourut en 1776, en abolit un grand nombre, entre autres l'écrasement des genoux, l'application du fer rouge sur diverses parties du corps, l'écartement des os sur le haut du mollet, etc. Il défendit aussi de marquer les voleurs sur le front. Pendant les persécutions, et surtout en 1839, les satellites livrés à eux-mêmes ont employé contre les chrétiens plusieurs de ces supplices prohibés. D'ailleurs, il en reste bien assez d'autres autorisés par la loi et par l'usage journalier des tribunaux. Voici les principaux :

1° *La planche* (tsi-to-kon). — On fait coucher le patient par terre sur le ventre, et un homme robuste saisit une planche de chêne très dur, et le frappe avec force sur les jambes au-dessus du jarret. Cette planche est longue de quatre à cinq pieds, large de six à sept pouces, épaisse d'un pouce et demi, et l'une de ses extrémités est taillée pour servir de manche. Après quelques coups le sang jaillit, les chairs se détachent et volent en lambeaux, et au dixième ou douzième coup la planche résonne sur les os nus. Plusieurs chrétiens ont reçu jusqu'à soixante coups de planche dans un seul interrogatoire.

2° *La règle, les verges et les bâtons* (ieng-tsing). — La règle est une planchette longue de trois pieds, large de deux pouces, ayant quelques lignes seulement d'épaisseur, avec laquelle on frappe le patient sur le devant de la jambe. Le chiffre ordinaire des coups est fixé à trente par interrogatoire, et comme l'exécuteur doit à chaque coup casser la règle, il y en a toujours trente de préparées pour chaque accusé.

Les verges sont entrelacées trois ou quatre ensemble, et forment des cordes avec lesquelles on fustige le patient, mis à nu, sur tous les membres.

Les bâtons sont de la taille d'un homme et plus gros que le bras. Quatre valets, entourant l'accusé, le frappent tous à la fois de la pointe dans les hanches et sur les cuisses.

3º *La dislocation et la courbure des os* (tsouroi-tsil). — On en distingue trois espèces. Le kasai-tsouroi consiste à lier fortement ensemble les deux genoux et les gros doigts des deux pieds et à passer dans l'intervalle deux bâtons que l'on tire en sens contraire jusqu'à ce que les os se courbent en arc, après quoi on les laisse revenir lentement à leur position naturelle. Le tsoul-tsouroi diffère du précédent en ce qu'on lie d'abord ensemble les doigts des deux pieds; puis on place entre les jambes une grosse pièce de bois, et deux hommes, tirant en sens contraire des cordes attachées à chaque genou, les rapprochent peu à peu jusqu'à les faire toucher. Le pal-tsouroi est la dislocation des bras. On les attache derrière le dos l'un contre l'autre jusqu'au-dessus du coude, puis avec deux gros bâtons qu'on emploie comme leviers, on force les épaules à se rapprocher. Après quoi l'exécuteur délie les bras, et, appuyant un pied sur la poitrine, les ramène à lui pour remettre les os à leur place. Quand les bourreaux sont habiles, ils savent comprimer les os de façon à les faire seulement ployer; mais s'ils sont novices et inexpérimentés, les os se rompent au premier coup, et la moelle s'en échappe avec le sang.

4º *La suspension* (hap-tsoum). — On dépouille le patient de tous ses vêtements, on lui attache les mains derrière le dos, et on le suspend en l'air par les bras; puis quatre hommes se relèvent pour le frapper tour à tour à coups de rotin. Au bout de quelques minutes, la langue couverte d'écume pend hors de la bouche, le visage prend une couleur violet sombre, et la mort suivrait immédiatement si l'on ne descendait la victime pour la laisser reposer quelques instants, après quoi on recommence. Le tsoutsang-tsil est une autre espèce de suspension dans laquelle le patient est attaché en haut par les cheveux et agenouillé sur des fragments de pots cassés, tandis que les satellites, placés de chaque côté, lui frappent les jambes à coups de bâton.

5° *Le top-tsil*, ou sciage des jambes. — Avec une corde de crin on serre la cuisse, et deux hommes tenant chacun un bout de cette corde la tirent et la laissent aller alternativement, jusqu'à ce qu'elle soit parvenue à l'os en rongeant les chairs. Après quoi on recommence un peu plus haut ou un peu plus bas. D'autres fois le sciage se fait avec un bâton triangulaire sur le devant des jambes.

6° *Le sam-mo-tsang*, ou incisions faites avec une hache ou cognée en bois, qui enlève des tranches de chair. Etc. etc.

L'application plus ou moins longue et plus ou moins cruelle de ces diverses tortures est entièrement laissée au caprice des juges, qui souvent, surtout quand il s'agit de chrétiens emprisonnés pour cause de religion, se livrent à des excès de rage et inventent des raffinements de barbarie à faire frémir la nature. Il est rare qu'après un interrogatoire suivi de pareilles tortures, le patient puisse se traîner ; les bourreaux le ramassent sur deux bâtons et le portent, bras et jambes pendantes, à la prison. Quand un accusé est reconnu coupable, et que, malgré les supplices, il refuse de confesser sa faute, le juge compétent porte la sentence de mort, et, à dater de ce moment, il est défendu de le torturer davantage. La loi exige que le condamné, avant de subir sa sentence, la signe de sa propre main pour reconnaître la justice du châtiment qui lui est infligé. Les martyrs ont souvent refusé de signer, parce que la formule officielle de condamnation portait ces mots ou d'autres analogues : « Coupable d'avoir suivi une religion fausse, une superstition nouvelle et odieuse, etc. »

« Notre religion est la seule vraie, disaient-ils, nous ne pouvons attester qu'elle est fausse. »

En pareil cas, on leur prenait la main, et on leur faisait signer de force.

Quand le condamné à mort est un grand dignitaire, sa sentence s'exécute en secret par le poison. Généralement, on fait entrer la victime dans une chambre extraordinairement chauffée; on lui donne une forte dose d'arsenic, et il meurt en peu de temps. Tous les autres coupables sont mis à mort publiquement.

Il y a trois sortes d'exécutions solennelles :

La première est l'exécution militaire, nommée *koun-moun-hio-siou*. Elle se fait dans un lieu spécial, à Sai-nam-to, à dix lys de la capitale. Cet endroit est quelquefois aussi appelé No-toul, du nom d'un village qui se trouve non loin de là, sur les bords du fleuve. Le condamné y est porté sur une litière en paille. L'exécution doit être présidée par le général commandant l'un des grands établissements militaires de la capitale. Les troupes commencent par faire autour du patient une série de manœuvres et d'évolutions; puis on lui barbouille le visage de chaux, on lui lie les bras derrière le dos, et, lui passant un bâton sous les épaules, on le promène à diverses reprises autour du lieu du supplice. Ensuite on hisse un drapeau au sommet d'un mât, et on lit à haute voix la sentence avec tous ses considérants. Enfin on passe une flèche, la pointe en haut, dans chaque oreille repliée; on dépouille le condamné de ses vêtements jusqu'à la ceinture, et les soldats, courant et gesticulant autour de lui, le sabre à la main, font voler sa tête.

La deuxième espèce d'exécution publique est celle des coupables ordinaires. Elle a lieu en dehors de la petite porte de l'ouest. Au moment voulu, on amène devant la prison une charrette au milieu de laquelle est dressée une croix de six pieds ou six pieds et demi de haut. Le bourreau entre dans le cachot, charge le condamné sur ses épaules, et vient l'attacher à la croix par les bras et les cheveux, les pieds reposant sur un escabeau. Quand le convoi arrive à la porte de l'ouest, où commence une pente très rapide, le bourreau enlève l'escabeau par un mouvement subit, et le conducteur pique les bœufs, qui se précipitent sur la descente. Comme le chemin est raboteux et rempli de pierres, la charrette fait des cahots terribles, et le patient, n'étant plus soutenu que par les cheveux et les bras, reçoit à droite et à gauche des mouvements saccadés qui le font horriblement souffrir. Arrivé au lieu de l'exécution, on le dépouille de ses habits; le bourreau le fait agenouiller, lui place un billot sous le menton, et lui tranche la tête. D'après la loi, un général devrait accompagner le cortège; mais il est rare qu'il se rende jusqu'au lieu de l'exécution. Quelquefois, quand il s'agit d'un coupable dangereux et que les ordres de la cour pressent, on ne remplit pas les formalités habituelles, et l'exécution a lieu à l'intérieur de la ville, près de la porte de l'ouest.

Pour les rebelles et les criminels de lèse-majesté, il y a une troisième espèce d'exécution publique. Tout se passe comme nous venons de le dire; mais après que la tête est séparée du tronc, on coupe les quatre membres, qui, avec la tête et le tronc, forment six morceaux. Autrefois on ne se servait pas de la hache ou du sabre pour enlever les membres; on les attachait à quatre bœufs qui, aiguillonnés en sens contraire, écartelaient le corps du décapité.

L'exécution militaire n'a lieu qu'à la capitale; les deux autres se font aussi dans les provinces, avec cette différence que les patients sont conduits au lieu du supplice sans croix ni charrette.

Habituellement les corps des suppliciés sont rendus à leurs familles, et, quand plusieurs sont exécutés à la fois, on attache au corps de chacun des plaques de métal ou d'autres signes particuliers pour les faire reconnaître. Quelquefois on les enterre en secret, sans marque aucune, dans des lieux écartés, afin qu'il soit impossible de les retrouver. Quant aux grands criminels, dont le corps est coupé en six morceaux, l'usage est d'envoyer les membres dans les diverses provinces pour effrayer le peuple et décourager les conspirations. De vils satellites promènent ces lambeaux hideux sur les grandes routes, et se font donner de l'argent par tous ceux qu'ils rencontrent. Personne n'ose leur résister, car ils voyagent au nom du roi et pour une affaire d'État. Mgr Ferréol raconte que, pendant la persécution de 1839, les satellites gardaient ordinairement pendant trois jours les corps des martyrs pour empêcher les chrétiens de les enlever.

Après quoi les mendiants s'en emparaient, leur attachaient une corde sous les bras et les trainaient devant les maisons du voisinage. Les habitants épouvantés se hâtaient de donner de l'argent, pour être délivrés au plus vite de cet affreux spectacle. Plus tard, n'y tenant plus, ils supplièrent le mandarin de désigner un autre lieu de supplice pour les chrétiens.

VI

EXAMENS PUBLICS. — GRADES ET DIGNITÉS. — ÉCOLES SPÉCIALES

Tout le monde sait qu'en Chine il n'y a pas légalement d'autre aristocratie que celle des lettrés. Dans nul autre pays on ne professe une aussi grande admiration pour la science, une aussi haute estime pour les hommes qui la possèdent. L'étude est l'unique chemin des dignités, et l'étude est accessible à tous. Sous la dynastie actuelle, il est vrai, les Mandchoux seuls occupent presque toutes les charges militaires de l'empire, et les mandarinats militaires du premier ordre sont réservés à ceux de cette race qui ont un titre de noblesse héréditaire. Les empereurs mandchoux ont voulu ainsi contre-balancer l'influence des dignitaires chinois. Mais c'est la seule exception.

Pour avoir droit aux charges les plus élevées de l'ordre civil, pour obtenir les emplois de l'ordre civil, pour obtenir les emplois, les places, les faveurs, il est nécessaire et il suffit d'avoir réussi dans les examens publics. On ne s'enquiert ni de l'origine ni de la fortune de celui qui a fait ses preuves de savoir. Ceux-là seuls sont exclus qui ont exercé une profession réputée infamante.

En théorie, tout individu, si pauvre et si humble qu'il soit, peut, s'il a conquis les hauts grades littéraires, devenir le premier mandarin de l'empire; mais celui qui échoue dans les examens, fût-il le fils d'un ministre ou d'un marchand dix fois millionnaire, est légalement incapable d'exercer aucune fonction publique.

Sans doute cette loi fondamentale est très souvent éludée en pratique; mais tous la reconnaissent, et elle fait la base de l'organisation administrative du Céleste-Empire.

La Corée étant depuis plusieurs siècles l'humble vassale de la Chine et n'ayant jamais eu de relations avec aucun autre peuple, on comprend facilement l'influence puissante qu'y exercent la religion, la civilisation, les idées et les mœurs chinoises. Aussi trouvons-nous en Corée le même respect pour la science, la même vénération enthousiaste pour les grands philosophes et, au moins en théorie, le même système d'examens littéraires pour les emplois et dignités. Les savants hors ligne sont considérés comme les précepteurs du peuple entier, et consultés sur toutes les matières difficiles. Les plus hautes dignités leur sont accessibles, et s'ils y renoncent, leur crédit n'en est que plus grand, et leur influence près du roi et des ministres plus réelle. Quand le christianisme s'introduisit en Corée, la plupart des néophytes étaient des docteurs célèbres, et le roi Tsieng-tsong avait pour eux une si grande considération, que malgré toutes les intrigues de leurs ennemis politiques et religieux il ne put jamais se décider à les sacrifier. Ce ne fut qu'après sa mort, arrivée en 1800, et pendant une minorité, que l'on réussit à les faire condamner à mort. Il n'est pas rare de rencontrer encore aujourd'hui des païens amenés à la foi par la renommée scientifique et littéraire de ces premiers convertis.

Il y a cependant entre la Chine et la Corée, au sujet des études littéraires et des examens publics, deux différences notables. La première est que, en Corée, les études n'ont absolument rien de national. Les livres qu'on lit sont des livres chinois; la langue qu'on étudie est non pas le coréen, mais le chinois; l'histoire dont on s'occupe est celle de la Chine, à l'exclusion de celle de Corée; les systèmes philosophiques qui trouvent des adeptes sont les systèmes chinois, et, par une conséquence naturelle, la copie étant toujours au-dessous du modèle, les savants coréens sont très loin d'avoir égalé les savants chinois.

Une autre différence beaucoup plus importante, c'est que tandis que la Chine entière est une démocratie égalitaire sous un maître absolu, il y a en Corée, entre le roi et le peuple, une noblesse nombreuse, excessivement jalouse de ses privilèges et toute-puissante pour les conserver. Le système des examens en Chine sort naturellement de l'état social; en Corée, au contraire, il lui est antipathique. Aussi, dans l'application, voyons-nous ce qui arrive toujours en pareil cas, une espèce de compromis entre les influences contraires.

En droit et d'après la lettre de la loi, tout Coréen peut concourir aux examens et, s'il gagne les grades littéraires nécessaires, être promu aux emplois publics; en fait, il n'y a guère que des nobles qui se présentent au concours, et celui qui à son titre de licencié ou de docteur ne joint pas un titre de noblesse n'obtient que difficilement quelque place insignifiante, sans aucun espoir d'avancement. Il est inouï qu'un Coréen, même noble, ait été nommé à un mandarinat important sans avoir reçu son diplôme universitaire; mais il est plus inouï encore qu'avec tous les diplômes possibles, un Coréen non noble ait été honoré de quelque haute fonction administrative ou militaire.

Les examens, qui ont lieu dans chacune des provinces, n'ont de valeur que pour les emplois subalternes des préfectures. Si l'on veut arriver plus haut, il faut, après avoir subi cette première épreuve, venir passer un autre examen à la capitale. On ne demande aucun certificat d'étude; chacun étudie où il veut, comme il veut, et sous le maître qui lui plaît. Les examens se font au nom du gouvernement, et les examin nt désignés par le ministre, soit pour les examens li........es proprement dits qui ouvrent la porte des emplois civils, soit pour les examens militaires.

Voici comment les choses se passent habituellement. A l'époque fixée, une fois par an, tous les étudiants des provinces se mettent en route pour la capitale. Ceux de la même ville ou du même district voyagent ensemble, presque toujours à pied, par bandes plus ou moins nombreuses. Comme ils sont soi-disant convoqués par le roi, leur insolence n'a pas de bornes; ils commettent impunément toutes sortes d'excès, et traitent les aubergistes de villages en peuple conquis, à ce point que leur

Enfants de l'école de Ouere-Nla avec leur magister.

passage est redouté autant que celui des mandarins et des satellites. Arrivés à la capitale, ils se dispersent, et chacun loge où il peut.

Quand vient le jour du concours, le premier point est de s'installer dans le local désigné, lequel est assez étroit et aussi mal disposé que possible. En conséquence, dès la veille, chaque candidat fait quelques provisions, amène avec lui un ou deux domestiques, s'il y en a, et se hâte de prendre place. On peut imaginer l'effroyable cohue qui résulte, pendant la nuit, de la présence de plusieurs milliers de jeunes gens dans cet espace resserré et malpropre.

Quelques travailleurs opiniâtres continuent, dit-on, à étudier et à préparer leurs réponses; d'autres essayent de dormir; le plus grand nombre mangent, boivent, fument, chantent, crient, gesticulent, se bousculent, et font un tapage abominable.

Le concours terminé, ceux qui ont obtenu des grades revêtent l'uniforme convenable à leur nouveau titre; puis, à cheval, accompagnés de musiciens, vont faire les visites d'étiquette aux principaux dignitaires de l'État, à leurs protecteurs, aux examinateurs, etc. Cette première cérémonie terminée, en vient une autre qui, sans être prescrite par la loi, est néanmoins absolument nécessaire, si l'on veut se faire reconnaître par la noblesse et, plus tard, être présenté aux charges publiques. C'est une espèce d'initiation ridicule qui rappelle les scènes grotesques du baptême de la ligne, et dont on trouve l'analogue, même aujourd'hui, dans les plus célèbres écoles et universités d'Europe. Un des parents ou amis du nouveau gradé, docteur lui-même et appartenant au même parti politique, doit lui servir de parrain et présider la cérémonie.

Au jour marqué, le jeune bachelier ou docteur se présente devant ce parrain, le salue, fait quelques pas en arrière et s'assied. Le parrain, avec la gravité voulue, lui barbouille le visage d'encre d'abord, puis de farine. Chacun des assistants vient à son tour lui faire subir la même opération.

Tous les amis ou connaissances, ayant le droit de se présenter, n'ont garde de manquer une aussi belle occasion. Le piquant du jeu est de laisser croire au patient, à diverses reprises, qu'il n'y a plus personne pour le tourmenter, et quand il s'est lavé, raclé, nettoyé, pour la dixième ou quinzième fois, d'introduire de nouveaux personnages pour recommencer son supplice. Pendant tout ce temps, les allants et venants mangent, boivent et se régalent aux frais de leur victime, et, s'il ne s'exécute pas généreusement, on le lie, on le frappe, on va même jusqu'à le suspendre en l'air, pour le forcer à délier les cordons de sa bourse. C'est seulement après cette farce grossière que son titre littéraire est reconnu valable dans la société.

Les examens militaires sont très différents des examens littéraires proprement dits. Les nobles de haute famille ne s'y présentent point, et si par hasard quelqu'un d'eux veut embrasser la carrière militaire, il trouve le moyen d'obtenir un diplôme sans passer par la formalité du concours public. Les nobles pauvres et les gens du peuple sont les seuls prétendants.

L'examen porte surtout sur le tir de l'arc et les autres exercices militaires; on y joint une composition littéraire insignifiante. Il n'y a qu'un seul degré nommé *keup-tchiei*. Celui qui l'obtient peut, s'il est noble et s'il a d'ailleurs du talent et des protections, prétendre à tous les grades de l'armée; s'il n'est pas noble, il reste ordinairement avec son titre seul. Tout au plus lui donnera-t-on, après des années d'attente, une misérable place d'officier subalterne.

Au reste, quelle qu'ait pu être autrefois la valeur des examens et concours publics, il est certain que cette institution est aujourd'hui en pleine décadence. Les diplômes se donnent actuellement non pas aux plus savants et aux plus capables, mais aux plus riches, à ceux qui sont appuyés des plus puissants protecteurs. Le roi Ken-tsong commença de vendre publiquement les grades littéraires aussi bien que les dignités et emplois, et depuis lors les ministres ont continué ce trafic à leur profit. Dans le principe, il y eut des protestations et des résistances; aujourd'hui l'usage a prévalu, et personne ne réclame. Au vu et au su de tous, les jeunes gens qui se présentent aux concours annuels achètent à des lettrés mercenaires des compositions toutes faites.

et il n'est pas rare qu'on connaisse la liste des futurs licenciés et docteurs même avant l'ouverture des examens. Les études sont abandonnées, la plupart des mandarins ne savent presque plus lire et écrire le chinois, qui cependant demeure la langue officielle, et les véritables lettrés tombent dans un découragement de plus en plus profond.

VII

LA LANGUE CORÉENNE

Tous les examens dont nous venons de parler se font en chinois, et n'ont pour objet que les caractères et les livres chinois. Dans les écoles du gouvernement, on n'étudie que la littérature et les sciences chinoises, tandis que la langue nationale est négligée et méprisée. Ce fait étrange s'explique par l'histoire du pays. Depuis plus de deux siècles, la Corée est tellement inféodée à la Chine, que le chinois est devenu la langue officielle du gouvernement et de la haute société coréenne. Tous les employés du pouvoir doivent écrire leurs rapports en chinois. Les annales du roi et du royaume, les proclamations, les édits des mandarins, les jugements des tribunaux, les livres de science, les inscriptions sur les monuments, les correspondances, les registres et livres de compte des négociants, les enseignes des boutiques, etc., tout est en caractères chinois.

Aussi non seulement les lettrés et les personnes instruites, mais un grand nombre de gens du peuple, savent lire et écrire ces caractères. On les enseigne dans les familles, dans les écoles, et, pour les enfants des nobles surtout, on peut dire que c'est leur seule étude. Il n'y a pas de dictionnaire coréen, de sorte que pour comprendre un mot coréen dont on ignore le sens, il faut connaitre le caractère chinois correspondant, ou s'adresser à quelqu'un qui le connaisse. En Chine, les livres où les enfants commencent à apprendre les caractères sont imprimés en types très gros, comme nos abécédaires. Le plus souvent, on étudie d'abord le Tchoûen-yl, ou Livre des mille caractères, qui date des empereurs Tsin et Hán. En Corée on se sert des mêmes livres; seulement sous chaque caractère chinois se trouvent : à droite, sa prononciation à la manière coréenne; à gauche, le mot coréen correspondant.

La façon dont les Coréens prononcent le chinois en fait, pour ainsi dire, une langue à part. Du reste, on sait que, même en Chine, les habitants des diverses provinces ont une manière très différente de parler leur langue. Les caractères sont les mêmes et ont le même sens pour tous; mais leur prononciation varie tellement, que les habitants de Fokien, par exemple, ou de Canton, ne sont compris dans aucune autre province. Il n'y a donc pas lieu de s'étonner que le chinois des Coréens soit incompréhensible aux habitants du Céleste-Empire et que les deux peuples ne puissent ordinairement converser que par écrit, en dessinant les caractères sur le papier avec un pinceau, ou dans la paume de la main avec le doigt.

Avant que la conquête chinoise eût amené l'état actuel des choses, les Coréens ont-ils eu une littérature nationale, et qu'était cette littérature? La question est très difficile à résoudre, car les anciens livres coréens, tombés dans un oubli complet, ont presque tous disparu. Pendant les longues années de son apostolat, Mgr Daveluy était parvenu à en recueillir quelques-uns excessivement curieux. Ils ont péri dans un incendie. Aujourd'hui on n'écrit presque plus de nouveaux livres. Quelques romans, quelques recueils de poésie, des histoires pour les enfants et les femmes, c'est à peu près tout.

Les enfants apprennent à lire le coréen sans s'en douter, pour ainsi dire, par la traduction qui est donnée dans les livres élémentaires où ils étudient le chinois; mais ils ne reconnaissent les syllabes que par habitude, car ils ne savent pas épeler ou décomposer ces syllabes en lettres distinctes. Les femmes, les gens de basse condition, qui n'ont pas le moyen ou le temps d'apprendre les caractères chinois, sont forcés d'étudier les lettres coréennes; ils s'en servent pour leur correspondance, leurs livres de compte, etc. Tous les livres de religion imprimés par les missionnaires sont en caractères coréens. Aussi presque tous les chrétiens savent lire et écrire leur langue, en lettres alphabétiques, que les enfants apprennent très rapidement.

Cette rareté des livres coréens, le peu de cas que les lettrés font de leur langue nationale, et surtout la législation barbare qui interdit l'accès du pays à tout étranger sous peine de mort, sont cause que la langue coréenne est complètement ignorée des orientalistes. Depuis bientôt quarante ans, il y a des missionnaires français en Corée; seuls, de tous les peuples, ils ont vécu dans le pays, parlant et écrivant cette langue pendant de longues années. Et néanmoins, chose étrange, jamais aucun savant n'a songé à s'adresser à eux pour avoir, à ce sujet, les notions exactes que seuls ils pouvaient communiquer. Il n'entre pas dans notre plan de donner ici une grammaire détaillée de cette langue; mais comme elle est absolument inconnue en Europe, quelques explications pourront intéresser tous les lecteurs par la nouveauté du sujet, et n'être pas inutiles aux savants de profession.

On verra, dans le cours de notre histoire, que les missionnaires se sont livrés avec ardeur à l'étude du coréen. Mgr Daveluy avait travaillé longtemps à un dictionnaire chinois-coréen-français; M. Pourthié en avait composé un autre coréen-chinois-latin; M. Petitnicolas avait fait le dictionnaire latin-coréen qui comprenait plus de trente mille mots latins et près de cent mille mots coréens. Ces divers dictionnaires, ainsi qu'une grammaire composée en commun, étaient achevés, et on travaillait au collège à les copier, afin de conserver dans la mission un exemplaire de chacun, pendant qu'un autre serait envoyé en France pour y être imprimé, lorsqu'éclata la persécution de 1866. Tout fut saisi et livré aux flammes.

Depuis lors Mgr Ridel, vicaire apostolique de Corée, et ses nouveaux confrères ont refait en partie le travail des martyrs, leurs prédécesseurs, et publié, à l'aide de quelques chrétiens indigènes très instruits, une grammaire et un dictionnaire de la langue coréenne.

VIII

ÉTAT SOCIAL. — DIFFÉRENTES CLASSES. — NOBLESSE. — PEUPLE
— ESCLAVES

Il y a cinq siècles, dans les premiers temps de la dynastie actuelle, la société coréenne était divisée en deux classes seulement : les nobles et les serfs ou esclaves. Les nobles étaient les partisans du fondateur de la dynastie, ceux qui l'avaient aidé à s'asseoir sur le trône, et qui, en récompense, avaient obtenu les richesses, les honneurs et le droit exclusif de posséder les dignités et de remplir les fonctions publiques. La masse de la population, placée sous leur autorité, se composait de serfs attachés à la glèbe et d'esclaves.

Les descendants de ces premiers nobles et ceux de quelques autres personnes, qui à diverses époques rendirent au roi des services signalés, forment encore actuellement l'aristocratie coréenne. Mais, par la force naturelle des choses, il est arrivé pour les serfs ce qui s'est vu en Europe pendant le moyen âge : le plus grand nombre ont peu à peu conquis leur liberté et ont formé, avec le temps, le peuple de laboureurs, soldats, marchands, artisans, etc., tel qu'il existe de nos jours.

De sorte qu'il y a maintenant en Corée trois classes distinctes, subdivisées en diverses catégories : les nobles, les gens du peuple et les esclaves proprement dits. Ces derniers sont en assez petit nombre.

La noblesse est héréditaire, et comme les emplois et dignités sont le patrimoine à peu près exclusif des nobles, chaque famille conserve avec une précaution jalouse ses tables généalogiques, ainsi que des listes complètes, détaillées et fréquemment revisées, de chacun de ses membres vivants. Ceux-ci ont grand soin d'entretenir des relations suivies entre eux et avec le représentant de la branche principale de leur race, afin de trouver appui et protection en cas de besoin.

Autrefois, et pendant plusieurs siècles, la loi ne reconnaissait comme nobles que les descendants légitimes des familles aristocratiques. Il n'y avait d'exception que pour les bâtards des rois, qui toujours ont été traités comme nobles de droit. Mais depuis plus d'un siècle, les enfants naturels des nobles, qui jadis formaient une classe à part et très inférieure, sont devenus tellement nombreux et puissants, qu'ils ont peu à peu usurpé tous les privilèges des véritables nobles. En 1857, un décret royal a renversé les dernières barrières qui les séparaient des enfants légitimes, en leur reconnaissant, comme à ceux-ci, le droit de parvenir à presque toutes les dignités du royaume. Quelques-unes sont encore exceptées, par un reste de respect pour les anciennes coutumes; mais l'exception ne peut tarder à disparaître complètement. Néanmoins les vrais nobles conservent toujours au fond du cœur un grand mépris pour ces parvenus, mépris qui se manifeste assez fréquemment, bien que, dans les relations ordinaires de la vie, ils soient obligés de les traiter avec toutes les formes habituelles du respect et de l'étiquette.

Tous les nobles ont certains privilèges communs, tels que celui de ne pas être inscrits sur les rôles de l'armée, celui de l'inviolabilité pour leurs personnes et leurs demeures, celui de porter chez eux le bonnet de crin, qui est le signe distinctif de leur rang, etc.

Cependant il y a dans la noblesse divers degrés plus ou moins élevés. Les familles de ceux qui ont rendu à l'État des services signalés, ou accompli quelque grand acte de dévouement à la personne du roi, ou acquis une réputation exceptionnelle de science, de piété filiale, etc., sont beaucoup plus influentes que les autres, et accaparent les principales charges de la cour. Les princes du sang et leurs descendants ont, en tant qu'ils appartiennent à la famille royale, des titres honorifiques très fastueux, mais jamais d'emplois importants. Les rois de Corée, comme tous les rois absolus, sont trop jaloux de leur autorité et trop soupçonneux de complots vrais ou faux pour leur laisser la moindre participation à l'exercice du pouvoir. Il en est de même pour les parents des reines. La première femme du roi est toujours choisie dans quelque grande famille, et, par le fait de son mariage avec le souverain, son père et ses frères obtiennent de hautes dignités, quelquefois même des emplois lucratifs, mais presque jamais de fonctions qui leur donnent une autorité réelle. Ce n'est que par des voies indirectes, par l'influence des reines, par toutes sortes d'intrigues, ou bien en temps de minorité de l'héritier du trône, qu'ils exercent une influence plus ou moins puissante.

La noblesse se perd de diverses manières : par jugement, par mésalliance, par proscription. Quand un noble quelconque est exécuté comme coupable de rébellion ou de lèse-majesté, ses parents, ses enfants et les membres de sa famille à un degré assez éloigné, sont tous dégradés, privés de leurs emplois et de leurs titres de noblesse, et relégués au rang du peuple. Quand un noble épouse en légitime mariage une veuve ou une esclave, ses descendants perdent à peu près tous les privilèges de leur caste, et l'accès des emplois leur est fermé. De même quand une famille noble a été exclue de toute espèce d'emplois publics pendant un temps considérable, ses titres sont, par le fait même, annulés, et les tribunaux lui refusent les privilèges de son rang.

Le noble coréen agit partout en maître et en tyran. Qu'un grand seigneur n'ait pas d'argent, il envoie ses valets saisir un laboureur ou un marchand. Si celui-ci s'exécute de bonne grâce, on le relâche; sinon il est conduit dans la maison du noble, emprisonné, privé d'aliments, et battu jusqu'à ce qu'il ait payé la somme qu'on lui demande. Les plus honnêtes de ces nobles déguisent leurs vols sous forme d'emprunts plus ou moins volontaires; mais personne ne s'y trompe, car ils ne rendent jamais ce qu'ils ont emprunté. Quand ils achètent à un homme du peuple un champ ou une maison, ils se dispensent le plus souvent de payer, et il n'y a pas un mandarin capable d'arrêter ce brigandage.

D'après la loi et les coutumes on doit à un noble, quel qu'il soit, riche ou pauvre, savant ou ignorant, toutes les marques possibles de respect. Nul n'ose approcher de sa personne, et le satellite qui oserait mettre la main sur lui, même par erreur, serait sévèrement puni. Sa demeure est un lieu sacré : entrer même dans la cour serait un crime, excepté pour les femmes, qui, de quelque rang ou quelque condition qu'elles soient, peuvent pénétrer partout. Un homme du peuple qui voyage à cheval doit mettre pied à terre en longeant la maison d'un noble.

Dans les auberges on n'ose ni l'interroger, ni même le regarder; on ne peut fumer devant lui, et on est tenu de lui laisser la meilleure place et de se gêner pour qu'il soit à son aise.

En route, un noble à cheval fait descendre tous les cavaliers plébéiens; ordinairement ils le font d'eux-mêmes, mais au besoin on les presse à coups de bâton, et, s'ils résistent, on les culbute de force dans la poussière ou dans la boue. Un noble ne peut aller seul à cheval; il lui faut un valet pour conduire l'animal par la bride, et, selon ses moyens, un ou plusieurs suivants. Aussi va-t-il toujours au pas, sans trotter ou galoper jamais.

Les nobles sont très pointilleux sur toutes leurs prérogatives et quelquefois se vengent cruellement du moindre manque de respect.

On cite le fait suivant d'un d'entre eux qui, réduit à la misère et pauvrement vêtu, passait dans le voisinage d'une préfecture. Quatre satellites lancés à la recherche d'un voleur le rencontrèrent, conçurent quelques soupçons à sa mine, et lui demandèrent assez cavalièrement s'il ne serait point leur homme.

« Oui, répondit-il, et si vous voulez m'accompagner à ma maison, je vous indiquerai mes complices, et vous montrerai le lieu où sont cachés les objets volés. »

Les satellites le suivirent; mais à peine arrivé chez lui le noble, appelant ses esclaves et quelques amis, les fit saisir, et, après les avoir roués de coups, fit crever les deux yeux à trois d'entre eux et un œil au quatrième; puis il les renvoya en leur criant :

Marché aux fagots de Hoï-ryong.

« Voilà pour vous apprendre à y voir plus clair une autre fois; je vous laisse un œil afin que vous puissiez retourner chez le mandarin. »

Il va sans dire que cet acte de barbarie sauvage est demeuré impuni. De semblables exemples ne sont pas rares; aussi le peuple, surtout dans les campagnes, redoute les nobles comme le feu. On effraye les enfants en leur disant que le noble vient; on les menace de cet être malfaisant, comme en France on les menace de Croquemitaine.

Quand un noble parvient à quelque emploi, il est obligé de pourvoir à l'entretien de tous ses parents, même les plus éloignés. Par cela seul qu'il est mandarin, les mœurs et l'usage constant du pays lui font un devoir de soutenir tous les membres de sa famille, et, s'il ne montre pas assez d'empressement, les plus avides mettent en usage plusieurs moyens de se procurer de l'argent à ses dépens. Le plus souvent ils se présentent chez un des receveurs subalternes du mandarin, pendant l'absence de celui-ci, et demandent une somme quelconque. Naturellement le receveur proteste qu'il n'a pas en caisse une seule sapèque; là on le menace, on lui lie les bras et les jambes, on le suspend au plafond par les poignets, on lui inflige une rude bastonnade, et on parvient à lui extorquer l'argent demandé. Plus tard le mandarin apprend l'affaire; mais il est obligé de fermer les yeux sur un acte de pillage qu'il a peut-être commis lui-même avant d'être fonctionnaire, ou qu'il est prêt à commettre demain, s'il perd sa place.

Les emplois publics étant, pour la noblesse coréenne, la seule carrière honorable et souvent le seul moyen de vivre, on comprend aisément quelle nuée de flatteurs, de parasites, de pétitionnaires, de candidats malheureux, d'acheteurs de places, doivent encombrer jour et nuit les salons des ministres et autres grands dignitaires de qui dépendent les nominations. Cette foule de mendiants avides spécule sur leurs passions, flatte leur orgueil et met constamment en jeu, avec plus ou moins de succès, mais toujours sans le moindre scrupule, toutes les intrigues, toutes les flatteries, toutes les caresses, toutes les ruses dont la bassesse humaine est capable.

M. Pourthié, l'un des missionnaires martyrisés en 1866, s'est amusé à décrire en détail, dans une de ses lettres, l'espèce la plus commune de ces solliciteurs, ceux qu'on appelle moun-kaik. Son récit, quoique un peu long, met si bien en relief divers aspects intéressants du caractère coréen, que nous le donnons tout entier:

« Le moun-kaik, comme l'indique son nom, est un hôte qui a ses entrées dans les salons extérieurs; mais on applique plus spécialement cette dénomination aux individus pauvres et désœuvrés, qui vont passer leurs journées dans les maisons des grands, et qui, à force de ramper et de prodiguer leurs services, parviennent à recevoir, en récompense, quelque dignité. Il y a différentes catégories de moun-kaik, selon le degré de noblesse ou les prétentions. Autres sont ceux qui hantent le palais du roi, autres ceux qui entourent un petit mandarin; mais tous se ressemblent.

« Dès que le moun-kaik a trouvé un prétexte plausible pour s'introduire chez le ministre, un soin unique le préoccupe: c'est celui de connaître à fond le caractère, les penchants et les caprices de son protecteur, et de gagner ses bonnes grâces à force d'esprit, de souplesse et de protestations de dévouement. Il étudie avec soin les goûts dominants du cercle qu'il fréquente, et, faisant bonne contenance contre mauvaise fortune, il s'y plie avec une adresse incomparable. Il est tour à tour causeur lorsqu'il aurait plus d'envie de se taire, content et radieux lorsque le mauvais état de sa famille et de ses finances l'accable de tristesse, emporté et furieux, triste et en pleurs, lorsque son cœur est dominé par les sentiments du bonheur et de la joie. Sa femme et ses enfants succomberaient-ils aux tourments de la faim, lui-même passerait-il de longues journées à jeun, il faut néanmoins qu'arrivé dans les salons, il rie avec ceux qui rient, joue avec ceux qui jouent; il faut qu'il compose et chante des vers sur le vin, les festins et les plaisirs. C'est pour lui un devoir de n'avoir ni manières, ni couleurs, ni tempérament à lui propres. L'air joyeux ou affligé, passionné ou calme, vivant ou abattu, qui se voit sur les traits de son maître, doit être réfléchi sur les siens comme dans un miroir. Il ne doit être qu'une copie, et plus la copie est fidèle, plus ses chances augmentent.

« A ses complaisances sans bornes, le moun-kaik doit joindre un assortiment complet de tout ce que l'on nomme talents de société. C'est toujours lui qui se met en avant pour ranimer la gaieté de la compagnie, soutenir et intéresser la conversation. Répertoire vivant de toutes les histoires et de toutes les fables, il s'ingénie à raconter souvent et avec intérêt; il connait le premier toutes les nouvelles de la province et de la capitale, toutes les anecdotes de la cour, tous les scandales, tous les accidents. Il est auprès des dignitaires la renommée aux cent bouches, un véritable journal ambulant. Il pénètre tous les desseins, les plans secrets, les intrigues des différents partis; il compte sur ses doigts le nombre, le nom, la position et les chances de tous les mandarins qui montent et descendent dans l'échelle des faveurs du gouvernement; il récite avec aisance le catalogue universel et l'état financier de tous les nobles du royaume.

« Nouveau Janus au double visage, sans conscience, et vrai caméléon de la politique, le moun-kaik a soin d'exposer sa belle face au soleil levant de la faveur. Toutes ses gentillesses sont exclusivement pour le côté d'où peuvent venir les dignités; mais à tout ce qui lui est inutile, ou hostile, ou inférieur, il laisse voir une âme basse et cupide, uniquement gouvernée par les instincts du plus froid égoïsme. Il tourne avec la fortune, flattant ceux qu'elle flatte, laissant de côté ceux qu'elle abandonne, calculant toujours s'il est de son intérêt de se montrer raide ou souple, avare ou généreux, traître ou fidèle. Mettre la division là où elle le sert, séparer les parents et les amis, susciter des haines et des inimitiés mortelles entre les familles au pouvoir, faire tour à tour agir les ressorts de la vérité et du mensonge, de la louange et de la calomnie, du dévouement et de l'ingratitude, tels sont ses moyens d'action les plus habituels.

« Sachant qu'en Corée, le cœur des grands ne s'épanouit que lorsqu'on repait leurs yeux de la vue des sapèques, il est à la quête de tous les gens en procès, de tous les criminels, de tous les ambitieux de bas étage, leur offre son entremise et leur promet son crédit, moyennant une grosse somme pour lui-même, et une plus grosse encore pour le maître dont il doit faire intervenir la puissance. L'argent une fois payé, les rustres, par son aide, deviennent grands docteurs, les roturiers nobles, les criminels innocents, les voleurs magistrats; bref, il n'y a pas de difficultés que le moun-kaik et l'argent ne puissent aplanir, pas de souillures qu'ils ne parviennent à laver, pas de crime qu'ils ne sachent justifier, pas d'infamie qu'ils ne viennent à bout de dissimuler et d'ennoblir.

« Cependant le moun-kaik ne perd pas de vue que sa profession actuelle n'est qu'un chemin pour parvenir au but de son ambition. Toujours vigilant, toujours aux aguets, il n'examine que le moment favorable où il pourra surprendre ou arracher à son protecteur le don de quelque fonction, de quelque dignité. Malheureusement pour lui son influence n'est pas seule en jeu. L'argent, la parenté, l'intérêt, les sollicitations diverses font porter ailleurs le choix du ministre, et souvent l'infortuné passe de longues années dans une pénible attente. Dans ce cas, le moun-kaik déploie une constance admirable. Au reste, la vertu dominante du Coréen candidat est la patience. Il n'est pas rare de voir des vieillards à cheveux blancs se traîner avec peine pour la vingtième, la quarantième ou même la cinquantième fois aux examens du baccalauréat. Notre moun-kaik est, lui aussi, armé d'une patience héroïque; plutôt que de désespérer et d'abandonner la partie, il continuera indéfiniment à vivre de misères et de déceptions. Enfin, s'il ne peut emporter l'affaire par la douceur et les caresses, il s'armera quelquefois d'impudence, et fera comme violence à son protecteur.

« Un bachelier de la province de Hoang-haï était depuis trois ou quatre ans très assidu dans les salons d'un ministre, et comme il avait de l'esprit, aucun des moyens d'attirer un sourire de la fortune n'avait été négligé. Néanmoins nulle lueur d'espoir ne brillait encore. Un jour qu'il se trouvait seul avec le ministre, celui-ci, occupé à chercher un mandarin pour un district, se prit à dire :

« — Tel district est-il un bon mandarinat? »

« Le bachelier se lève brusquement, se prosterne aux pieds du ministre, et répond d'un ton pénétré :

« — Votre Excellence est vraiment trop bonne, et je la remercie bien humblement de penser à donner à son petit serviteur un district quel qu'il soit. »

« Le ministre, qui n'avait d'autre intention que de lui demander des renseignements, reste interdit devant cette réponse, et, n'osant pas contrister trop le pauvre moun-kaik, lui donna cette préfecture.

« D'autres fois ce sera un trait d'esprit, une bouffonnerie qui mettra le moun-kaik sur le piédestal. L'exemple que je vais citer est demeuré célèbre dans le pays. Un bachelier militaire faisait très fidèlement sa cour au ministre de la guerre. Quinze années s'étaient écoulées depuis qu'il avait commencé ce rude métier, et cependant rien ne semblait indiquer qu'il fût plus avancé que le premier jour. A chaque moment des nominations se faisaient sous ses yeux, et néanmoins il n'avait encore pu surprendre ni un signe, ni une parole, qui dénotât qu'on pensât à lui. Son talent à raconter des histoires l'avait rendu le boute-en-train de la société habituelle du ministre, et ses absences, lorsqu'elles avaient lieu, produisaient un vide notable dans l'assemblée. Un temps vint où il cessa tout à coup de se montrer dans les salons, et quoique les grands, en ce pays-ci, fassent en général peu d'attention à ces sortes de choses, notre ministre remarqua que son assidu moun-kaik avait disparu; mais s'imaginant qu'il était tombé malade, ou bien qu'il s'était mis en voyage pour des affaires particulières, il ne s'en inquiéta pas davantage. Cette absence du moun-kaik se prolongeait depuis près de trois semaines, lorsqu'enfin, un beau jour, il reparaît tout pétillant de joie et s'en vient avec empressement saluer le ministre. Celui-ci, content aussi de le revoir, n'a rien de plus pressé, après avoir reçu son salut, que de lui demander comment, après une si longue disparition, il est enfin tombé du ciel :

« — Ah! répond le moun-kaik, Votre Excellence dit en ce moment plus vrai qu'elle ne pense!

« — Quoi donc! reprend le ministre, expliquez-vous, avez-vous été malade?

« — Un bachelier, qui est sur le pavé depuis quinze ans, ne peut manquer d'avoir une maladie que Votre Excellence connaît fort bien; mais néanmoins ce n'est pas cela. Oh! en ce monde il arrive des histoires bien étranges!

« — Mais expliquez-vous donc, pourquoi nous tenir en suspens?

« — Moi, vous tenir en suspens, jamais! Je viens de faire une expérience telle, que je ne désire certes plus, ni à moi ni aux autres, d'être suspendu en l'air. »

« Le ministre, de plus en plus intrigué et impatient de connaitre une histoire qui semblait devoir être curieuse, dit d'un air piqué :

« — Si votre histoire est étrange, il faut avouer que vous l'êtes encore davantage vous-même; encore une fois, expliquez-vous sans détour.

« — Puisque Votre Excellence le commande, je vais tout révéler; mais c'est si extraordinaire, qu'il n'a fallu rien moins qu'un ordre de Votre Excellence pour me décider à faire connaitre une histoire à laquelle nul ne voudra ajouter foi. Il y a une vingtaine de jours, voulant me délivrer de l'ennui qui me poursuivait, je songeai à me distraire en faisant une partie de pêche. Je pris donc ma ligne et fus me poster sur le bord d'un grand étang, aux environs de la capitale. A peine ma ligne avait-elle touché l'eau, que des milliers de cigognes vinrent s'abattre tout près de moi. Pensant tout de suite que quelqu'un de ces oiseaux pourrait bien avoir envie de mordre à l'hameçon, et prévoyant que mon poignet ne serait pas assez robuste pour comprimer ses ébats, je me hâtai de saisir l'extrémité de la longue corde de ma ligne, et je la fixai solidement autour de mes reins. Cette précaution était à peine prise, qu'une grosse cigogne plus vorace que les autres se jeta sur l'appât, et le dévora en un clin d'œil. Envie me prit de laisser la captive avaler paisiblement l'hameçon; je ne bougeai pas, et ma cigogne de son côté resta calme et immobile, comme quelqu'un qui médite un mauvais coup. Mais ces volatiles ont l'estomac tellement chaud et la digestion tellement rapide, que mon hameçon, une minute et demie après, reparut à l'autre bout. Pendant que je restais stupéfait de cette merveille, une autre cigogne se jette sur l'appât, l'avale et le digère à son tour. Une troisième la suit; bref, cinq, vingt, cinquante cigognes viennent successivement s'enfiler dans ma ligne. Toutes y auraient passé jusqu'à la dernière; mais, ne pouvant plus tenir à un si étrange spectacle, je partis d'un éclat de rire, et je remuai. Soudain l'escadron effrayé prend son vol, et, comme j'étais lié par les reins, je suis emporté avec lui dans les airs. Plus nous allions, et plus les cigognes s'effarouchaient. Il ne m'agréait que tout juste de voler ainsi, suspendu à des distances énormes au-dessus de la terre, traîné à droite, à gauche, plus haut, plus bas, à travers des zigzags interminables; mais je n'avais pas à choisir, et je me cramponnais le mieux possible à ma corde, lorsque enfin, lassées de me voiturer ainsi, les cigognes allèrent s'abattre dans une vaste plaine déserte. Je n'eus rien de plus pressé que de les délivrer, en me délivrant moi-même. Je revivais; mais étais-je en Corée, ou m'avaient-elles transporté aux derniers confins du monde? C'est ce qu'il m'était impossible de savoir. De plus, parti inopinément pour un voyage long, je n'avais pu faire aucune provision, et, à peine redescendu en ce bas monde, je me sentis dévoré d'une faim canine; mais la solitude m'environnait de toutes parts. Pestant contre moi-même et contre les cigognes, je me dirigeai machinalement vers un énorme roc qui dominait toute la plaine, et dont la cime semblait toucher les cieux. J'arrivai tout auprès, et, à mon grand étonnement, ce que j'avais pris pour un roc ne fut plus qu'une statue colossale dont la tête s'élevait à perte de vue. Chose plus admirable encore, un grand poirier chargé de fruits magnifiques avait pris racine et s'élevait majestueusement sur la tête du colosse. La vue seule de ces fruits faisait découler dans mon estomac je ne sais quelle douce liqueur qui paraissait me faire grand bien et excitait d'autant plus mon appétit; mais comment les cueillir? comment atteindre à cette hauteur démesurée? La nécessité fut, dit-on, la mère de l'industrie. La plaine était couverte de roseaux. La pensée me vint d'en couper une grande quantité; puis, les enfilant les uns au bout des autres, je fabriquai une perche aussi longue que la hauteur de la statue. Alors, enfonçant l'extrémité dans les narines du colosse, je poussai tant et si bien, que la gigantesque tête de la statue, prise d'un éternuement formidable, s'agita dans des convulsions terribles et secoua si fortement le poirier, que toutes les poires tombèrent à mes pieds. La bonté en égalait la beauté; je me rassasiai de ces fruits succulents, puis j'allai à la découverte du pays. J'appris bientôt que le lieu où je me trouvais était le district d'Eun-tsin

Coréens.

(province de Tsiong-Tsieng, à quatre cents lys de la capitale), et sans tarder je pris le chemin de Séoul, où me voici enfin revenu. Cependant je dois avouer que, quoique étourdi par la rapide succession de tant d'événements extraordinaires, je n'oubliai pas un instant Votre Excellence, et, en preuve, voici une de ces poires que j'ai soigneusement conservée pour vous en faire connaître la suavité, plutôt que pour appuyer la vérité de mon étrange histoire. »

« En même temps le moun-kaik plaça dans les mains du ministre une énorme poire. Le ministre voulut la goûter sur-le-champ, et la trouva délicieuse. Le lendemain, le moun-kaik était nommé mandarin. »

Outre les nobles de naissance, dont nous avons parlé jusqu'à présent, il y a des nobles d'adoption. Ce sont des individus riches qui achètent à prix d'argent des titres de noblesse, non pas au roi ni aux ministres, mais à quelque puissante famille. Ils obtiennent ainsi d'être inscrits sur les registres généalogiques comme descendants de tel ou tel, et dès lors tous les membres de cette famille les reconnaissent comme parents devant le gouvernement et le public, les soutiennent et les protégent comme tels en toute circonstance. Cette pratique est contraire au texte de la loi; mais elle a de nos jours passé dans les mœurs, et les ministres et le roi lui-même sont obligés de la tolérer.

Inutile d'ajouter qu'en Corée, comme ailleurs, les usurpations de titres de noblesse ne sont pas rares. Beaucoup d'aventuriers, quand ils se trouvent dans une province éloignée de la leur, se font passer pour nobles, prennent le bonnet de crin, et usent et abusent de tous les autres priviléges de caste, avec une insolence tout à fait aristocratique. Quand la fraude est découverte, on les traîne à la préfecture la plus voisine, et ils reçoivent une forte bastonnade; mais s'ils ont des talents, de l'adresse, de l'argent surtout, les mandarins ferment les yeux, et le peuple est obligé de les supporter. Souvent, pendant les persécutions, des chrétiens ont employé ce moyen pour se mettre à l'abri des molestations, et, s'en trouvant bien, persistent à se faire passer pour nobles.

Entre la noblesse et le peuple proprement dit se trouve la classe moyenne, qui n'existe réellement qu'à la capitale. Elle se compose des familles qui, depuis plusieurs générations, remplissent auprès du gouvernement certaines fonctions spéciales, telles que celles d'interprètes, d'astronomes, de médecins, etc.

Au-dessous de la classe moyenne vient le peuple, qui n'a absolument aucune influence politique. Légalement un homme du peuple peut concourir aux examens publics pour les emplois civils et militaires; mais en fait, quelque titre qu'il obtienne, même de licencié ou de docteur, il ne recevra jamais du gouvernement que des fonctions insignifiantes. Pour se défendre contre les exactions, les cruautés et l'arbitraire des nobles, les gens des diverses classes de métiers se sont unis entre eux, et ont formé des associations qui, à la longue, sont devenues assez puissantes, à la capitale surtout et dans les grandes villes.

Cet esprit d'association, si naturel et si nécessaire dans un pays où il n'y a guère d'autre loi que celle du plus riche ou du plus fort, est très répandu parmi les Coréens, depuis les familles principales jusqu'aux derniers esclaves. Nous l'avons signalé dans les divers partis politiques qui divisent l'aristocratie, dans la classe moyenne, parmi les prétoriens et satellites des tribunaux. Nous le retrouvons dans toutes les classes du peuple. Chaque village forme une petite république et possède une caisse commune, à laquelle toutes les familles sans exception doivent contribuer. Cet argent est placé en fonds de terre ou à intérêt, et les revenus servent à payer les suppléments d'impôts, les objets d'utilité publique pour les mariages, enterrements, etc., et autres dépenses imprévues.

Les individus attachés aux temples de Confucius ou d'autres grands hommes, les gardiens, les portiers, les commissionnaires, les différentes espèces de domestiques des palais royaux, les employés des ministères, des administrations civile, militaire ou judiciaire; tous ceux, en un mot, qui ont un genre de travail ou des intérêts communs, forment entre eux des corporations ou sociétés analogues à celles des ouvriers proprement dits, et ceux qui n'appartiennent par leur état ou leur situation à aucune de ces sociétés s'y font affilier, moyennant une somme plus ou moins considérable, afin de trouver aide et protection en cas de besoin.

Une des corporations les plus puissantes et les mieux organisées est celle des portefaix. Le commerce intérieur, se faisant presque toujours à dos d'hommes ou de bêtes de charge, est entièrement entre leurs mains. La plupart d'entre eux sont des gens veufs ou qui, par pauvreté, n'ont pu se marier; les autres traînent à leur suite, le long des routes, leurs femmes et leurs enfants. Répandus dans le pays au nombre de huit ou dix mille, ils sont subdivisés par provinces et par districts, sous les ordres de chefs, sous-chefs, censeurs, inspecteurs, etc. Ils parlent un langage de convention pour se reconnaître entre eux, se saluent partout où ils se rencontrent, et se prodiguent les marques extérieures du respect le plus cérémonieux. Ils sont soumis à des règles sévères, et leurs chefs punissent eux-mêmes, quelquefois de mort, les crimes et délits commis par les confrères. Ils prétendent que le gouvernement n'a pas le droit de se mêler de leurs affaires, et jamais on n'en a vu aucun demander justice à un mandarin. Ils passent généralement pour probes et honnêtes, et les paquets ou ballots qu'on leur confie pour les provinces les plus éloignées sont fidèlement remis à leur adresse.

Ils sont insolents vis-à-vis du peuple, et se font redouter même des mandarins. Quand ils croient avoir à se plaindre d'un affront, d'une injustice quelconque, ils se retirent en masse du district ou de la ville, et leur retraite arrêtant le commerce et empêchant la circulation des marchandises, on est obligé de parlementer avec eux et de subir leurs conditions, après quoi ils reviennent plus fiers que jamais.

La corporation la plus méprisée est celle des valets de bouchers ou abatteurs de bœufs. Le bœuf étant un animal absolument nécessaire pour la culture et le transport des fardeaux, une loi très ancienne défend de le tuer sans permission du gouvernement, et l'opinion publique, d'accord avec la loi, regarde l'acte de tuer le bœuf comme le plus avilissant de tous. Les abatteurs de bœufs forment donc une classe à part, plus dégradée aux yeux de tous que les esclaves eux-mêmes. Ils ne peuvent demeurer dans l'intérieur des villages; ils vivent en dehors de la population, qui les repousse avec horreur, et ne se marient qu'entre eux. C'est parmi eux que sont pris les exécuteurs des hautes œuvres. Seuls ils ont le droit d'abattre les bœufs, et tout autre Coréen qui le ferait serait chassé de son village et de sa famille, et forcé de se réfugier chez eux. Il est bon de noter en passant que le mépris public n'atteint que ceux qui tuent l'animal, et nullement les bouchers qui en vendent la viande. Ceux-ci sont de gros personnages nommés par les mandarins, auxquels ils payent un impôt très lourd afin de conserver leur monopole.

Tout autre individu qui ferait abattre un bœuf aurait à payer une amende de cinquante-quatre à cinquante-six francs, prix ordinaire d'un petit bœuf.

Le nombre des esclaves est aujourd'hui bien moins considérable qu'autrefois, et va toujours en diminuant. On n'en rencontre plus guère, au moins dans les provinces centrales, que chez les grandes familles nobles. Sont esclaves ceux qui naissent d'une mère esclave, ceux qui se vendent ou sont vendus par leurs parents comme tels, enfin les enfants abandonnés qui sont recueillis et élevés; mais, dans ce dernier cas, l'esclavage est personnel, et les enfants de celui qui a perdu ainsi sa liberté naissent libres. L'esclavage est très doux dans ce pays; généralement on ne garde et on n'emploie comme esclaves que les jeunes gens, surtout les jeunes filles, pour le service intérieur de la famille. Quand ils sont en âge de se marier, les garçons sont le plus souvent laissés libres de se retirer où ils voudront, à seule charge de payer au maître une espèce de capitation annuelle; d'autres fois, le maître les garde auprès de lui et les marie à quelqu'une de ses esclaves. Les filles demeurent dans la famille du maître, et après leur mariage habitent une petite maison à part. Elles sont astreintes à quelques travaux, et tous leurs enfants appartiennent au maître.

Le maître a droit de vie et de mort sur ses esclaves; néanmoins, s'il usait de ce droit dans les circonstances ordinaires, ou même s'il les frappait trop violemment, il serait justiciable des tribunaux. Les missionnaires assurent qu'il y a peu d'excès de ce genre. En somme, le sort des esclaves est souvent préférable à celui des pauvres villageois, et il n'est pas rare de voir des gens du peuple se réfugier auprès des grands, demander à épouser leurs esclaves et à devenir esclaves eux-mêmes, pour se mettre à l'abri des exactions et des violences des nobles ou des mandarins.

IX

CONDITION DES FEMMES. — MARIAGE

En Corée, comme dans les autres pays où le christianisme n'a pas pénétré, les femmes sont dans un état d'infériorité choquante.

Les femmes n'ont pas de nom. La plupart des jeunes filles reçoivent, il est vrai, un surnom quelconque, par lequel les parents plus âgés ou les amis de la famille les désignent pendant leur enfance. Mais, aussitôt qu'elles ont grandi, le père et la mère seuls peuvent employer ce nom; les autres membres de la famille, ainsi que les étrangers, se servent de périphrases telles que : « la fille d'un tel, la sœur d'un tel. » Après le mariage, une femme n'a plus de nom. Ses propres parents la désignent le plus souvent par le nom du district où elle a été mariée ; les parents de son mari, par le nom du district où elle vivait avant son mariage. Quelquefois on l'appelle tout court: « la maison d'un tel » (nom du mari). Quand elle a des fils, les bienséances demandent qu'on se serve de la désignation : « mère d'un tel. » Quand une femme est forcée de comparaître devant les tribunaux, le mandarin, pour faciliter les débats, lui impose d'office un nom pour le temps que doit durer le procès.

Dans les hautes classes de la société, l'étiquette exige que les enfants des deux sexes soient séparés dès l'âge de huit ou dix ans. A cet âge, les garçons sont placés dans l'appartement extérieur où vivent les hommes. C'est là qu'ils doivent passer leur temps, étudier et même manger et dormir. On ne cesse de leur répéter qu'il est honteux à un homme de demeurer dans l'appartement des femmes, et bientôt ils refusent d'y mettre les pieds.

Les jeunes filles, au contraire, sont enfermées dans les salles intérieures, où doit se faire leur éducation, où elles doivent apprendre à lire et à écrire. On leur enseigne qu'elles ne doivent plus jouer avec leurs frères et qu'il est inconvenant pour elles de se laisser apercevoir des hommes, de sorte que peu à peu elles cherchent d'elles-mêmes à se cacher.

Ces usages se conservent pendant toute la vie, et leur exagération a complétement détruit la vie de famille. Presque jamais un Coréen de bon ton n'aura de conversation suivie même avec sa propre femme, qu'il regarde comme infiniment au-dessous de lui. Jamais surtout il ne la consultera sur rien de sérieux, et, quoique vivant sous le même toit, on peut dire que les époux sont toujours séparés, les hommes conversant et se délassant ensemble dans les salles extérieures, et les femmes recevant leurs parentes ou amies dans les appartements qui leur sont réservés. La même coutume, basée sur le même préjugé, empêche les gens du peuple de rester dans leurs maisons quand ils veulent prendre un instant de récréation ou de repos. Les hommes cherchent leurs voisins, et, de leur côté, les femmes se réunissent à part.

Après leur mariage, les femmes nobles sont inabordables. Presque toujours consignées dans leurs appartements, elles ne peuvent ni sortir ni même jeter un regard dans la rue, sans la permission de leur mari; et de là, pour beaucoup de dames chrétiennes, surtout en temps de persécution, l'impossibilité absolue de participer aux sacrements. Cette séquestration jalouse est portée si loin, que l'on a vu des pères tuer leurs filles, et des maris tuer leurs femmes et des femmes se tuer elles-mêmes, parce que des étrangers les avaient touchées du doigt.

Quoique les femmes en Corée ne comptent à peu près pour rien, ni dans la société ni dans leur propre famille, elles sont entourées cependant d'un certain respect extérieur. On se sert en leur parlant des formules honorifiques, et nul n'oserait s'en dispenser, si ce n'est envers ses propres esclaves.

L'appartement des femmes est inviolable; les agents de l'autorité eux-mêmes ne peuvent y mettre le pied, et un noble qui se retire dans cette partie de la maison n'y sera jamais saisi de force. Le cas de rébellion est seul excepté, parce qu'alors les femmes sont supposées complices du coupable. Dans les autres circonstances, les satellites sont forcés d'user de ruse pour attirer leur proie au dehors, en un lieu où ils puissent légalement l'arrêter. Quand un acheteur vient visiter une maison en vente, il avertit de son arrivée, afin qu'on ferme les portes des chambres réservées aux femmes, et il n'examine que les salons extérieurs ouverts à tous. Quand un homme veut monter sur son toit, il prévient les voisins afin que l'on ferme les portes et les fenêtres.

Les femmes des mandarins ont le droit d'avoir des voitures à deux chevaux, et ne sont point obligées de faire cesser, dans l'enceinte de la capitale, les cris des valets de leur suite, ce que doivent faire les plus hauts fonctionnaires, même les gouverneurs et les ministres. Les femmes ne font la génuflexion à personne, si ce n'est à leurs parents, dans le degré voulu et selon les règles fixées. Celles qui se font porter en chaise ou palanquin sont dispensées de mettre pied à terre en passant devant la porte du palais.

Lorsque les enfants ont atteint l'âge convenable, ce sont les parents qui les fiancent et les marient, sans les consulter, sans s'inquiéter de leurs goûts, et souvent même contre leur gré. De part et d'autre on ne s'occupe que d'une chose, la convenance de rang et de position entre les deux familles. Peu importent les aptitudes des futurs époux, leur caractère, leurs qualités ou leurs défauts physiques, leur répugnance mutuelle. Le père du garçon se met en relation avec le père de la fille, de vive voix s'ils demeurent dans le voisinage l'un de l'autre, par lettre s'ils sont trop éloignés. On discute les diverses conditions du contrat, on convient de tout; on marque l'époque qui semble la plus favorable, d'après les calculs des devins ou astrologues, et cet arrangement est définitif.

La veille ou l'avant-veille du jour fixé pour le mariage, la demoiselle invite une de ses amies pour lui relever les cheveux; le jeune homme, de son côté, appelle l'un de ses parents ou connaissances pour lui rendre le même service. Ceux qui doivent faire cette cérémonie sont choisis avec soin ; on les appelle pok-siou, c'est-à-dire mains de bonheur.

En Corée, les enfants des deux sexes portent leurs cheveux en une seule tresse qui pend sur le dos. Ils vont toujours nu-tête. Tant que l'on n'est pas marié, on reste au rang des enfants (ahai), et l'on doit conserver ce genre de coiffure. On peut alors faire toutes sortes d'enfantillages et de folies, sans que cela tire à conséquence ; on n'est pas supposé capable de penser ou d'agir sérieusement, et les jeunes gens, eussent-ils vingt-cinq ou trente ans, ne peuvent prendre place dans aucune réunion où l'on traite d'affaires importantes. Mais le mariage amène l'émancipation civile, à quelque âge qu'il soit contracté, fût-ce à douze ou treize ans.

Dès lors on devient homme fait : les jeux d'enfants doivent être abandonnés, la nouvelle épouse prend son rang parmi les matrones, le jeune marié a le droit de parler dans les réunions d'hommes et de porter désormais un chapeau. Après que les cheveux ont été relevés pour le mariage, les hommes les portent noués sur le sommet de la tête, un peu en avant. D'après les vieilles traditions, ils ne devraient jamais se couper un seul cheveu ; mais, à la capitale surtout, les jeunes gens qui veulent faire valoir leurs avantages personnels et n'avoir pas sur le crâne un trop gros paquet de cheveux, se font raser le sommet de la tête, de façon que le nœud ne soit pas plus gros qu'un œuf.

Les femmes mariées, au contraire, non seulement conservent tous leurs cheveux, mais s'en procurent de faux, afin de grossir autant que possible les deux tresses qui pour elles sont de règle stricte. Les femmes de tout rang à la capitale, et les femmes nobles dans les provinces, forment avec ces deux tresses un gros chignon qui, maintenu par une longue aiguille d'argent ou de cuivre placée en travers, retombe sur le cou. Les femmes du peuple, dans les provinces, roulent les deux tresses autour de leur tête, comme un turban, et les nouent sur le front. Les jeunes personnes qui refusent de se marier et les hommes qui, arrivés à un certain âge, n'ont pu trouver femme, relèvent eux-mêmes leurs cheveux secrètement et en fraude, afin de ne pas être éternellement traités comme des enfants; c'est une violation grave des usages, mais on la tolère.

Au jour fixé, on prépare dans la maison de la jeune fille une estrade plus ou moins élevée, ornée avec tout le luxe possible; les parents et amis sont invités et s'y rendent en foule. Les futurs époux, qui ne se sont jamais vus ni jamais adressé la parole, sont amenés solennellement sur l'estrade et placés l'un en face de l'autre. Ils y restent quelques minutes, se saluent sans mot dire, puis se retirent chacun de son côté. La jeune mariée rentre dans l'appartement des femmes, et le marié demeure avec les hommes dans les salons extérieurs, où il se réjouit avec tous ses amis et les fête de son mieux. Quelque considérables que puissent être les dépenses, il doit s'exécuter de bonne grâce; sinon on emploiera tous les moyens imaginables, jusqu'à le lier et le suspendre au plafond pour le forcer à se montrer généreux.

C'est cette salutation réciproque, par-devant témoins, qui signifie le consentement et constitue le mariage légitime. Dès lors le mari, à moins qu'il n'ait répudié sa femme dans les formes voulues, peut toujours et partout la réclamer; et, l'eût-il répudiée, il lui est interdit de prendre lui-même une autre femme légitime, du vivant de la première; mais il reste libre d'avoir autant de femmes qu'il en peut nourrir.

Le jour du mariage, la jeune fille doit montrer la plus grande réserve dans ses paroles. Sur l'estrade, elle ne dit pas un mot, et le soir, dans la chambre nuptiale, l'étiquette, surtout entre gens de la haute noblesse, lui commande le silence le plus absolu. Le jeune marié l'accable de questions, de compliments; elle doit rester muette et impassible comme une statue. Elle s'assied dans un coin, revêtue d'autant de robes qu'elle en peut porter.

Si elle prononçait une parole ou faisait un geste, elle deviendrait un objet de risée et de plaisanterie pour ses compagnes; car les femmes esclaves de la maison se tiennent auprès des portes pour écouter, regardent par toutes les fentes, et se hâtent

Dame coréenne.

de publier ce qu'elles peuvent voir et entendre. Un jeune marié fit un jour avec ses amis la gageure d'arracher quelques mots à sa femme dès la première entrevue. Celle-ci en fut avertie. Le jeune homme, après avoir vainement tenté divers moyens, s'avisa de lui dire que les astrologues, en tirant l'horoscope de sa future, lui avaient affirmé qu'elle était muette de naissance, qu'il voyait bien que tel était le cas, et qu'il était résolu à ne pas prendre une femme muette. La jeune femme aurait pu se taire impunément; car, les cérémonies légales une fois accomplies, que l'un des deux conjoints soit muet, ou aveugle, ou impotent, peu importe, le mariage existe. Mais, piquée de ces paroles, elle répondit d'un ton aigre-doux :

« Hélas ! l'horoscope tiré sur ma nouvelle famille est bien plus vrai encore. Le devin m'a annoncé que j'épouserais le fils d'un rat, et il ne s'est pas trompé. »

C'est là pour un Coréen la plus grossière injure, et elle atteignait non seulement l'époux, mais son père. Les éclats de rire des femmes esclaves en faction auprès de la porte augmentèrent la déconvenue du jeune homme. Il avait gagné son pari, mais les moqueries de ses amis lui firent payer bien cher et bien longtemps sa malencontreuse bravade.

Cet état de réserve et de contrainte entre les nouveaux mariés doit, selon les lois de l'étiquette, se prolonger très longtemps. Pendant des mois entiers, la jeune femme ouvre à peine la bouche pour les choses les plus nécessaires. Point de conversations suivies avec son mari, point de confidences, jamais l'ombre de cordialité. Vis-à-vis de son beau-père, l'usage est encore plus sévère; souvent elle passe des années entières sans oser lever les yeux sur lui ou lui adresser la parole, sinon pour lui donner de loin en loin quelque brève réponse. Avec sa belle-mère elle est un peu plus à l'aise, et se permet quelquefois de petites conversations; mais, si elle est bien élevée, ces conversations seront rares et de peu de durée. Inutile d'ajouter que les chrétiens de Corée ont laissé de côté la plupart de ces observances ridicules.

Dans toutes les classes de la société, la principale occupation des femmes est d'élever, ou plutôt de nourrir leurs enfants.

L'éducation exige peu de soins. Elle consiste habituellement à faire toutes les volontés de l'enfant, surtout si c'est un fils, à se plier à tous ses caprices et à rire de tous ses défauts, de tous ses vices, sans jamais le corriger. En dehors du soin de leur progéniture, les femmes nobles n'ont rien à faire qu'à diriger leurs servantes et maintenir l'ordre dans les appartements intérieurs. Leur vie s'écoule presque tout entière dans l'inaction la plus complète. Mais les femmes du peuple ont une rude besogne. Elles doivent préparer les aliments, confectionner les toiles, en faire des habits, les laver et blanchir, entretenir tout dans la maison, et de plus, pendant l'été, aider leurs maris dans les travaux de la campagne. Les hommes travaillent au temps des semailles et de la moisson, mais en hiver ils se reposent. Leur seule occupation alors est de couper sur les montagnes le bois nécessaire pour le feu; le reste de leur temps se passe à jouer, fumer, dormir, ou visiter leurs parents et amis. Les femmes, comme de véritables esclaves, ne se reposent jamais.

X

FAMILLE. — ADOPTION. — PARENTÉ

Le Coréen aime beaucoup ses enfants, surtout les garçons, qui, à ses yeux, ont au moins dix fois la valeur des filles ; et celles-ci même lui sont chères. Aussi ne voit-on presque jamais d'exemple d'enfants exposés ou abandonnés. Quelquefois, aux époques de grandes famines, des gens qui meurent de faim sont poussés à cette extrémité ; mais alors même ils cherchent plutôt à les donner ou à les vendre, et les premières ressources qu'ils peuvent réunir ensuite sont destinées à les racheter, si possible. Jamais ils ne trouvent leur famille trop nombreuse, et, soit dit en passant, la conduite de ces pauvres païens sera, au jour du jugement, l'opprobre et la condamnation de ces parents infâmes qui, dans nos pays chrétiens, ne craignent pas de violer les lois de Dieu et d'outrager la nature pour s'épargner les ennuis et les fatigues de l'éducation des enfants. Un Coréen, si pauvre qu'il soit, est toujours heureux d'être père, et il sait trouver dans son dénûment de quoi nourrir et élever toute la famille que Dieu lui envoie.

La première chose que l'on inculque à l'enfant dès son plus bas âge, c'est le respect pour son père. Toute insubordination envers lui est immédiatement et sévèrement réprimée. Il n'en est pas de même vis-à-vis de la mère. Celle-ci, d'après les mœurs du pays, n'est rien et ne compte pour rien, et l'enfant l'apprend trop tôt. Il ne l'écoute guère, et lui désobéit à peu près impunément.

En parlant du père, on ajoute fréquemment les épithètes qui signifient : sévère, redoutable, et impliquent un profond respect. Au contraire, on joint au nom de la mère les mots: « tsa-tsin, tsa-tang, » c'est-à-dire: bonne, indulgente, qui n'est pas à craindre, etc. Cette différence a certainement sa racine dans la nature; mais, exagérée comme elle l'est en ce pays, elle devient un abus déplorable.

Le fils ne doit jamais jouer avec son père, ni fumer devant lui, ni prendre en sa présence une posture trop libre; aussi, dans les familles aisées, y a-t-il un appartement spécial où il peut se mettre à l'aise et jouer avec ses amis. Le fils est le serviteur du père ; souvent il lui apporte son repas, le sert à table et prépare sa couche. Il doit le saluer respectueusement en sortant de la maison et en y entrant. Si le père est vieux ou malade, le fils ne le quitte presque pas un instant et couche non loin de lui, afin de subvenir à tous ses besoins. Si le père est en prison, le fils va s'établir dans le voisinage, afin de correspondre facilement avec lui et de lui faire parvenir quelques soulagements ; et quand cette prison est celle du Keum-pou, le fils doit rester agenouillé devant la porte, à un endroit désigné, et attendre ainsi jour et nuit que le sort de son père soit décidé.

Quand un coupable est envoyé en exil, son fils est tenu de l'accompagner au moins pendant tout le trajet, et, si l'état de la famille le permet, il s'établit lui-même dans le lieu où son père subit la condamnation.

Un fils qui rencontre son père sur la route doit lui faire de suite la grande génuflexion et se prosterner dans la poussière ou dans la boue. En lui écrivant, il doit se servir des formules les plus honorifiques que connaisse la langue coréenne.

Les mandarins obtiennent fréquemment des congés plus ou moins longs afin d'aller saluer leurs parents, et si, pendant qu'ils sont en charge, ils viennent à perdre leur père ou leur mère, ils doivent donner de suite leur démission pour s'occuper uniquement de rendre au défunt les derniers devoirs, et ne peuvent exercer aucune fonction tant que dure le deuil légal.

Nulle vertu, en Corée, n'est estimée et honorée autant que la piété filiale; nulle n'est enseignée avec plus de soin, nulle n'est plus magnifiquement récompensée par des exemptions d'impôts, par l'érection de colonnes monumentales ou même de temples, par des dignités et des emplois publics; aussi les exemples extraordinaires de cette vertu sont-ils assez fréquents, surtout de la part d'un fils ou d'une fille envers son père. Ils se rencontrent plus rarement de la part des enfants envers leur mère, et cela à cause du préjugé d'éducation dont nous avons parlé.

L'adoption des enfants est très commune en Corée. Celui qui n'a pas de fils nés de lui doit en choisir dans sa parenté, et la grande raison de cet usage se trouve dans les croyances religieuses du pays. En effet, ce sont les descendants qui doivent rendre aux ancêtres le culte habituel, garder leurs tablettes, observer les nombreuses cérémonies des funérailles et du deuil, offrir les sacrifices, etc. La conservation de la famille n'est qu'une fin secondaire de l'adoption; aussi n'adopte-t-on jamais de filles, parce qu'elles ne peuvent accomplir les rites prescrits. D'un autre côté, le consentement de l'adopté ou de ses parents n'est nullement nécessaire, parce qu'il s'agit d'une nécessité religieuse et sociale, dont le gouvernement, en cas de besoin, impose de force l'acceptation.

En Corée, comme dans la plupart des pays d'Orient, les liens de famille sont beaucoup plus resserrés et s'étendent beaucoup plus loin que chez les peuples européens de notre époque.

Tous les parents jusqu'au quinzième ou vingtième degré, quelle que soit d'ailleurs leur position sociale, qu'ils soient riches ou pauvres, savants ou ignorants, fonctionnaires publics ou mendiants, forment un clan, une tribu et, pour parler plus juste, une seule famille, dont tous les membres ont des intérêts communs et doivent se soutenir réciproquement.

A la mort du père, le fils aîné prend sa place; il conse   la propriété. Les cadets reçoivent de leurs parents des donat plus ou moins importantes à l'époque de leur mariage et o..

certaines autres circonstances, selon l'usage, le rang et la fortune des familles ; mais tous les biens restent à l'aîné, qui est tenu de prendre soin de ses frères comme de ses propres enfants. Ses frères, de leur côté, le regardent comme leur père, et, quand il est condamné à la prison ou à l'exil, lui rendent les mêmes services qu'à leur propre père. En général, les rapports entre parents sont d'une grande cordialité. La maison de l'un est la maison de tous, les ressources de l'un sont à peu près celles de tous, et tous appuient celui d'entre eux qui a quelque chance d'obtenir un emploi ou de gagner de l'argent, parce que tous en profiteront. C'est là l'usage universel, et la loi le reconnaît, car on fait payer aux plus proches parents non seulement les impôts et contributions qu'un des leurs ne paye pas, mais même les dettes particulières qu'il ne peut pas ou ne veut pas acquitter. Les tribunaux prononcent toujours dans ce sens, et il ne vient à l'esprit de personne de s'en plaindre ou de protester.

« Dernièrement, écrivait en 1855 Mgr Daveluy, un jeune homme de plus de vingt ans fut traduit devant un mandarin pour quelques francs de cote personnelle dus au fisc, et qu'il se trouvait dans l'impossibilité de payer. Le magistrat, prévenu d'avance, arrangea l'affaire d'une manière qui fut fort applaudie.

« — Pourquoi n'acquittes-tu pas tes contributions ? demanda-t-il au jeune homme.

« — Je vis difficilement de mes journées de travail, et je n'ai aucune ressource.

« — Où demeures-tu ?

« — Dans la rue.

« — Et tes parents ?

« — Je les ai perdus dès mon enfance.

« — Ne reste-t-il personne de ta famille ?

« — J'ai un oncle qui demeure dans telle rue, et vit d'un petit fonds de terre qu'il possède.

« — Ne vient-il pas à ton aide ?

« — Quelquefois; mais il a lui-même ses charges, et ne peut faire que bien peu pour moi. »

« Le mandarin sachant que le jeune homme parlait ainsi par

respect pour son oncle, et qu'en réalité celui-ci était un vieil avare, fort à son aise, qui abandonnait le pauvre orphelin, continua de le questionner.

« — Pourquoi, à ton âge, n'es-tu pas encore marié ?

« — Est-ce donc si facile ? Qui voudrait donner sa fille à un jeune homme sans parents et dans la misère ?

« — Désires-tu te marier ?

« — Ce n'est pas l'envie qui me manque, mais je n'ai pas le moyen.

« — Eh bien ! je m'en occuperai ; tu me parais un honnête garçon, et j'espère en venir à bout. Avise au moyen de payer la petite somme que tu dois au gouvernement, et dans quelque temps je te ferai rappeler. »

« Le jeune homme se retira, sans trop savoir ce que tout cela signifiait. Le bruit de ce qui s'était passé en plein tribunal arriva bientôt aux oreilles de l'oncle, qui, honteux de sa conduite et craignant quelque affront public de la part du mandarin, n'eut rien de plus pressé que de faire des démarches pour marier son neveu. L'affaire fut rapidement conclue, et on fixa le jour de la cérémonie. La veille même, lorsqu'on venait de relever les cheveux du futur époux, le mandarin, qui se faisait secrètement tenir au courant de tout, le rappelle au tribunal et lui réclame l'argent de l'impôt. Le jeune homme paye immédiatement.

« — Eh quoi ! dit le mandarin, tu as les cheveux relevés ? Es-tu déjà marié ? Comment as-tu fait pour réussir si vite ?

« — On a trouvé pour moi un parti convenable, et mon oncle ayant pu me donner quelques secours, les choses sont conclues, je me marie demain.

« — Très bien ! mais comment vivras-tu ? As-tu une maison ?

« — Je ne cherche pas à prévoir les choses de si loin ; je me marie d'abord, ensuite j'aviserai.

« — Mais, en attendant, où logeras-tu ta femme ?

« — Je trouverai bien chez mon oncle, ou ailleurs, un petit coin pour la caser, en attendant que j'aie une maison à moi.

« — Et si j'avais le moyen de t'en faire avoir une ?

« — Vous êtes trop bon de penser à moi, cela s'arrangera peu à peu.

« — Mais enfin, combien te faudrait-il pour te loger et t'établir passablement ?

« — Ce n'est pas une petite affaire. Il me faudrait une maison, quelques meubles et un petit coin de terre à cultiver.

« — Deux cents nhiangs (environ quatre cents francs) te suffiraient-ils ?

« — Je crois qu'avec deux cents nhiangs je pourrais m'en tirer très passablement.

« — Eh bien ! j'y songerai. Marie-toi, fais bon ménage, et sois plus exact désormais à payer tes impôts. »

« Chaque mot de cette conversation fut répété à l'oncle; il vit qu'il fallait s'exécuter sous peine de devenir la fable de toute la ville, et quelques jours après ses noces le neveu eut à sa disposition une maison, des meubles et les deux cents nhiangs dont avait parlé le mandarin. »

XI

RELIGION. — CULTE DES ANCÊTRES. — SUPERSTITIONS POPULAIRES

D'après les traditions locales, le bouddhisme ou doctrine de Fô pénétra en Corée au IVe siècle de l'ère chrétienne, et se répandit, avec plus ou moins de succès, dans les trois royaumes qui alors se partageaient la péninsule. Lorsque la dynastie Korie eut réuni ces divers États en une seule monarchie, elle protégea les sectateurs de cette doctrine, qui devint la religion officielle. A la fin du XIVe siècle, la dynastie Korie ayant été renversée, les princes de la dynastie Tsi-tsien, qui lui succéda, cédant à l'influence et peut-être aux ordres formels des empereurs de Péking, adoptèrent non seulement la chronologie et le calendrier chinois, mais aussi la religion de Confucius. Ils ne proscrivirent point la religion ancienne, mais ils l'abandonnèrent à elle-même, et, par la marche naturelle des choses, le nombre des bouddhistes a toujours été en diminuant, et leur doctrine aussi bien que leurs bonzes sont aujourd'hui tombés dans le mépris.

La doctrine de Confucius, au contraire, établie par la loi, est devenue la religion dominante; son culte est le culte officiel, et toute contravention à ses règlements en matière grave peut être punie du dernier supplice, comme le prouvent les pièces du procès de Paul Ioun et de Jacques Kouen, et d'autres documents que nous donnons tout au long dans cette histoire.

Nous ne parlerons pas ici de cette doctrine de Confucius en

elle-même. Les travaux des missionnaires et des sinologues, depuis deux siècles, ont épuisé la question, et à travers les exagérations opposées de louange ou de blâme on est aujourd'hui parvenu à en avoir une idée à peu près exacte.

Voyons seulement ce qu'elle est en Corée.

Pour la masse du peuple, elle consiste dans le culte des ancêtres et dans l'observation des cinq grands devoirs envers le roi, envers les parents, entre époux, envers les vieillards et entre amis. A cela se joint une connaissance plus ou moins vague du Siang-tiei, que la plupart confondent avec le ciel. Pour les lettrés, il faut ajouter : le culte de Confucius et des grands hommes, la vénération des livres sacrés de la Chine.

Les missionnaires ont souvent interrogé des Coréens très instruits sur le sens qu'ils attachent au mot Siang-tiei, sans jamais obtenir de réponse claire et précise. Les uns croient que l'on désigne par là l'Être suprême, créateur et conservateur du monde; d'autres prétendent que c'est purement et simplement le ciel, auquel ils reconnaissent un pouvoir providentiel, pour produire et faire mûrir les moissons, pour éloigner les maladies, etc.; le plus grand nombre avouent qu'ils l'ignorent et qu'ils ne s'en inquiètent guère. Quand on offre des sacrifices publics pour obtenir la pluie ou la sérénité ou pour conjurer divers fléaux, la prière s'adresse soit à l'Être suprême, soit au ciel, selon le texte que rédige le mandarin chargé de la cérémonie.

Voici quelques détails sur ces sacrifices, assez peu fréquents d'ailleurs.

Quand des districts ou des provinces souffrent de la sécheresse, le gouvernement envoie un ordre aux mandarins, et chacun d'eux au jour marqué se rend dès le matin avec sa suite, ses prétoriens et ses satellites, au lieu qui lui est désigné. Là il attend patiemment sans prendre aucune nourriture, sans même fumer de tabac, que l'heure propice arrive. C'est ordinairement vers minuit, et, en tout cas, le mandarin ne doit rentrer chez lui qu'après minuit passé. Au moment précis, il immole des porcs, des moutons, des chèvres, dont le sang et les chairs crues sont offertes à la divinité. Le lendemain il se repose pour recommencer le surlendemain, et ainsi de suite, de deux en deux jours, jusqu'à l'obtention de la pluie.

A la capitale, les mandarins se relèvent afin que les sacrifices aient lieu tous les jours. Si, après deux ou trois sacrifices, on n'obtient rien, on change de place et l'on s'installe dans un autre endroit plus propice. Les diverses stations que l'on doit ainsi occuper sont déterminées par d'anciens usages. Si les prières sont inutiles, les ministres viennent officier à la place des mandarins; et enfin quand ni les mandarins ni les ministres n'ont pu rien obtenir, le roi lui-même vient en grand appareil pour sacrifier et obtenir le salut de son peuple.

Lorsque la pluie arrive, ni le sacrificateur ni les gens de sa suite n'ont le droit de se mettre à l'abri; ils doivent attendre jusqu'après minuit avant de rentrer dans leurs maisons. Tout le peuple les imite, car on croirait faire injure au ciel en cherchant à éviter une pluie si ardemment désirée, et si quelque individu a la malencontreuse idée de prendre son chapeau ou d'ouvrir son parapluie, on lui arrache ces objets, que l'on met en pièces, et on l'accable lui-même de coups et d'injures.

Le mandarin, après le sacrifice duquel la pluie arrive, est regardé comme ayant bien mérité de la patrie, et le roi le récompense en lui donnant de l'avancement ou en lui faisant quelque cadeau précieux. Il y a quelques années, un mandarin de la capitale, pour avoir fait la cérémonie avant l'heure fixée, fut immédiatement destitué. Mais cette nuit-là même la pluie commença à tomber; il fut rétabli dans sa charge et partagea la récompense avec le mandarin du jour suivant, pendant le sacrifice duquel la pluie tomba en grande abondance.

Chacun d'eux reçut du roi une peau de cerf, qui fut portée à leur domicile avec tout l'appareil et toute la pompe possible.

Les sacrifices pour obtenir le beau temps se font, à la capitale, sur la grande porte du Midi.

L'heure est la même, le sacrificateur garde la même abstinence, et pendant tout le temps que durent ces sacrifices la porte reste fermée jour et nuit, et la circulation est arrêtée. Quelquefois aussi on interdit pendant ce temps de transporter les morts. Ceux qui alors font la levée du corps et se mettent en route malgré la défense, soit parce qu'ils l'ignorent, soit parce qu'ils espèrent passer en contrebande, soit enfin parce que le jour du convoi a été fixé par les devins et ne peut être changé, sont impitoyablement arrêtés aux portes de la ville. Comme ils ne peuvent retourner chez eux avant l'enterrement, ils doivent demeurer à la pluie, eux et les cercueils qu'ils portent, souvent pendant plusieurs jours, jusqu'à ce que le retour de la sérénité fasse lever la prohibition.

Quelquefois, dans les grandes calamités, comme au temps du choléra, les particuliers se cotisent ou font des quêtes pour fournir aux frais de sacrifices plus nombreux, et le roi, de son côté, cherche à apaiser le courroux du ciel en accordant des amnisties partielles ou générales.

Outre ce culte officiel du Siang-tici ou du ciel, le gouvernement entretient à la capitale un temple et fait offrir régulièrement des sacrifices au Sia-tsik.

« J'ai souvent demandé, écrit Mgr Daveluy, ce qu'est ce Sia-tsik. »

Les réponses sont fort obscures.

La plupart prétendent que Sia est le génie de la terre, et Tsik l'inventeur de l'agriculture en Chine, placé aujourd'hui parmi les génies tutélaires. Quoi qu'il en soit, le peuple ne s'occupe guère du Sia-tsik, et dans les provinces on ignore et son nom et son culte. Mais, à la capitale, son temple est ce qu'il y a de plus sacré; le temple où l'on conserve les tablettes des ancêtres de la dynastie régnante ne vient qu'en second lieu.

La partie principale de la religion des lettrés, la seule que connaisse et pratique fidèlement l'immense majorité de la population, est le culte des ancêtres. De là l'importance des lois sur le deuil, sur le lieu où doivent être placés les tombeaux, et sur la conservation dans chaque famille des tablettes des parents défunts. A propos des funérailles royales et des devoirs de parenté, nous avons déjà donné des détails sur le deuil et sur les tombeaux des rois; voici maintenant, pour compléter, quelques notions sur les sépultures ordinaires et sur les tablettes.

Le choix d'un lieu d'enterrement est pour tout Coréen une affaire majeure; pour les gens haut placés, on peut dire que c'est leur principale préoccupation. Ils sont convaincus que de ce choix dépendent le sort de leur famille et la prospérité de leur race, et ils n'épargnent rien pour découvrir un endroit propice. Aussi, les géoscopes et les devins, qui se font une spécialité de cette étude, abondent dans le pays. Quand le lieu de la sépulture est fixé et qu'on y a déposé le corps, il est défendu désormais à qui que ce soit d'y enterrer, de peur que la fortune ne passe de son côté, et la prohibition s'étend à une distance plus ou moins considérable, suivant le degré d'autorité de celui qui l'établit. Pour les tombeaux des rois, le terrain réservé s'étend à plusieurs lieues tout autour, et comprend les montagnes environnantes d'où l'on peut voir le tombeau. De leur côté, les grands et les nobles prennent le plus d'espace possible; ils y plantent des arbres qu'il est défendu de couper jamais et qui avec le temps deviennent de véritables forêts. Si quelqu'un parvient à enterrer furtivement sur une montagne déjà occupée par d'autres, cette montagne devient aux yeux de la loi la propriété du dernier inhumant, et, dans ce cas, lorsque les premiers tombeaux appartiennent à des nobles ou à des gens riches, on fait déterrer les corps, sinon on se contente de raser les tombes et d'en faire disparaître la trace en nivelant le terrain. De là des querelles, des rixes, des haines violentes, qui, comme toutes les haines du Coréen, se transmettent de génération en génération.

La loi défend de déterrer le corps d'un individu appartenant à une autre famille; les parents du mort ont seuls le droit d'y toucher.

Il y a quelques années, derrière la montagne où habitait un missionnaire, un riche marchand qui venait de perdre son père trouva un lieu de sépulture à sa convenance. Près de là étaient quelques tombeaux de nobles. La distance étant légalement suffisante, le marchand avait le droit d'enterrer; mais la raison du plus fort est, en Corée, presque toujours la meilleure, et les nobles firent opposition. Le marchand persista, loua secrètement une centaine d'individus déterminés pour vaincre toute résistance de la part des gardiens, fit l'inhumation selon les règles et se retira avec sa troupe; il était environ six heures du soir. Les nobles, premiers possesseurs du terrain, demeuraient à trois lieues de là, et, bien qu'on les eût avertis dès le matin, ils ne purent arriver, avec deux ou trois cents hommes, qu'une demi-heure trop tard; la montagne leur était ravie. N'osant toucher au cadavre fraîchement inhumé, ils se lancèrent avec leurs gens à la poursuite du marchand, battirent ses affidés, le saisirent lui-même, lui lièrent les pieds et les mains et l'emportèrent, au milieu des plus effroyables vociférations, jusque sur la tombe de son père. Le pauvre malheureux, à moitié mort de frayeur et de fatigue, donna le premier coup de bêche. Les autres purent alors déterrer le corps, ce qui fut fait en quelques minutes, et le marchand dut chercher ailleurs un lieu de sépulture.

Les gens du peuple ont recours à tous les moyens pour protéger leurs tombeaux. Un jour, des prétoriens voulurent enterrer un des leurs dans l'endroit que possédait une famille pauvre. Le chef de cette famille, voyant que toutes les réclamations étaient inutiles, assista tranquillement à l'enterrement fait par les prétoriens, et après la cérémonie offrit du vin aux fossoyeurs, qui l'acceptèrent; puis, avec le plus grand sang-froid, il se coupa lui-même les chairs des cuisses et leur en offrit les morceaux saignants pour compléter leur repas.

Le mandarin, apprenant le fait et entendant les exécrations dont le peuple chargeait ses prétoriens, les fit punir sévèrement, et les força à déterrer leur mort et à rendre la place au premier propriétaire.

Aussitôt après la mort, on fabrique la tablette dans laquelle doit venir résider l'âme du défunt. Ces tablettes sont généralement en bois de châtaignier, et l'arbre doit être tiré des forêts les plus éloignées de toute habitation humaine, ce que les Coréens expriment par ces mots : « Pour les tablettes, il faut un bois qui de son vivant (avant d'être coupé) n'ait jamais entendu ni l'aboiement du chien ni le chant du coq. » Cette tablette est une petite planche plate que l'on peint avec du blanc de céruse, et sur laquelle on inscrit en caractères chinois le nom du défunt. Sur le côté, on pratique des trous par lesquels doit entrer l'âme. La tablette, placée dans une boîte carrée, se conserve, chez les riches, dans une chambre ou salle spéciale; chez les gens du peuple, dans une espèce de niche, au coin de la maison. Les pauvres font leurs tablettes en papier. Pendant les vingt-sept mois du deuil, les sacrifices se font tous les jours devant ces tablettes. On se prosterne le front dans la poussière, on offre divers mets préparés avec soin, du tabac à fumer et de l'encens. Après le deuil, on continue à offrir ces sacrifices plusieurs fois par mois, à des jours fixés par la loi et l'usage, soit devant les tablettes, soit sur le tombeau. A la quatrième génération, on enterre les tablettes et le culte cesse définitivement, si ce n'est pour les hommes extraordinaires, dont la tablette se conserve à perpétuité.

Outre ce culte des ancêtres commun à tous les Coréens, les lettrés et les nobles ont celui de Confucius et des grands hommes, auxquels ils offrent des sacrifices dans des temples spéciaux, non pas qu'ils les regardent comme des dieux, mais parce que, dans leur opinion, ils sont devenus des esprits ou génies tutélaires. Mais qu'entendent-ils par là? Il est difficile de le savoir. « Dans ce pays, écrit Mᵍʳ Daveluy, on n'a pas de notions exactes sur la distinction de l'âme et du corps, ni sur la spiritualité de l'âme. Les mots *hon*, *sin*, *lieng*, etc., consacrés dans nos livres chrétiens pour désigner l'âme et sa nature, ne sont appliqués par les païens qu'aux esprits ou génies, et aux âmes des défunts. Un païen assez instruit d'ailleurs, à qui je disais que chaque homme a une âme, ne voulut pas l'admettre. « Pour nous autres, disait-il, ce qui nous meut et nous anime se dissipe avec le dernier souffle de la vie; mais, pour les grands hommes, ils subsistent encore après leur mort. » Parlait-il de leur âme, ou prétendait-il qu'ils étaient transformés en esprits ou génies? Je l'ignore, et lui-même ne le savait pas. » Dans chaque district se trouve un temple de Confucius. Ce sont de petits bâtiments assez beaux pour le pays, avec de vastes dépendances; on les appelle *hiang kio*. On ne peut passer à cheval devant ces temples, et des bornes, placées aux extrémités du terrain consacré, marquent l'endroit où il faut mettre pied à terre. C'est dans ces temples que les lettrés tiennent leur réunion, et l'on y offre des sacrifices à la nouvelle et à la

Pagodes.

pleine lune. Quand les revenus attachés aux temples ne suffisent pas pour couvrir les frais, la caisse du district doit y suppléer. Les lettrés élisent entre eux ceux qui doivent, pour un temps donné, exercer les fonctions de sacrificateur.

Les se-ouen sont des temples élevés aux grands hommes avec l'autorisation du roi. Leurs portraits y sont conservés, et l'on témoigne à ces portraits une vénération presque égale à celle que l'on a pour les tablettes des défunts. Si ces grands hommes ont laissé des descendants, ceux-ci sont de droit fonctionnaires de leurs temples; sinon, les lettrés du voisinage remplissent à tour de rôle l'office de sacrificateur. Quelques-uns de ces se-ouen sont très célèbres dans le pays, et le gouverneur ou ministre qui refuserait d'accorder sur les deniers publics les sommes quelquefois énormes, exigées par les fonctionnaires de ces temples pour les frais des sacrifices, compromettrait gravement sa position.

A côté de la religion officielle se trouve, comme nous l'avons dit, le bouddhisme, ou doctrine de Fô, qui est maintenant en pleine décadence. Avant la dynastie actuelle, le bouddha coréen, quelquefois appelé Sekael (issu de la famille de Se), était en grand honneur ainsi que ses bonzes. C'est alors que furent bâties toutes les grandes pagodes, dont quelques-unes existent encore aujourd'hui. On en trouvait dans chaque district, et les largesses du peuple et des rois les entretenaient dans la prospérité. Quand les dons volontaires étaient insuffisants, le trésor public y pourvoyait.

Plusieurs rois de la dynastie Korie voulurent, par dévotion, être inhumés dans ces pagodes à la manière bouddhique, qui consiste à brûler les corps et à recueillir les cendres dans un vase, que l'on conserve en un lieu spécial ou que l'on jette à l'eau. Un de ces rois fit même un décret pour obliger chaque famille qui aurait trois enfants à en donner un pour devenir bonze. A la fin du xive siècle, la nouvelle dynastie qui s'installa sur le trône de Corée, sans prohiber en aucune manière le bouddhisme, le laissa complètement de côté, et depuis cette époque pagodes, bonzes et bonzesses, n'ont cessé de déchoir dans la vénération publique.

Quelquefois encore, même aujourd'hui, le gouvernement invoquera officiellement le nom de Fô, et les reines ou princesses feront, dans des circonstances particulières, un petit présent à telle ou telle pagode, mais rien de plus; et tout le monde, les bouddhistes eux-mêmes, avouent que dans quelques générations il ne restera de leur culte qu'un souvenir.

Les pagodes bouddhiques, bâties dans le genre chinois, n'ont généralement rien de remarquable. Le sanctuaire où se trouve la statue de Fô est assez étroit; mais il est toujours entouré de nombreux appartements qui servent aux bonzes de demeures, de salles d'études et de lieux de réunion. Du plus grand nombre il ne reste que des ruines. Ces pagodes sont d'ordinaire situées dans les montagnes, dans les déserts, et souvent le site en est admirablement choisi. Pendant l'été surtout, les lettrés s'y réunissent pour se livrer à l'étude et aux discussions littéraires. Ils y trouvent la tranquillité, la solitude, le bon air; et les bonzes, moyennant une légère rétribution, leur servent de domestiques.

Ces bonzes sont maintenant presque sans ressources. Ils sont obligés, pour vivre, de mendier ou de se livrer à divers travaux manuels, tels que la fabrication du papier ou des souliers. Quelques-uns cultivent de petits coins de terre appartenant aux bonzeries. Par suite du discrédit où est tombée leur religion, ils ne peuvent que difficilement se recruter, et ont dû abandonner toute espèce d'études. Ceux qui se font bonze aujourd'hui sont pour la plupart des gens sans aveu, qui cherchent un refuge dans les pagodes, des individus qui n'ont pas pu se marier, des veufs sans enfants qui ne veulent pas ou ne peuvent pas vivre seuls, etc. Le peuple les méprise, les regarde comme des querelleurs, des charlatans et des hypocrites; néanmoins par habitude, peut-être aussi par une certaine crainte superstitieuse, on leur fait assez facilement l'aumône.

On trouve aussi dans tous les autres pays bouddhistes des bonzesses, vivant ensemble dans des monastères, non loin des pagodes, où il leur est interdit de résider. De même que les bonzes, elles sont tenues à garder la continence.

Tel est, en Corée, l'état actuel de la religion de Confucius et de celle de Fô. Ces deux doctrines, comme on l'a remarqué bien souvent et, selon nous, avec beaucoup de justesse, ne sont au fond que deux formes différentes d'athéisme. De leur coexistence légale, de leur mélange nécessaire dans l'esprit d'un peuple qui ne raisonne guère sa foi religieuse, est sortie cette incroyance pratique, cette insouciance de la vie future, qui caractérise presque tous les Coréens. Tous font les prostrations et offrent les sacrifices devant les tablettes; mais peu croient sérieusement à leur efficacité. Ils ont une notion confuse d'un pouvoir supérieur et de l'existence de l'âme, mais ils ne s'en inquiètent pas, et quand on leur parle de ce qui suivra la mort, ils répondent aussi stupidement que nos libres penseurs de haut et de bas étage : « Qui le sait? Personne n'en est revenu! L'important est de jouir de la vie pendant qu'elle dure. » Mais si presque tous les Coréens sont pratiquement athées, en revanche, et par une conséquence inévitable, ils sont les plus superstitieux des hommes.

Ils voient le diable partout; ils croient aux jours fastes et néfastes, aux lieux propices ou défavorables; tout leur est un signe de bonheur ou de malheur. Sans cesse ils consultent le sort et les devins; ils multiplient les conjurations, les sacrifices, les sortilèges, avant, pendant et après toutes leurs actions ou entreprises importantes.

Dans chaque maison il y a une ou deux cruches en terre pour renfermer les dieux pénates : Seng-tsou, le protecteur de la naissance et de la vie; Tsé-tsou, le protecteur des habitations, etc., et de temps en temps on fait devant ces cruches la grande prostration. Si quelque accident arrive en passant sur une montagne, on est tenu de faire quelque offrande au génie de la montagne.

Les chasseurs ont des observances spéciales pour les jours de succès ou d'insuccès. Les matelots plus encore, car ils font des sacrifices et offrandes à tous les vents du ciel, aux astres, à la terre, à l'eau.

Sur les routes, et surtout au sommet des collines, il y a de petits temples, ou seulement des tas de pierres; chaque passant accrochera au temple un papier, ruban ou autre signe, ou jettera une pierre dans le tas. Le serpent est ici comme partout, et toujours chez les païens, l'objet d'une crainte superstitieuse; très peu de Coréens oseraient en tuer un. Quelquefois même ils fournissent de la nourriture en abondance, et régulièrement, aux serpents qui se logent dans les toits ou les murailles de leurs masures.

Un homme en deuil ne peut donner la mort à aucun animal; il n'ose même pas se débarrasser de la vermine qui le dévore. Les femmes, qui en ce pays font tous les métiers possibles, ne voudraient jamais tuer un poulet, ni même le préparer après qu'il aurait été tué par une autre personne.

Temple de couvent.

La plupart des familles conservent précieusement le feu dans la maison, et font en sorte de ne jamais le laisser éteindre. Si un pareil malheur arrivait, ce serait pour la famille le pronostic et la cause des plus grandes infortunes. Pour l'éviter, tous les jours, après avoir préparé le repas du matin ou du soir, on dépose ce qui reste de charbons embrasés avec les cendres dans un vase de terre en forme de chaufferette, et on prend les précautions nécessaires afin de conserver l'étincelle qui servira à rallumer le feu à la prochaine occasion. Un jour, un noble qui avait grande compagnie dans ses salons, vit un esclave sortir un bouchon de paille à la main, au moment où l'on devait préparer le repas.

« Où vas-tu ? lui cria-t-il.

— Je vais chez le voisin chercher du feu, répondit l'esclave: il n'y en a plus nulle part dans la maison.

— Impossible ! » dit le maître en pâlissant, et aussitôt, laissant ses hôtes, il courut aux vases où dans les divers appartements on conservait le feu, et à genoux, les larmes aux yeux, il retourne les cendres avec une attention fiévreuse. A la fin, il aperçoit une faible lueur; il souffle et parvint à enflammer une allumette.

« Victoire ! s'écrie-t-il en rentrant dans le salon; les destins de ma race ne sont pas encore terminés. J'ai recouvré ce feu que mes ancêtres se sont fidèlement transmis depuis des générations, et je pourrai à mon tour le léguer à mes descendants. »

XII

CARACTÈRE DES CORÉENS. — LEURS QUALITÉS MORALES. — LEURS DÉFAUTS
— LEURS HABITUDES

La grande vertu du Coréen est le respect inné et la pratique journalière des lois de la fraternité humaine. Nous avons vu plus haut comment les diverses corporations, les familles surtout, forment des corps intimement unis pour se défendre, se soutenir, s'appuyer et s'entr'aider réciproquement. Mais ce sentiment de confraternité s'étend bien au delà des limites de la parenté ou de l'association; et l'assistance mutuelle, l'hospitalité généreuse envers tous, sont des traits distinctifs du caractère national, des qualités qui, il faut l'avouer, mettent les Coréens bien au-dessus des peuples envahis par l'égoïsme de notre civilisation contemporaine.

Dans les occasions importantes de la vie, telles qu'un mariage ou un enterrement, chacun se fait un devoir d'aider la famille directement intéressée. Chacun apporte son offrande et rend tous les services en son pouvoir. Les uns se chargent de faire les achats, les autres d'organiser la cérémonie; les pauvres, qui ne peuvent rien donner, vont prévenir les parents dans les villages voisins ou éloignés, passent jour et nuit sur pied, et font gratuitement les corvées et démarches nécessaires. Il semblerait qu'il s'agit, non pas d'une affaire personnelle, mais d'un intérêt public de premier ordre.

Quand une maison est détruite par un incendie, une inondation ou quelque autre accident, les voisins s'empressent d'apporter pour la rebâtir qui des pierres, qui du bois, qui de la paille, et chacun, outre ces quelques matériaux, donne deux ou trois journées de travail. Si un étranger vient s'établir dans un village, chacun l'aide à se bâtir une petite demeure. Si quelqu'un est obligé d'aller au loin, sur les montagnes, couper du bois ou faire du charbon, il est sûr de trouver dans le village voisin un pied-à-terre ; il n'a qu'à apporter son riz ; on se chargera de le cuire, et on y mettra les quelques assaisonnements nécessaires.

Lorsqu'un habitant du village tombe malade, ceux qui auraient à la maison un remède n'attendent pas, pour le donner, qu'on le leur demande ; le plus souvent ils se hâtent de le porter eux-mêmes, et ne veulent point en recevoir le prix. Les instruments de jardinage ou de labour sont toujours à la disposition de qui vient les demander, et souvent même, excepté pendant la saison des travaux, les bœufs se prêtent assez facilement.

L'hospitalité est considérée par tous comme le plus sacré des devoirs. D'après les mœurs, ce serait non seulement une honte, mais une faute grave de refuser sa part de riz à quiconque, connu ou inconnu, se présente au moment du repas. Les pauvres ouvriers qui prennent leur nourriture sur le bord des chemins sont souvent les premiers à offrir aux passants de la partager avec eux.

Quand, dans une maison quelconque, il y a une petite fête ou un repas solennel, tous les voisins sont toujours invités de droit.

Le pauvre qui doit aller pour ses affaires dans un lieu éloigné, ou visiter à de grandes distances des parents ou amis, n'a pas besoin de longs préparatifs de voyage. Son bâton, sa pipe, quelques hardes dans un petit paquet pendu à l'épaule, quelques sapèques dans sa bourse, si toutefois il a une bourse et des sapèques à mettre dedans, voilà tout. La nuit venue, au lieu de se rendre à l'auberge, il entre dans quelque maison dont les appartements extérieurs sont ouverts à tout venant, et il est sûr d'y trouver de la nourriture et un gîte pour la nuit. Quand l'heure du repas arrive, on lui donne sa part. Il a pour dormir un coin de la natte qui recouvre le plancher et un bout de morceau de bois qui, appuyé contre la muraille, sert d'oreiller commun. S'il est fatigué ou que le temps soit trop mauvais, il passera ainsi un ou deux jours sans que l'on songe à lui reprocher son indiscrétion.

En ce bas monde, les meilleures choses ont toujours un mauvais côté, et les habitudes toutes patriarcales que nous venons de décrire produisent bien quelques inconvénients. Le plus grave est l'encouragement qu'elles donnent à la fainéantise d'une foule de mauvais sujets, qui spéculent sur l'hospitalité publique et vivent en flânant de côté et d'autre dans une complète oisiveté. Quelques-uns des plus effrontés viennent s'établir pendant des semaines entières chez les gens riches ou aisés, et se font même donner des vêtements que l'on n'ose pas refuser, de peur d'être ensuite injurié et calomnié par eux.

Les visites, soirées, invitations et autres relations ordinaires de société sont très multipliées, et la plus grande liberté y règne.

Les femmes ne se montrent jamais dans ces réunions; elles passent leur vie dans les appartements intérieurs, et ne se visitent qu'entre elles. Mais les hommes à leur aise, les nobles surtout, naturellement causeurs et paresseux, vont continuellement de salon en salon tuer le temps, raconter ou inventer des nouvelles. Ces salons, ou appartements extérieurs, sont placés sur le devant de la maison et toujours ouverts à tout venant. Le maître du logis y fait sa résidence habituelle, et met son orgueil à recevoir et à bien traiter le plus d'amis possible. Naturellement les conversations ne roulent guère sur la politique, un tel sujet serait dangereux; mais on se raconte les dernières histoires de la cour et de la ville, on colporte les médisances du jour, on répète les bons mots qui ont été dits par tel ou tel grand personnage, on récite des fables ou des apologues, on parle science ou littérature. L'été surtout, ces réunions deviennent de petites académies, où l'on s'assemble trois ou quatre fois la semaine pour discuter des questions de critique littéraire, approfondir le sens des ouvrages célèbres, comparer diverses compositions poétiques.

Les gens du peuple, de leur côté, se rencontrent dans les rues, le long des routes, dans les auberges. Quand ils sont deux ou trois ensemble, la conversation s'engage immédiatement et ne languit jamais. Ils se font les questions les plus indiscrètes sur leur nom, leur âge, leur demeure, leurs occupations, leur commerce, les dernières nouvelles qu'ils ont pu apprendre.

En Corée, on parle toujours sur un ton très élevé, et les réunions sont très bruyantes. Crier le plus possible, c'est faire preuve de bonnes manières, et celui qui dans une société parlerait sur un ton ordinaire serait mal vu des autres, et passerait pour un original qui cherche à se singulariser. Le goût du tapage est inné en eux, et rien à leur sens ne peut être fait convenablement sans beaucoup de vacarme. L'étude des lettres consiste à répéter à gorge déployée, chaque jour, pendant des heures entières, une ou deux pages d'un livre. Les ouvriers, les laboureurs se délassent de leurs fatigues en luttant à qui criera le plus fort.

Chaque village possède une caisse, des cornes, des flûtes, quelques couvercles de chaudrons en guise de cymbales, et souvent, pendant les rudes travaux de l'été, on s'interrompt quelques instants et l'on se délasse par un concert à tour de bras.

Dans les préfectures et les tribunaux, les ordres des mandarins sont répétés d'abord par un crieur, puis par beaucoup d'autres échelonnés à tous les coins, de manière à retentir dans les quartiers environnants. Si un fonctionnaire public sort de sa maison, les cris perçants d'une multitude de valets annoncent sa marche.

Dans les rares circonstances où le roi se montre en public, une foule de gens sont postés de distance en distance pour pousser les plus formidables clameurs, et ils se partagent la besogne alternativement, de manière à ne pas laisser une seconde de silence. La moindre interruption, en pareil cas, serait un manque de respect envers la majesté royale.

Les Coréens ont généralement le caractère difficile, colère et vindicatif. C'est le fruit de la demi-barbarie dans laquelle ils sont encore plongés.

Parmi les païens, l'éducation morale est nulle; chez les chrétiens eux-mêmes, elle ne pourra porter ses fruits qu'à la longue. Les enfants ne sont presque jamais corrigés, on se contente de rire de leurs colères continuelles. Ils grandissent ainsi, et, plus tard, hommes et femmes se livrent sans cesse à des accès d'une fureur aussi violente qu'aveugle.

Dans ce pays, pour exprimer une résolution arrêtée, on se pique le doigt, et on écrit son serment avec son propre sang. Dans un accès de fureur, les gens se pendent ou se noient avec une facilité inexplicable. Un petit déplaisir, un mot de mépris, un rien, les entraîne au suicide. Ils sont aussi vindicatifs qu'irascibles. Sur cinquante conspirations, quarante-neuf sont trahies d'avance par quelque conjuré, et presque toujours pour satisfaire une rancune particulière, pour se venger d'un mot un peu vif. Peu leur importe d'être punis eux-mêmes, s'ils peuvent attirer un châtiment sur la tête de leurs ennemis.

On ne peut les accuser ni de mollesse, ni de lâcheté. A l'occasion, ils supportent les verges, le bâton et les autres supplices avec un grand sang-froid et sans laisser paraître la moindre émotion. Ils sont patients dans leurs maladies. Ils ont beaucoup de goût pour les exercices du corps, le tir de l'arc, la chasse, et ne reculent point devant la fatigue: et cependant, chose extraordinaire, avec tout cela ils font en général de très pauvres soldats, qui, au premier danger sérieux, ne songent qu'à jeter leurs armes et à s'enfuir dans toutes les directions. Peut-être est-ce simplement le manque d'habitude et le défaut d'organisation. Les missionnaires assurent qu'avec des officiers capables, les Coréens pourraient devenir d'excellents soldats.

La chasse est considérée comme une œuvre servile; aussi les nobles, si l'on excepte quelques familles pauvres des provinces, ne s'y livrent presque jamais. Elle est tout à fait libre : point de port d'armes, point de parcs réservés, point d'époques interdites. Le seul animal qu'il soit défendu de tuer est le faucon, dont la vie est protégée par des lois sévères. Malheur à celui qui blesserait un de ces oiseaux! Il serait traîné à la capitale devant la cour des crimes. La chasse n'a lieu que dans les montagnes; car les vallées et les plaines, presque toutes en rizières, n'offrent aucun gibier qui puisse tenter les chasseurs. Leur fusil est le fusil japonais à pierre, très lourd et fort peu élégant. Avec cette arme insuffisante, un Coréen, même seul, tirera le tigre, quoique cet animal, quand il n'est pas tué sur le coup, s'élance toujours droit sur l'ennemi, qui devient alors facilement sa proie. Quand le tigre fait de grands ravages dans un district, le mandarin réunit les chasseurs et organise une battue dans les montagnes voisines, mais presque toujours sans résultat; car en pareil cas la peau de l'animal est pour le gouvernement, et le mandarin garde pour lui la prime due aux chasseurs. Ceux-ci préfèrent risquer leur vie en chassant seuls, parce qu'ils ont alors le bénéfice de la peau, qu'ils vendent secrètement. Ils mangent la chair, qu'ils prétendent être très succulente. Les os, pilés et bouillis, servent à faire diverses médecines. On les vend surtout aux Japonais, qui les achètent à très haut prix pour en fabriquer des remèdes secrets.

Les tigres sont extrêmement nombreux en Corée, et le chiffre annuel des accidents est très considérable. Quand le tigre pénètre dans un village, dont les maisons sont bien fermées, il ne cesse de tourner pendant des nuits entières autour de quelque masure, et si la faim le presse, il finit par s'y introduire en bondissant sur le toit de chaume, au travers duquel il fait un trou. Le plus souvent, il n'a pas besoin de recourir à cet expédient; car les villageois sont d'une insouciance telle, que, malgré sa présence dans les environs, ils dorment habituellement pendant l'été la porte de leur maison grande ouverte, et quelquefois même sous des hangars ou en plein champ, sans songer à allumer du feu.

Peut-être, avec des battues bien suivies dans la saison propice, réussirait-on à détruire beaucoup de ces animaux et à refouler le reste dans les grandes chaînes de montagnes qui sont presque inhabitées; mais chacun ne songe qu'à se débarrasser du péril présent, sans s'inquiéter de l'avenir ni du bien général.

On prend quelquefois des tigres au piége, dans des fosses profondes recouvertes de feuillage et de terre, au milieu desquelles est planté un pieu aigu; mais ce moyen, si simple et sans danger aucun pour le chasseur, est rarement employé. Pendant l'hiver, quand la neige est à demi gelée, assez forte pour résister au pied de l'homme, elle cède encore aux pattes du tigre, qui s'y enfonce jusqu'au ventre et ne peut en sortir. Souvent alors on en tue à coups de sabre ou de lance.

Les chasseurs coréens ne tirent jamais au vol. Ils s'affublent de peaux, de plumes, de paille, etc., et se tapissent dans quelque trou pour tromper les animaux qui viennent à leur portée. Ils savent contrefaire parfaitement les cris des divers oiseaux, particulièrement celui du faisan qui appelle sa femelle, et par là réussissent à prendre beaucoup de ces dernières; mais leur chasse principale est celle du cerf. Elle n'a lieu qu'au moment où ses bois se développent, c'est-à-dire pendant la cinquième et la sixième lune (juin et juillet), parce qu'alors seulement ces bois se vendent à un prix très élevé. Les chasseurs, au nombre de trois ou quatre au plus, battent les montagnes plusieurs jours de suite, et quand la nuit les force à s'arrêter pendant quelques heures, ils ont un instinct admirable pour retrouver la piste de l'animal, à moins que la terre ne soit trop desséchée. D'ordinaire, ils l'atteignent avant la fin du troisième jour et le tuent à coups de fusil. Cette chasse, quand elle réussit bien, leur donne de quoi vivre pendant une partie de l'année, et l'on cite des individus qui, par ce moyen, ont acquis une petite fortune.

Les Coréens sont âpres au gain; pour se procurer de l'argent, tous les moyens leur sont bons. Ils connaissent très peu et respectent encore moins la loi morale qui protége la propriété et défend le vol. Néanmoins les avares sont peu nombreux et ne se trouvent guère que parmi les riches de la classe moyenne ou les marchands. En ce pays, on appelle riche celui qui a deux ou trois mille francs vaillant. En général, ils sont aussi prodigues qu'avides, et aussitôt qu'ils ont de l'argent, ils le jettent à pleines mains. Ils ne songent alors qu'à mener grand train, bien traiter leurs amis, satisfaire leur propre caprice; et quand l'indigence revient, ils la subissent sans trop se plaindre, et attendent que la roue de la fortune, en tournant, leur amène de beaux jours.

Souvent l'argent se gagne assez vite, mais il disparaît plus vite encore. On a fait gagner un procès à quelqu'un, on a trouvé une racine de gen-seng, un petit morceau d'or, une veine de cristal, n'importe quoi, on est à flot pour quelques jours, et vogue la galère! L'avenir s'occupera de l'avenir. De là vient que tant de gens sont toujours sur les routes, cherchant une chance heureuse, espérant rencontrer là-bas ce qui leur manque ici, trouver quelque trésor, découvrir quelque source de richesse non encore exploitée, inventer quelque nouveau moyen de battre monnaie. Dans certaines provinces surtout, la moitié des habitants n'ont pour ainsi dire pas de demeure fixe; ils émigrent pour échapper à la misère, restent un an ou deux et émigrent de nouveau pour recommencer plus tard, cherchant toujours le mieux, et presque toujours rencontrant le pire.

Un autre grand défaut des Coréens, c'est la voracité. Sous ce rapport il n'y a pas la moindre différence entre les riches et les pauvres, les nobles et les gens du peuple. Beaucoup manger est un honneur, et le grand mérite d'un repas consiste non dans la qualité, mais dans la quantité des mets fournis aux convives; aussi cause-t-on très peu en mangeant, car chaque phrase ferait perdre une ou deux bouchées. Dès l'enfance, on s'applique à donner à l'estomac toute l'élasticité possible. Souvent les mères prennent leurs enfants sur leurs genoux, les bourrent de riz ou d'autre nourriture, frappent de temps en temps sur le ventre pour voir s'il est suffisamment tendu, et ne s'arrêtent que quand il devient physiquement impossible de les gonfler davantage. Un Coréen est toujours prêt à manger; il tombe sur tout ce qu'il rencontre, et ne dit jamais : C'est assez. Les gens d'une condition aisée ont leurs repas réglés; mais si dans l'intervalle se présente l'occasion d'avaler du vin, des fruits, des pâtisseries, etc., en quelque quantité que ce soit, ils en profitent largement, et, l'heure ordinaire des repas venue, se mettent à table avec le même appétit que s'ils avaient jeûné depuis deux jours. La portion ordinaire d'un ouvrier est d'environ un litre de riz, lequel, après la cuisson, donne une forte écuelle. Mais cela ne suffit pas pour les rassasier, et beaucoup d'entre eux en prennent facilement trois ou quatre portions quand ils le peuvent. Certains individus, dit-on, en absorbent jusqu'à neuf ou dix portions impunément. Quand on tue un bœuf et que la viande est servie à discrétion, une écuelle bien remplie n'effraye aucun convive. Dans les maisons décentes, le bœuf ou le chien sont découpés par tranches énormes, et comme chacun a sa petite table à part, on peut se montrer généreux envers tel ou tel convive, tout en ne donnant aux autres que le strict nécessaire. Si l'on offre des fruits, des pêches par exemple, ou de petits melons, les plus modérés en prennent jusqu'à vingt ou vingt-cinq, qu'ils font très rapidement disparaître sans les peler.

Inutile d'ajouter que les habitants de ce pays sont loin d'absorber chaque jour les quantités de nourriture dont nous venons de parler. Tous sont prêts à le faire, et le font, en effet, quand ils en trouvent l'occasion; mais ils sont trop pauvres pour la trouver souvent.

Un excès en appelle un autre, et l'abus de la nourriture amène naturellement l'abus de la boisson. Aussi l'ivrognerie est-elle en grand honneur dans ce pays; et si un homme boit du vin de riz de manière à en perdre la raison, personne ne lui en fait un crime. Un mandarin, un grand dignitaire, un ministre même peut, sans que cela tire à conséquence, rouler sur le plancher à la fin de son repas.

Quant à la préparation de la nourriture, les Coréens ne sont nullement difficiles; tout leur est bon. Le poisson cru, la viande crue, surtout les intestins, passent pour des mets friands, et parmi le peuple on n'en voit guère sur les tables; car un pareil morceau, à peine aperçu, est aussitôt dévoré. Les viandes crues se mangent habituellement avec du piment, du poivre ou de la moutarde; mais souvent on se passe de tout assaisonnement. Sur le bord des ruisseaux ou rivières, on rencontre une quantité de pêcheurs à la ligne, dont le plus grand nombre sont des nobles sans le sou, qui ne veulent pas ou ne peuvent travailler pour vivre. A côté d'eux est un petit vase contenant de la poudre de piment délayée, et aussitôt qu'un poisson est pris, ils le saisissent entre deux doigts, le trempent dans cette sauce et l'avalent sans plus de cérémonie.

XIII

JEUX. — COMÉDIES. — FÊTES DU NOUVEL AN. — LE HOAN-KAP

Le jeu d'échecs est très répandu en Corée, et on prétend qu'il y a des joueurs capables de tenir tête aux Chinois les plus habiles. Ils ont aussi une espèce de jeu de dames, beaucoup plus compliqué que le nôtre, le trictrac, le jeu d'oie et divers autres jeux d'adresse ou de hasard. Mais celui qui a le plus de vogue est le jeu de cartes, interdit par la loi. On ne le permet qu'aux soldats qui font la veillée dans un poste quelconque, pour les empêcher de s'endormir, et on prétend qu'en temps de guerre, c'est la plus sûre sauvegarde des camps contre les surprises et les attaques nocturnes. Malgré la prohibition, ce jeu est en grand usage surtout parmi les gens du peuple, car les nobles le regardent comme au-dessous de leur dignité. On y joue la nuit, en cachette, en dépit des amendes et des punitions que les tribunaux infligent journellement. Il y a des bandes de joueurs qui y passent leur vie et n'ont pas d'autre métier. Ce sont presque toujours des filous fieffés, qui escroquent à leurs dupes des sommes considérables et mènent grand train sans s'occuper de la loi. Les prétoriens et autres agents de l'autorité ferment les yeux sur leurs contraventions, tantôt parce qu'ils sont secrètement payés pour se taire, souvent aussi parce qu'ils redoutent la vengeance de ces individus, qu'ils savent être peu scrupuleux, déterminés et capables de tout.

A la capitale et dans quelques autres grandes villes, beaucoup de gens inoccupés passent leur temps à lancer des cerfs-volants, surtout pendant un ou deux mois d'hiver, quand souffle le vent du nord. La foule se presse à ce spectacle ; chacun examine les soubresauts de ces cerfs-volants et en tire des pronostics pour le bon ou le mauvais succès des affaires dans lesquelles il est alors engagé. Souvent on se porte des défis mutuels, à qui usera ou coupera plus vite la corde de son voisin, en faisant rencontrer les cerfs-volants dans les airs, et là-dessus s'engagent des paris quelquefois considérables.

On trouve dans toutes les villes des chœurs de musiciens et de chanteuses. La capitale en est remplie. Ces chanteuses, élégamment vêtues, exécutent des chants et des danses pour l'amusement des spectateurs, dans les parties de plaisir que donnent les mandarins ou les gens haut placés.

Il n'est pas rare, non plus, de rencontrer des saltimbanques ou comédiens ambulants qui vont par bandes, de côté et d'autre, donnant des représentations dans les maisons de ceux qui les payent, à l'occasion d'un mariage, d'un anniversaire heureux ou d'une fête quelconque. Ils sont acrobates, musiciens, joueurs de marionnettes, escamoteurs, font mille tours de force et d'adresse et passent pour être souvent d'une habileté merveilleuse. A défaut d'amateurs bénévoles, ils s'imposent aux villages, et comme ils ont la réputation d'être des bandits, capables de toutes sortes de crimes et d'actes de violence, on les subit par crainte, et on les paye sur les fonds communs pendant leur séjour.

Le théâtre proprement dit n'existe pas en Corée. Ce qui se rapproche le plus de nos fêtes dramatiques est la récitation mimée de certaines histoires par un seul individu qui en représente successivement tous les rôles. Si, par exemple, il est question dans son récit d'un mandarin, d'un homme qui reçoit la bastonnade, d'un mari qui se dispute avec sa femme, etc., il imitera alternativement le ton grave et solennel du magistrat, les plaintes, les cris de celui qui est battu, la voix du mari, le fausset de la femme, les rires de celui-ci, les gestes étranges de celui-là, la stupéfaction d'un autre, assaisonnant le tout de compliments, de bons mots, de lazzis et de pasquinades de toute espèce. Il y a beaucoup de livres ou de recueils d'anecdotes que ces artistes étudient continuellement; mais ceux qui ont du talent ne s'astreignent point aux scènes ainsi préparées: ils les changent et les entremêlent avec adresse, y introduisent séance tenante des pointes, des allusions, des plaisanteries appropriées à l'auditoire et conquièrent ainsi une réputation qui peut les conduire à la fortune. On les invite aux réunions d'amis, aux fêtes de famille; ils ne manquent jamais d'accompagner dans leurs visites officielles les nouveaux dignitaires, ainsi que les candidats heureux des examens publics, et dans chaque maison on leur donne quelque argent. Les hommes seuls font ainsi le métier de comédiens.

Le jour de l'an est une des plus grandes fêtes pour toutes les classes de la société coréenne, et la manière de le célébrer offre une certaine analogie avec nos usages d'Europe. La plupart des travaux sont interrompus dès le troisième jour qui précède la fin de l'année, afin de donner à tous le temps de regagner le toit paternel ou de rejoindre leur famille. Très peu de personnes passent cette époque hors de leurs maisons, et si quelque pauvre portefaix ou commissionnaire est forcé par des retards malencontreux de séjourner dans une auberge le jour de l'an, presque toujours l'aubergiste lui donne la nourriture gratis. A cette époque, les mandarins évitent de faire des arrestations, et leurs tribunaux sont fermés. Il y a plus : beaucoup de prisonniers, détenus pour des affaires de peu d'importance, obtiennent un congé plus ou moins long, afin d'aller rendre leurs devoirs à leurs parents vivants et morts. Ces fêtes passées, ils doivent d'eux-mêmes revenir et reviennent en effet se constituer prisonniers.

Habituellement, d'après les règles de l'étiquette, on se fait deux salutations: la première, le soir du dernier jour de l'an, ce qu'ils appellent le salut de l'année qui finit; la seconde, le matin du premier jour, c'est le salut de l'année qui commence. Cette dernière salutation seule est absolument de rigueur et personne ne s'en dispense. Elle se fait à tous les parents, supérieurs, amis et connaissances. Y manquer serait provoquer infailliblement une rupture ou un refroidissement marqué dans les relations. La principale cérémonie du jour de l'an est le sacrifice aux tablettes des ancêtres. Chacun y déploie toute la pompe que lui permet sa position, et c'est, dans l'opinion commune, le sacrifice le plus indispensable de toute l'année. Si les tombeaux des parents se trouvent près de la maison, on s'y rend de suite pour faire les prostrations et cérémonies voulues; sinon on est tenu de les visiter dans le courant de la première lune. Après le sacrifice vient la distribution des étrennes, qui généralement sont peu considérables. Elles consistent en quelques vêtements qu'on donne aux enfants ou aux inférieurs, en pâtisseries que l'on envoie aux supérieurs, amis et connaissances. A la capitale, les parents font assez souvent cadeau à leurs enfants de quelques joujoux de peu de valeur. Les jours suivants se passent en échanges de civilités, visites, réunions, soirées. Les travaux, les transactions commerciales, les séances des tribunaux, etc., ne peuvent recommencer que le cinquième jour de la lune; ce qui fait en tout huit jours de repos légal. En fait, ce repos est beaucoup plus prolongé, et quinze ou vingt jours se dépensent en jeux et en parties de plaisirs sans que personne y trouve à redire.

Les familles riches célèbrent aussi l'anniversaire de la naissance de chacun de leurs membres par une réunion et un festin; chez les pauvres, on ne tient compte que du jour de naissance du chef de la maison. Ce jour-là, on invite les voisins à un petit régal. Entre tous ces anniversaires, le plus célèbre est celui de la soixante et unième année. Les Coréens suivent le cycle chinois de soixante ans, et chacune des années porte un nom particulier, comme chez nous les noms des jours de la semaine ou des mois de l'année. Cette période de soixante ans une fois écoulée, les années de même nom recommencent dans le même ordre, et l'année de la naissance se présente après une révolution entière du cycle. Cet anniversaire appelé *Hoan-kap* est, en ce pays, l'époque la plus solennelle de la vie. Riches et pauvres,

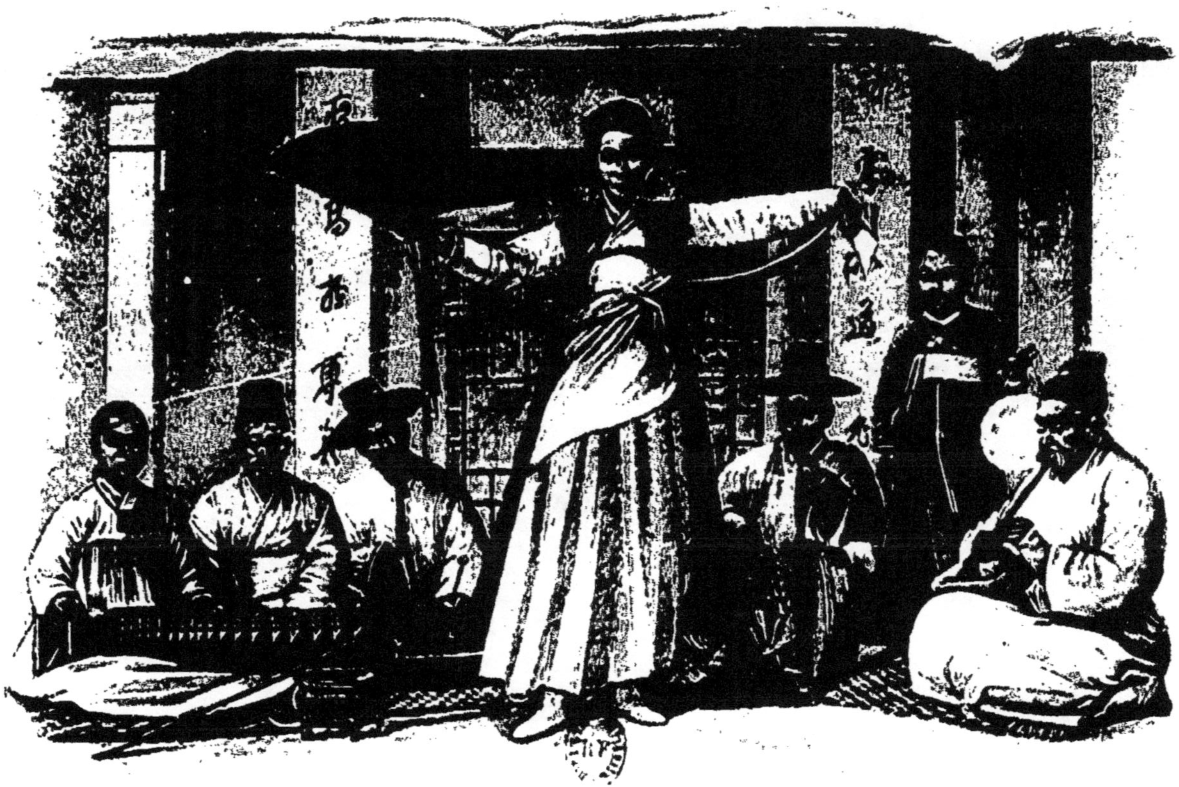

Danse coréenne.

nobles et gens du peuple, tous ont à cœur de fêter dignement ce jour où l'âge mûr finit, où commence la vieillesse. Celui qui atteint cet âge est censé avoir rempli sa tâche, achevé sa carrière; il a bu à longs traits la coupe de l'existence, il ne lui reste qu'à se souvenir et à se reposer.

Longtemps d'avance on fait les préparatifs de la fête. Quelle plus belle occasion de montrer de la piété filiale, de prouver publiquement combien on apprécie l'inestimable bonheur d'avoir conservé ses parents jusqu'à un âge aussi respectable! Les riches prodiguent leurs ressources pour faire venir, même des provinces éloignées, tout ce qui peut orner un festin; les pauvres s'ingénient à ramasser quelques épargnes. De leur côté, les lettrés composent des pièces de vers pour chanter cet heureux jour. Le bruit s'en répand dans les environs, et c'est un événement non seulement pour le village, mais pour tout le canton. A l'intérieur de la maison on est continuellement affairé. Tous les habits devront être blancs comme la neige, les jupes bleues comme l'azur; un nouvel habit de soie sera l'ornement du sexagénaire. Il faut ramasser du vin et de la viande en abondance pour rassasier et enivrer parents, amis, voisins, connaissances, étrangers, etc. Les femmes de la maison sont surchargées de besogne; mais alors, comme du reste, dans les autres grandes circonstances, leurs voisines, leurs amies s'empressent de venir à leur secours. S'il est nécessaire, les voisins contribuent généreusement aux frais par des présents en argent ou en nature. Ils sont tous invités de droit, et ce qu'ils font aujourd'hui pour un autre, on le fera demain pour eux.

L'heureux jour arrivé, on conduit le héros de la fête en grande cérémonie à la place d'honneur. Il s'assied et reçoit d'abord les saluts et les félicitations de tous les membres de la famille, puis on place devant lui une table surchargée des meilleurs mets qu'il a été possible de trouver. Viennent ensuite les amis, les voisins, les connaissances, les parasites, etc., tous avec les plus beaux compliments dans la bouche, et un appétit féroce dans l'estomac. Personne n'est repoussé, personne ne s'en retourne à jeun; les passants, les voyageurs profitent de la bonne aubaine, et, si on oubliait de les inviter, ils s'invitent eux-mêmes sans plus de formalités. Bien plus, quand les ressources le permettent, on envoie chez tous les voisins des tables abondamment servies. La musique la plus étourdissante vient réjouir les convives; on appelle des chœurs de musiciens et de danseuses, des comédiens, tout ce qui peut embellir la fête et rehausser l'éclat de la solennité. C'est pour des enfants bien élevés la plus rigoureuse des obligations, et, devraient-ils se saigner à blanc, se condamner à mourir de faim le reste de l'année, dépenser leur dernière sapèque, il leur faut faire les choses avec une profusion extravagante, sous peine d'être à jamais déshonorés.

Si les particuliers doivent ainsi déployer toute la prodigalité possible, on peut imaginer avec quelle pompe, quel appareil, quelles folles dépenses, les grands personnages célèbrent le Hoan-kap. Lorsque la reine mère, la reine et surtout le roi atteignent la soixantaine, le royaume entier doit prendre part à la fête. Toutes les prisons s'ouvrent par la proclamation d'une amnistie générale; il y a une session extraordinaire d'examens pour conférer les grades littéraires. Tous les dignitaires de la capitale vont en personne présenter au roi leurs hommages et leurs vœux. Dans chaque district, le mandarin, précédé de la musique, escorté de ses prétoriens et satellites, suivi de toute la population, se rend au chef-lieu, à l'endroit où est exposée en grand apparat la tablette qui représente le roi, et se prosterne humblement pour lui offrir ses congratulations personnelles et celles de ses subordonnés. Ce jour est pour tous une fête chômée de premier ordre. Tous les soldats de la capitale reçoivent quelque marque de la munificence royale. Des tables richement servies, des cadeaux de prix sont envoyés aux ministres, aux fonctionnaires du palais, aux grandes familles nobles, à tous ceux qui ont quelque crédit à la cour.

Malheureusement pour le peuple, ces grandes fêtes se donnent à ses dépens. Le plus souvent, c'est au moyen de rapines, de concussions, d'extorsions de toutes espèces, que les parents du roi, les ministres et autres grands personnages se procurent les ressources nécessaires. Un de ces Hoan-kap a été sous ce rapport scandaleux entre tous : c'est celui de Kim-Moun-Keun-i, beau-père du roi Tchiel-tsong, célébré à la fin de 1861. Dès les premiers jours de l'automne, toutes les productions rares des provinces affluèrent à sa maison. On y expédia des centaines de bœufs, des milliers de faisans, des fruits en quantités énormes. Les mandarins, tant pour obéir à l'usage que pour s'attirer les bonnes grâces d'un homme aussi influent, luttaient à qui ferait les plus riches offrandes en argent et en produits de leurs districts et préfectures. Le gouverneur de la province de Tsiong-tsieng fut destitué quelques jours après la fête pour n'avoir envoyé que la misérable somme de mille nhiangs (environ deux mille francs), tandis que les autres, plus généreux, avaient expédié huit, dix, quelques-uns même vingt mille francs. M. Pourthié raconte qu'un vieux mandarin de sa connaissance, criblé de dettes et sans le sou, ne put absolument rien envoyer. Kim-Moun-Keun-i voulait le punir sévèrement.

« Ne touchez pas à cet homme, lui dirent les ministres ; pour avoir osé vous insulter ainsi, il faut certainement qu'il soit bien déterminé et qu'il ait des moyens secrets pour braver votre colère ; il est plus prudent de le laisser tranquille. »

Le pauvre mandarin conserva sa place. Les gens du peuple, même les plus pauvres, furent forcés, par insinuations et par menaces, de payer, sous formes d'offrandes volontaires, un impôt considérable. On rapporte qu'un malheureux en haillons, aux traits hâves et décharnés, dut apporter lui-même quelques pelotons de fil de soie, sa dernière ressource. Le grand personnage eut la bassesse de les recevoir de sa propre main et la cruauté de le remercier en souriant.

XIV

LOGEMENTS. — HABILLEMENTS. — COUTUMES DIVERSES

Une lettre de M. Pourthié résume, de la manière la plus intéressante, diverses notions sur la vie de chaque jour en Corée, sur la manière de se loger, de s'habiller, de se nourrir, etc.

« Voulez-vous, écrit le missionnaire, voulez-vous, avec moi, faire une course dans le pays? Je crois que vous n'en aurez guère le courage. D'abord vous ne serez chaussé que de sandales de paille, qui permettent l'entrée à la pluie, à la neige, à la boue et à toutes les malpropretés; ensuite, comme personne, en Corée, ne se mêle d'entretenir les chemins, vous serez bientôt fatigué de sauter de pierre en pierre; vous vous lasserez de ces ascensions et descentes continuelles, souvent très rudes; enfin, si vous n'y faites grande attention, votre orteil, qui dépasse le bout de la sandale et s'avance seul et sans protection comme une sentinelle perdue, ira heurter contre les pierres ou contre les tronçons de broussailles, ce qui vous arrachera des cris douloureux et vous forcera de renoncer à votre entreprise. Arrêtons-nous plutôt à examiner ces maisons que vous voyez à l'abri du vent dans toutes les vallées et qui, de loin, ressemblent à de grandes taches noires sur la neige.

« Vous avez vu quelquefois de misérables cabanes. Eh bien! rabattez encore de la beauté et de la solidité des plus pauvres masures que vous connaissez, et vous aurez une idée à peu près exacte des chétives habitations coréennes. On peut dire, en thèse générale, que le Coréen habite sous le chaume; car les maisons couvertes de tuiles sont si rares soit dans les villes, soit dans les campagnes, qu'on ne pourrait en compter une sur deux cents. On ne connait pas l'art de construire, pour les maisons, des murs en pierre, ou plutôt, la plupart du temps, on n'a pas assez de sapèques pour une telle dépense. Quelques arbres à peine dégrossis, quelques pierres, de la terre et de la paille, en sont les matériaux ordinaires. Quatre piliers fichés en terre soutiennent le toit. Quelques poutrelles transversales, auxquelles s'appuient d'autres pièces de bois croisées en diagonale, forment un réseau et supportent un mur en terre pétrie de huit à douze centimètres d'épaisseur. De petites ouvertures fermées par une boiserie en treillis et recouvertes, faute de verre, d'une feuille de papier, servent à la fois de portes et de fenêtres. Le sol nu des chambres est couvert de nattes bien humbles, si vous les comparez aux nattes de la Chine ou de l'Inde; la misère forcera même souvent à se contenter de cacher le sol sous une couche de paille plus ou moins épaisse. Les gens riches peuvent tapisser ces murs de boue d'une feuille de papier, et, pour remplacer les planchers et les dalles d'Europe, ils colleront au sol des feuilles de papier huilé. Ne cherchez pas des maisons à étages, c'est inconnu en Corée.

« Mais pénétrons dans l'intérieur, et d'abord ôtez vos sandales : l'usage et la propreté l'exigent. Les riches gardent leurs bas seulement, les paysans et les ouvriers sont ordinairement pieds nus dans leurs chambres. Une fois entré, tâchez de ne pas heurter la tête contre la terre pétrie et les branchages qui forment le plafond; accroupissez-vous plutôt sur la natte et gardez-vous de chercher un siège, car le roi lui-même, lorsqu'il reçoit les prostrations de sa cour, est accroupi sur un tapis, les jambes croisées à la façon de nos tailleurs. Peut-être désirez-vous prendre des notes sur les curieuses choses que vous voyez? Inutile de demander une table, les Coréens n'en ont que pour les sacrifices et pour les repas. Mettez donc votre calepin sur le genou, et écrivez comme si c'était pour vous une habitude que vous trouvez toute naturelle et très commode.

« Nous sommes en novembre, et le vent du nord-ouest, tout en procurant un automne sec et serein, vous fera frissonner de froid sur votre natte. Vous voulez faire fermer la porte; mais les nombreux trous pratiqués aux vieux papiers des fenêtres rendront la précaution à peu près inutile. D'ailleurs, l'adresse du menuisier coréen aura toujours su vous ménager assez de fentes pour qu'il n'y ait aucun danger d'asphyxie. Et en cela tout le tort n'est pas de son côté; car enfin une porte de douze ou vingt sous, achevée le plus souvent avec le seul concours de la hache et du ciseau, peut-elle être une œuvre parfaite? Le seul moyen est donc d'avoir recours au feu; mais pas de cheminée, et comment allumer du feu sur la natte? On y a pourvu. A l'extérieur de la maison, sur le côté, se trouve le foyer de la cuisine, auquel viennent aboutir divers conduits qui passent sous le sol de la chambre. Ces conduits ou tuyaux sont couverts de grosses pierres dont on a rempli les interstices et comblé les inégalités avec de la terre pétrie; c'est là-dessus qu'est étendue votre natte. La fumée et la chaleur, passant par ces tuyaux pour sortir de l'autre côté de la maison, font arriver jusqu'à vous une chaleur bienfaisante qui, grâce à l'épaisseur des pierres, se maintiendra assez longtemps. Vous voyez que les Coréens ont connu, bien avant nous, l'usage des calorifères. Il est vrai que la fumée passe en bouffées abondantes à travers les fentes du sol; mais il ne faut pas être trop délicat, et d'ailleurs, en ce monde, quelle est la bonne chose qui n'ait pas ses inconvénients?

« Vous vous empressez de jeter un regard sur l'ameublement. Et d'abord, en fait de lits, ne croyez pas découvrir quelqu'un de ces solennels amas de matelas avec baldaquin et draperies. Presque toute la Corée couche sur des nattes. Les pauvres, c'est-à-dire la grande majorité, s'étendent dessus sans autre couverture que les haillons dont ils sont revêtus jour et nuit. Ceux qui ont quelques sapèques se donnent le luxe d'avoir une couverture, et, dans la classe aisée, on y joint souvent un petit matelas de un à deux centimètres d'épaisseur. Tous, riches et pauvres, ont dans un coin de la chambre un petit tronçon de bois quadrangulaire, épais de quelques pouces, qui leur sert de traversin.

Quant aux autres meubles, les pauvres n'en ont aucun; les gens du peuple ont un bâton transversal sur lequel est suspendu un habit de rechange; les individus à leur aise ont quelques corbeilles hissées sur des barres de bois ou pendues au toit; chez les riches on trouve des malles assez grossières; les lettrés, les marchands sont assis près d'une petite caisse qui contient l'encrier, les pinceaux et un rouleau de papier. Les jeunes dames ont une petite malle noire garnie de deux jupes, l'une rouge et l'autre bleue, l'indispensable présent des noces. Enfin, chez les grands fonctionnaires et dans les maisons de la haute noblesse, on rencontre quelques livres chinois et des armoires vernissées de modestes dimensions.

« Maintenant, comment serez-vous habillé? J'ai déjà parlé des sandales de paille: je n'essayerai pas de vous les décrire; il faut le voir pour s'en faire une idée. C'est la chaussure ordinaire du pays, surtout dans les voyages. La semelle, tressée en paille de riz, protège un peu la plante du pied contre les cailloux; mais c'est là sa seule utilité. Aussi n'est-ce pas une petite mortification, dans les rigoureux hivers de Corée, de marcher avec des savates, les pieds dans la neige ou dans une boue glaciale. Pendant l'été le seul inconvénient est de prendre quelquefois des bains de pieds; mais lorsque l'eau n'est pas à craindre, votre chaussure a l'avantage d'être moins chaude que nos souliers. Avec ces sandales vous pouvez faire jusqu'à dix lieues de suite, quelquefois beaucoup moins. Il faut donc à chaque moment les renouveler; toutefois on le peut sans beaucoup de frais, car leur prix varie de trois à huit sapèques (deux sapèques et demie valent un sou de France). D'autres sandales un peu plus belles et plus chères, de même forme, sont confectionnées avec du chanvre ou avec de l'écorce de l'arbrisseau *morus papyrifera*; mais ces dernières se perdent au moindre contact de l'eau. Il y a aussi des souliers en cuir assez bizarres, vilains et incommodes; mais, outre que les quatre-vingt-dix-neuf centièmes de la population ne peuvent pas se permettre un pareil luxe, cette chaussure est bonne tout au plus pour circuler dans la maison; nul n'oserait se mettre en route les pieds chargés de pareilles entraves.

« Mais, au moins, vous aurez des bas; car tout Coréen, lorsqu'il n'est pas occupé aux travaux des champs, peut se donner cette satisfaction, à moins qu'il ne soit réduit à une extrême misère. N'allez pas croire cependant qu'il s'agit de bas élastiques de soie, de laine, de coton, ou de toute autre manière dont on se sert en Europe pour cet usage : deux simples morceaux de toile grossière, cousus de manière à se terminer en pointe et suivre les contours du pied, vous gêneront, si vous voulez, bien souvent; mais enfin ils vous couvriront les pieds, et ce seront vos bas coréens. Une culotte aussi ample que celle des zouaves, mais à formes bien moins gracieuses, remplace on ne peut plus modestement le pantalon; des guêtres étroites et en toile viennent se nouer sous le genou et retiennent les jambes de la culotte plissées contre les mollets. Pour couvrir le haut du corps vous aurez une veste qui, pour la forme et la longueur, correspond à la carmagnole que portent les paysans français dans certaines provinces. Les propriétaires à l'aise et qui ne travaillent pas revêtent ordinairement par-dessus un habit, pourvu de larges manches, fendu sur les côtés, et qui retombe jusqu'aux genoux par-devant et par derrière, à peu près de la même manière que le grand scapulaire des religieux carmes; les paysans, au contraire, ne revêtent cet habit que lorsqu'ils sont en voyage ou en visite. La mode s'est introduite de le remplacer, en hiver, par une redingote qui, chez les dignitaires, doit toujours être fendue par derrière, comme nos redingotes françaises, tandis que les personnes ordinaires ne peuvent pas la porter fendue. Enfin, un surtout de cérémonie, et qui ne diffère de celui que nous venons de décrire que par ses manches encore plus larges, couronne le tout et sert dans les voyages ou dans les grandes circonstances.

« Ni le rasoir ni les ciseaux ne passent jamais sur la tête ou sur la barbe du Coréen. Dans ces derniers temps où tout dégénère en Corée comme ailleurs, les jeunes gens se permettent quelquefois de raser une partie de la tête, afin que leurs cheveux relevés ne forment pas un chignon disgracieux par trop d'épaisseur; mais c'est une violation des règles. Ne croyez pas cependant pour cela que les épaisses chevelures ou les fortes barbes soient communes dans le pays. Les enfants des deux sexes tressent leurs longs cheveux et les ramènent par derrière en forme de queue. L'époux, avant d'aller chercher sa fiancée, fait disparaître sa queue, retrousse ses cheveux, et les noue sur le sommet de la tête; la fiancée, de son côté, achète suivant ses facultés force

Clôture-parapluie.

faux cheveux, les ajoute à sa queue, et forme ainsi une longue et grosse corde qui se roule sur la terre en plusieurs tours. Cette masse de cheveux lourde et informe ne peut être que très disgracieuse aux yeux des étrangers; pour le Coréen, au contraire, c'est du plus haut ton et du meilleur goût. Les femmes et les enfants vont toujours nu-tête; l'homme marié retient ses cheveux contournés en haut par le moyen d'un serre-tête en crin tressé en filet.

« Enfin un chapeau ridicule complète l'habillement. Imaginez un tuyau fermé, rond comme dans les chapeaux européens, mais beaucoup plus étroit et légèrement conique, qui s'ajuste sur le sommet du crâne et dans lequel le chignon de cheveux peut seul pénétrer. Ce tuyau a des ailes, comme les chapeaux d'Europe, mais des ailes si démesurées, que souvent le tout forme un cercle de plus de soixante centimètres de diamètre. La charpente de ce chapeau est constituée de morceaux de bambou découpés dans leur longueur en fils très déliés : sur cette charpente on tend une toile de crin tressée à jour. Comme ce chapeau ne pourrait seul rester fixé sur le chignon, des cordons que les fonctionnaires publics ornent de globules d'ambre jaune ou d'autres globules précieux, suivant leur forme et leur dignité, viennent le rattacher sous le menton. Ce chapeau ne préserve ni de la pluie, ni du froid, ni même du soleil; mais en revanche il est très incommode, surtout quand le vent le fait branler sur la tête.

« Tous les habits sont communément en toile grossière de coton, et confectionnés Dieu sait comment! Il y a quatre ou cinq cents ans, la Corée n'avait pas la culture du cotonnier (*grossypium herbaceum*), dont on fait ici maintenant un si grand usage. Le gouvernement chinois, pour conserver le monopole des toiles, défendait rigoureusement l'exportation des graines de cette plante; néanmoins un ambassadeur coréen, nommé Mouniouk-i, réussit, pendant son voyage de Pékin, à se procurer quelques-unes de ces graines, les cacha dans le tuyau de sa pipe disent les uns, dans une plume suivant les autres, échappa à la vigilance des gardes-frontières, et dota son pays de cet arbuste précieux. Si la toile coréenne est si grossière, cela vient de ce que par ici on compte peu d'artisans proprement dits, ou plutôt de ce que tout le monde est artisan. Dans chaque maison les femmes filent, tissent la toile et confectionnent les habits; d'où il résulte que, personne n'exerçant habituellement ce métier, personne n'y devient habile. Il en est de même à peu près pour tous les arts; aussi les Coréens sont-ils en tout très arriérés; on n'est pas plus avancé aujourd'hui qu'on ne l'était autrefois, pas plus qu'on ne le fut au lendemain du déluge, quand tous les arts et métiers recommencèrent.

« Le lin n'est pas employé. Je l'ai souvent aperçu parmi les graminées des montagnes; mais le Coréen le confond avec les plantes sans valeur, propres seulement à être jetées au feu. Avec le chanvre, on ne fait qu'une toile à trame claire, propre aux personnes en deuil, et qui d'ailleurs ne sert que pour les habits d'été. L'espèce d'ortie appelée *urtica nivea* est cultivée avec succès dans les provinces méridionales; mais, faute de savoir filer et tisser, on n'en retire que des toiles à mailles inégales et très espacées, qui non plus ne sont employées qu'en été.

« Sur toutes ses montagnes, la Corée pourrait élever des troupeaux immenses de moutons; mais le gouvernement défend aux particuliers d'en nourrir. Dans certaines préfectures, les mandarins en conservent quelques-uns, uniquement pour offrir leur chair dans les sacrifices à Confucius. Aussi les Coréens n'ont-ils jamais essayé de tisser la laine; à peine si quelques draps étrangers, la plupart de fabrique russe, parviennent à grands frais jusqu'à Séoul. La soie indigène est très grossière et en petite quantité. Cependant, en voyant le mûrier croître spontanément dans les montagnes et les vers à soie réussir malgré le peu de soin qu'on en prend, je suis convaincu que, sous l'impulsion d'un gouvernement intelligent, cette branche d'industrie pourrait acquérir de grandes proportions.

« Les toiles européennes de coton, importées par les Chinois, commencent à se vendre en Corée; mais leur prix très élevé et leur peu de solidité en restreignent forcément l'usage. »

De son côté, M. Féron écrivait en 1858 :

« J'habite la plus belle maison du village : c'est celle du catéchiste, un richard; on estime qu'elle vaut bien vingt francs. Ne riez pas, il y en a de quinze sous. Ma chambre, de grandeur suffisante, vu l'ameublement, a pour porte une feuille de papier, pour fenêtre une feuille de papier; deux autres feuilles de papier forment une grande porte à deux battants, qui communique avec la chambre voisine. Là demeure mon serviteur, et les deux chambres réunies forment l'église de la paroisse; plus tard peut-être y ajoutera-t-on un clocher. Pour le moment il pleut chez moi comme dehors, et deux grands chaudrons ne suffisent pas à recevoir une eau rousse comme la saumure coréenne, qui filtre à travers le toit d'herbes de mon presbytère.

« Le prophète Élisée, chez la Sunamite, avait pour meubles un lit, une table, une chaise et un chandelier, total : quatre. Ce n'était pas du luxe. Pour moi, en cherchant bien, je pourrais peut-être aussi trouver quatre meubles; voyons : un chandelier en bois, une malle, une pipe, une paire de souliers, total : quatre. De lit, point; de chaise, point : « attendu, disent les Coréens, que la terre n'est pas percée, et qu'il doit être très fatigant de s'asseoir sur un siège, puisque évidemment ce n'est pas la position naturelle. » De table, point; je vous écris sur mes genoux, dans la position susdite : excusez si ce n'est pas le mieux du monde. Je ne suis pas encore devenu assez Coréen pour trouver que ce soit plus commode qu'un bureau. Quand il s'agit de manger, on apporte la table toute servie : c'est un petit guéridon d'un pied de haut, sur lequel sont rangées, dans un ordre aussi parfaitement réglé que celui de vos plus fins desserts, deux écuelles avec trois ou cinq soucoupes. N'allez pas croire qu'on mettra jamais à gauche l'écuelle ou la soucoupe qui doit être à droite. Celui qui agirait de la sorte serait, par cela même, convaincu de n'être qu'un grossier personnage, et jamais Coréen ne se permettra pareille inconvenance.

« Mon ameublement étant tel, suis-je plus riche ou plus pauvre que le prophète? C'est une question. Sa chambre était plus confortable que la mienne; mais il faut dire aussi que rien de tout cela ne lui appartenait, au lieu que pour moi, s'il est vrai que le chandelier soit celui de la chapelle et la malle celle que Mgr Berneux m'a prêtée, je ne puis nier que la pipe et les souliers ne soient miens; ces derniers ne me servent que pour la messe. J'en possédais, il est vrai, une autre paire; mais, ayant eu le malheur de les mettre pour sortir, ils ne peuvent plus paraître dans ma chambre : ainsi le veulent l'étiquette et la propreté de la natte qui me sert de siège, de lit et de plancher. Donc je suis chaussé simplement avec des bas de coton. Quant à la pipe, elle sert de contenance en voyage, dans un pays où tout le monde fume; cependant je n'ai pu encore arriver à en connaître les charmes.

bien que j'aie essayé, et même que je me sois rendu malade deux fois, ce qui m'a ôté toute envie de recommencer. Aussi mes gens s'étonnent-ils de voir que le Père fume beaucoup moins que la bonne femme qui fait cuire son riz. »

Complétons ces détails. Les maisons coréennes sont, en général, très petites et peu commodes. Elles sont un peu élevées au-dessus du terrain, pour donner passage par-dessous aux tuyaux qui conduisent la fumée de la cuisine. A la capitale cependant, cet usage n'est pas toujours suivi. C'est assez commode en hiver, mais en été la chaleur devient un supplice insupportable, et la plupart des habitants couchent dehors. Les riches ont le plus souvent des chambres d'été, sous lesquelles ne sont point pratiqués de conduits de ce genre. Dans les maisons ordinaires, il y a deux chambres contiguës, rarement trois, sans compter la cuisine située à côté et qui est ouverte à tous les vents. Tout autour de la maison, la toiture en paille de riz dépasse le mur de trois ou quatre pieds, de façon à former de petites galeries couvertes. Les murailles des maisons riches sont recouvertes de papier blanc à l'intérieur, quelquefois aussi à l'extérieur. Du reste, ces maisons ont presque toujours un aspect sale, délabré, misérable, même à la capitale, et partout et toujours sont remplies de vermines de toute espèce.

Les auberges, le long des routes, sont des taudis dégoûtants, où l'on ne trouve à peu près rien; le plus grand nombre des voyageurs portent avec eux leurs provisions, quand ils ont le moyen d'en avoir. Les granges et écuries sont inconnues; de grands hangars, ouverts des quatre côtés, les remplacent, et en hiver, quand le froid est trop violent, on habille de paille les bœufs et les chevaux qui y sont réunis.

Les tables à manger sont hautes de trente à cinquante centimètres et larges d'autant, de forme à peu près ronde. Quel que soit le nombre des convives, chacun doit avoir la sienne. La vaisselle de porcelaine grossière ou de cuivre ne consiste qu'en écuelles de différentes grandeurs, une paire de bâtonnets à la chinoise et une cuiller en cuivre. Les mets ordinaires sont du riz, du piment, quelques légumes; les gens à l'aise y ajoutent un peu de viande ou de poisson salé. Ces aliments sont apprêtés à l'huile de sésame, de ricin ou de menthe, avec force saumure; car le lait et le beurre sont inconnus, et l'on ne sait pas faire usage de la graisse des animaux. On ne trouve que difficilement de la viande de bœuf, si ce n'est à la capitale. Il n'y a pas de viande de mouton, c'est le chien qui le remplace, et les missionnaires s'accordent à dire que le goût n'en est nullement désagréable. En fait de légumes il n'y a guère que le navet, le chou chinois et les feuilles de plantain et de fougère dont on fait grande consommation. Pour boisson ordinaire, on a l'eau dans laquelle a été cuit le riz. Le vin se fait avec du blé ou du riz fermenté. En été, les nobles boivent beaucoup d'eau-de-vie de riz et d'eau de miel. Le thé n'est pas inconnu dans les maisons des riches, mais l'usage en est très restreint.

Le repas à peine terminé, on enlève les tables et chacun allume sa pipe, car les Coréens sont grands fumeurs. Il est rare, en ce pays, qu'un homme sorte sans sa pipe. La forme est la même que celle de la pipe chinoise: un long tuyau de bambou avec un foyer en cuivre et une embouchure de même métal. Chaque Coréen porte toujours avec lui un briquet, dont il se sert exclusivement pour allumer sa pipe. A la maison, quand il a besoin de lumière, il emploie des allumettes soufrées. En route, une torche composée de trois ou quatre bâtons entrelacés remplace nos lanternes. Quelquefois, en été, au lieu d'une lampe, dans l'intérieur de la maison, on allume du feu sur une pierre au milieu de la cour, et tous les membres de la famille travaillent à la lueur de ce feu, pendant qu'un amas d'herbes sèches, brûlant à quelque distance, les enveloppe d'une fumée épaisse destinée à chasser les moustiques et autres insectes.

Les habits coréens sont toujours d'une ampleur exagérée. Le corps passerait facilement dans chaque jambe du pantalon ou dans chaque manche de la veste. Pour sortir, le bon ton exige que l'on porte le plus d'habits possibles, deux ou trois pantalons, deux ou trois chemises, quatre ou cinq redingotes en toile, suivant la solennité et aussi suivant les ressources de chacun. La redingote se fixe sous les bras par deux bandelettes, lesquelles remplacent les boutons, inconnus dans le pays. Les habits sont supposés être blancs; mais il en coûte trop de les entretenir suffisamment propres, et le plus souvent la couleur primitive a disparu sous une épaisse couche de crasse, car la malpropreté est un grand défaut des Coréens. Il n'est pas rare de voir les riches eux-mêmes porter des vêtements déchirés et remplis de vermine.

Pour laver le linge, on le trempe dans l'eau de lessive préparée avec des cendres, puis on le frappe avec des planchettes plus étroites que les battoirs des laveuses en Europe. Ensuite on l'enduit d'une couche de colle destinée à empêcher les taches. La plupart des habits étant fabriqués de morceaux faufilés ensemble ou simplement collés, on sépare les morceaux, et on les blanchit à part. Les nobles seuls portent des habits cousus.

Le chapeau ordinaire est de dimensions très respectables; mais, en temps de pluie, les Coréens se mettent sur la tête un autre chapeau, véritable parapluie de trois pieds de large, en paille fort légère et qui les abrite assez bien. S'ils doivent travailler par de fortes averses, ils revêtent de plus un manteau de paille, et, ainsi accoutrés, ils peuvent affronter une pluie diluvienne.

Outre les différentes espèces de chaussures dont il a été question, il faut mentionner les sabots en bois dont se servent les paysans; ces sabots ont la semelle et le talon excessivement épais, ce qui les fait ressembler à des patins. Le Coréen ne porte jamais ses souliers ou sandales dans les appartements; il les dépose à la porte.

L'usage des lunettes, quoiqu'il ne date guère que de 1835 ou 1840, est très répandu parmi les hautes classes. Vers 1848, c'était une véritable manie; aujourd'hui on y met un peu plus de modération. Les gens de l'ancien régime, avant de prendre leurs lunettes, demandent encore la permission à la compagnie; mais la jeunesse se dispense de cette formalité.

Outre le pantalon, plus étroit que celui des hommes, les femmes portent une camisole de toile ou de soie, dont la couleur varie selon l'âge; elle est rose ou jaune pour les jeunes filles ou les nouvelles mariées, violette pour les femmes au-dessous de trente ans, et blanche pour celles d'une âge plus avancé. En guise de robe, elles s'entourent d'une large toile bleue, qu'elles attachent sous les bras au moyen d'une ceinture. Pour les femmes du peuple, qui sortent à volonté, cette jupe s'arrête au-dessus du pied; pour les femmes nobles, à qui l'étiquette ne permet pas de sortir de leurs appartements, elle est ample et traîne à terre. Les veuves, si jeunes qu'elles soient, doivent toujours être revêtues de toile blanche ou grise. Les Coréennes ne s'estropient point, comme les Chinoises, pour avoir de petits pieds; elles laissent agir la nature. Les femmes du peuple voyagent presque toujours nu-pieds. Leurs cheveux, roulés en tresse autour du crâne, servent de coussinet pour les vases d'eau et autres objets pesants qu'elles portent habituellement sur la tête.

Ajoutons, pour terminer cette esquisse, que les hommes en deuil doivent contenir leurs cheveux dans un filet, non de crin, mais de toile grise surmonté d'un bonnet de même étoffe, de la forme d'un sac grossier. En chemin ils portent, au lieu de chapeau, une immense toiture de paille, en cône tronqué, qui descend jusqu'aux épaules.

Les couleurs éclatantes sont tellement interdites à l'homme en deuil, que sa canne même et le tuyau de sa pipe doivent être blancs. S'il ne veut en acheter d'autres, il couvre de papier sa canne et sa pipe habituelles, ce qui est aussi facile que peu dispendieux. La forme des vêtements ne change point pour la femme en deuil, mais la couleur rigoureusement prescrite est le blanc ou le gris; toutes les autres sont prohibées. Aux yeux d'un Coréen, un homme en deuil est un homme mort. Il doit être tout absorbé dans sa douleur, ne rien voir, ne rien entendre qui puisse l'en distraire. Il a toujours, quand il sort, un éventail ou petit voile en toile grise fixé sur deux bâtonnets, avec lequel il se couvre le visage. Il ne fréquente plus la société; à peine se permet-il de regarder le ciel. Si on l'interroge, il peut se dispenser de répondre. Il ne peut pas tuer un animal, même un serpent venimeux; ce serait un crime irrémissible. En route et dans les auberges, il se retire dans une chambre ou dans un coin isolé, et refuse de communiquer avec qui que ce soit. Tous ces usages ne sont strictement observés que dans les hautes classes de la société.

Les missionnaires ont souvent répété que ce costume et ces manières d'un noble en deuil semblent avoir été inventés par la Providence pour leur procurer un déguisement facile et complet, sans lequel leur séjour en Corée et surtout leur voyage parmi les chrétiens auraient été à peu près impossibles. Malheureusement depuis la dernière persécution on sait qu'ils usaient habituellement de ce moyen, et l'on a parlé de réformer le costume et les lois du deuil. Dieu y pourvoira!

XV

SCIENCES. — INDUSTRIE. — COMMERCE

Malgré la protection officielle dont jouissent, en Corée, certaines études scientifiques; malgré les écoles spéciales entretenues par le gouvernement pour en favoriser les progrès, ces études sont à peu près nulles. Les astronomes en titre ont à peine les notions suffisantes pour faire usage du calendrier chinois, qui chaque année leur est apporté de Pékin; en dehors de cela, ils ne connaissent que des formules astrologiques ridicules. La science des principaux calculateurs du ministère des finances ne dépasse pas les opérations ordinaires d'arithmétique nécessaires pour la tenue des livres. Celle des élèves du Nioul-hak, ou école de droit, se borne à une connaissance à peu près machinale des textes officiels de la loi et des décrets royaux. La médecine seule semble faire exception.

Tout en adoptant la médecine chinoise, les Coréens y ont introduit, semble-t-il, des améliorations sérieuses, à ce point qu'on n'a pas dédaigné de composer à Pékin même les planches pour l'impression du plus célèbre livre coréen de médecine, le *Tieng-oi-po-kan*. Nul autre livre coréen n'a jamais eu cet honneur.

Les médecins réellement instruits ne se trouvent guère qu'à la capitale. Ce sont quelques nobles qui ont étudié par curiosité, ou des individus de la classe moyenne qui ont travaillé à se faire une position comme médecins de la cour. Ailleurs, on peut rencontrer de loin en loin quelques praticiens capables, à qui une longue expérience a enseigné le véritable usage des remèdes locaux ; mais ces hommes sont de rares exceptions, et l'immense majorité des médecins de province ne sont que des charlatans sans études et sans conscience, qui pour toutes les maladies possibles emploient chacun une drogue spéciale et toujours la même, et ne prennent jamais la peine de voir les malades qu'ils traitent.

On prétend que l'on a, en Corée comme en Chine, certains remèdes très efficaces contre diverses maladies, entre autres une potion qui dissout les pierres et calculs de la vessie et guérit cette terrible maladie sans aucune opération chirurgicale. Mgr Ferréol, troisième vicaire apostolique de Corée, après de longues souffrances qui l'avaient réduit à l'extrémité, fut guéri de la pierre par un médecin chinois. Mais la formule de ce remède est un secret soigneusement gardé par ceux qui le possèdent. La règle générale est de donner les remèdes en potion ; les exceptions sont rares.

On fait bouillir ensemble jusqu'à vingt ou trente espèces de plantes, et on mêle à la décoction diverses matières plus ou moins sales ou rebutantes, dont on ne cherche, d'ailleurs, aucunement à déguiser le nom sous un travestissement scientifique. Les confortants sont d'un usage continuel. Le plus ordinaire est le consommé de viande, que les Coréens excellent à préparer. Il y en a deux autres qui méritent une mention particulière : le gen-seng, dont nous avons parlé plus haut, et la corne de cerf.

La corne du cerf a, dit-on, des effets restauratifs plus durables que le gen-seng ; sa force varie selon la région où vit l'animal. Les Coréens n'estiment que celle qui vient de Chine ou des provinces septentrionales (Ham-kieng et Pieng-an) ; la meilleure est, disent-ils, celle qui provient du Kang-ouen ; encore fait-on une distinction entre les différents districts de cette province. Le cerf doit être abattu au moment où les bois croissent et avant qu'ils soient durcis, autrement les effets du remède seraient nuls. On coupe la tête de l'animal, et on la maintient renversée pendant dix ou douze heures, afin que toute la vertu du sang passe dans les cornes, puis on les fait sécher sur un feu doux avec toutes les précautions possibles. Pour s'en servir, on racle un peu cette corne, on la mélange avec le jus de quelques plantes, et on l'administre au malade. Mgr Daveluy atteste qu'il a usé fréquemment de ce remède pendant de longues années d'épuisement, et qu'il en a ressenti d'excellents effets. Le sang de cerf, pris chaud, passe aussi pour donner à tous les membres une vie et une force extraordinaires.

« Quand on en a bu, disaient des chasseurs chrétiens à un missionnaire, les montagnes les plus escarpées semblent une plaine, et l'on ferait le tour du royaume sans aucune fatigue. »

Un autre moyen curatif dont il convient de dire un mot, c'est l'acupuncture. Elle consiste, pour les médecins coréens, à percer d'un coup de lancette divers points du corps, afin de rétablir la machine dans son équilibre naturel. Il existe des traités spéciaux sur cette partie de l'art chirurgical, la seule connue des Coréens ; ils savent même fabriquer avec du fil de fer des modèles du corps humain, afin d'indiquer aux étudiants les endroits où la lancette doit être enfoncée. Sous la main d'un opérateur habile, l'instrument, excessivement mince, pénètre jusqu'à quatre ou cinq centimètres de profondeur, et c'est à peine s'il sort quelques gouttes de sang. Les missionnaires assurent qu'ils ont souvent vu des effets remarquables et toujours très prompts de ce genre de traitement.

Les Coréens, peu avancés dans les études scientifiques, ne le sont guère plus en connaissances industrielles. Chez eux, les arts utiles n'ont fait, depuis des siècles, absolument aucun progrès. Une des principales causes de cet état d'infériorité, c'est que dans chaque maison on doit faire à peu près tous les métiers et fabriquer soi-même les objets de première nécessité. La récolte donne au laboureur tout ce qu'il lui faut, et pendant l'hiver il devient tour à tour tisserand, teinturier, charpentier, tailleur, maçon, etc. Il fait chez lui le vin de riz, l'huile, l'eau-de-vie. Sa femme et ses filles filent le chanvre, le coton, la soie même, quand il a pu élever quelques vers ; elles en tissent des étoffes grossières, mais solides, qui suffisent aux besoins habituels. Chaque paysan connaît et recueille les graines requises pour la teinture, et celles qui servent de remèdes dans les maladies les plus ordinaires. Il confectionne lui-même ses habits, ses souliers de paille, ses sabots, les corbeilles, paniers, balais, cordes, ficelles, nattes, instruments de labour, dont il a besoin. Le cas échéant, il répare le mur, le toit, la charpente de sa maison. En un mot, il se suffit; mais, comme il est facile de le comprendre, il ne travaille à chaque chose que dans la mesure de la nécessité présente, se contente des procédés les plus simples et les plus primitifs et ne peut jamais arriver à une habileté remarquable.

Il n'y a d'ouvriers spéciaux que pour les métiers qui exigent des outils particuliers et un apprentissage de la manière de s'en servir. Mais, dans ce cas même, les ouvriers établis d'une manière fixe et travaillant dans leur boutique sont excessivement rares. D'habitude chacun d'eux va où on l'emploie, portant ses outils sur le dos, et, quand il a fini quelque part, cherche de l'ouvrage ailleurs. Ceux même qui ont besoin d'une certaine installation ne se fixent définitivement nulle part. Les potiers, par exemple, s'établissent aujourd'hui dans un lieu où le bois et l'argile sont à leur convenance; ils y bâtissent leur cabane et leur four, fabriquent pour les gens du voisinage quelques porcelaines grossières, des vases de terre assez solides et d'une capacité quelquefois monstrueuse; puis, quand le bois est épuisé, ils vont chercher fortune ailleurs. Les forgerons agissent de même, et s'éloignent quand l'extraction du minerai devient trop difficile. Aussi jamais de grandes fabriques, jamais d'exploitation sérieuse, jamais d'ateliers qui en méritent le nom. Des baraques de planches mal jointes, facilement emportées par le vent ou effondrées par la pluie; des fours ou fourneaux sans solidité qui se fendent à chaque instant, voilà tout. Par suite, le profit est presque nul. Les individus qui ont de l'argent ne songent guère à le mettre dans de pareilles entreprises, et parmi ceux qui avec quelques centaines de francs veulent tenter la fortune, la moitié se ruinent en quelques mois.

Les Coréens prétendent qu'ils fabriquent et exportent en Chine de grands couteaux, des sabres et des poignards de première qualité ; mais les missionnaires n'ont pas eu l'occasion de vérifier suffisamment l'exactitude de cette assertion. Ils font aussi des fusils à mèche qui paraissent assez solides. Bien qu'il y ait de très beau cuivre dans leur pays, ils tirent du Japon tout celui qu'ils emploient. Ils le mélangent avec le zinc pour en confectionner des vases et des marmites. Ainsi combiné, il s'oxyde très difficilement, et malgré l'usage continuel qui se fait de ces vases dans les maisons un peu aisées, on ne connaît aucun exemple d'empoisonnement par le vert-de-gris. Tous les bijoux, tous les articles de parure, tous les objets de luxe viennent de Chine ; en Corée on ne sait point les travailler.

Il est néanmoins une industrie dans laquelle les Coréens l'emportent sur les Chinois : c'est la fabrication du papier. Avec l'écorce du mûrier, ils font du papier bien plus épais et plus solide que celui de Chine ; il est comme de la toile, et on a peine à le déchirer. Son emploi se diversifie à l'infini. On en fait des chapeaux, des sacs, des mèches de chandelles, des cordons de souliers, etc. Lorsqu'il est préparé avec de l'huile, il remplace avantageusement, vu son bas prix, nos toiles cirées, et sert à confectionner des parapluies et des manteaux imperméables. Les portes et les fenêtres n'ont pas d'autres vitres que ce papier huilé collé sur le châssis. Il y a une exception cependant :

« Quand un Coréen, dit Mgr Daveluy, a trouvé un petit morceau de verre d'un demi-pouce carré, c'est une bonne fortune. Aussitôt il l'insère dans une fente de sa porte ; dès lors il peut, d'un tout petit coin de l'œil, regarder ce qui se passe au dehors, et il est plus fier qu'un empereur se mirant devant les glaces de son palais. A défaut de ce morceau de verre, il fait avec le doigt un trou dans le papier, et se met ainsi en communication avec le monde extérieur. »

On peut aisément conclure de tout ce qui précède que le commerce intérieur est, en Corée, peu développé. Il y a très peu de marchands qui tiennent magasin ouvert dans leurs maisons, et presque toutes les transactions se font dans les foires ou marchés. Ces foires se tiennent dans différentes villes ou bourgades

Marché aux grains de Séoul.

désignées par le gouvernement, au nombre de cinq par district. Dans chacune de ces localités, la foire a lieu tous les cinq jours, aujourd'hui dans l'une, demain dans une autre, et ainsi de suite, toujours dans le même ordre, de manière que chaque jour il y ait une foire sur un point quelconque du district. Des tentes sont préparées pour les marchandises.

Les mesures dont se servent les marchands sont : pour les grains, la poignée. Cent poignées font un boisseau, vingt boisseaux font un sac (en coréen, *som*). Pour les liquides on compte par tasses. La mesure de poids est la livre chinoise, et l'on ne se sert que des balances de Chine. La mesure de longueur est le pied, qui varie suivant les provinces, on pourrait dire suivant les marchands. Le pied se subdivise en dix pouces, le pouce en dix lignes.

Un des grands obstacles au développement du commerce est l'imperfection du système monétaire. Les monnaies d'or ou d'argent n'existent pas. La vente de ces métaux, en lingots, est entravée par une foule de règlements minutieux, et l'on se compromettrait gravement si, par exemple, on vendait de l'argent de Chine, même fondu en barres de forme coréenne. Cet argent serait reconnu infailliblement, et le marchand, outre la confiscation de ses barres, risquerait une forte amende et peut-être la bastonnade.

La seule monnaie qui ait cours légal est la sapèque. C'est une petite pièce de cuivre, avec alliage de zinc ou de plomb, d'une valeur d'environ deux centimes ou deux centimes et demi. Elle est percée, au milieu, d'un trou destiné à laisser passer une ficelle avec laquelle on en lie ensemble un certain nombre, d'où l'expression *ligature* ou demi-ligature, si fréquemment employée dans les relations de l'Extrême-Orient, pour désigner la monnaie courante.

Pour effectuer un payement considérable il faut une troupe de portefaix, car cent nhiangs ou ligatures (environ deux cents francs) forment la charge d'un homme. Dans les provinces du Nord, cette monnaie même n'a pas cours; tout s'y fait par échanges, d'après certaines bases de convention. Il paraît qu'autrefois les céréales servaient de monnaie; car, encore dans la langue actuelle, celui qui porte son blé au marché pour le vendre dit qu'il va acheter, et celui qui va en acheter dit qu'il va vendre.

Le taux de l'argent est énorme en Corée. Celui qui le prête à trente pour cent est censé le donner pour rien. Le plus habituellement on réclame cinquante, soixante, quelquefois même cent pour cent. Il est juste de dire que la rente de la terre, qui doit servir de point de départ pour apprécier le taux de l'argent, est en ce pays relativement considérable. Dans les bonnes années, le cultivateur tire de ses champs environ trente pour cent de la valeur du fonds.

Une autre entrave aux transactions commerciales, c'est le triste état des voies de communication. Les rivières navigables sont très rares en Corée; quelques-unes seulement portent bateau, et cela dans une partie fort restreinte de leur cours. D'un autre côté, l'art de faire des routes dans ce pays de montagnes et de vallées est à peu près inconnu. Aussi presque tous les transports se font, soit à dos de bœufs ou de chevaux, soit à dos d'hommes.

« Les routes, écrit M*gr* Daveluy, se divisent, théoriquement du moins, en trois classes. Celle de première classe, que je traduis par routes royales, ont généralement une largeur suffisante pour quatre hommes de front. Comme il n'y a pas de voitures en province, c'est tout ce qu'il faut pour les piétons et cavaliers. Elles sont bonnes ou mauvaises suivant la saison. Mais il arrive fréquemment qu'elles sont diminuées des trois quarts par quelque grosse pierre ou fragment de rocher, ou parce que la pluie a emporté une partie du chemin. Personne, naturellement, ne songe à remédier à ces petits inconvénients, et souvent il faut grimper sur ces rochers avec sa monture, au risque de se casser le cou ou de rouler dans le fossé. Toutefois, aux environs de la capitale, ces routes sont un peu mieux entretenues. La principale est celle qui va de Séoul à la frontière de Chine. Il y en a une autre, assez belle, dit-on, longue de huit lieues seulement, qui conduit du palais à un tombeau royal.

« Quant à celles de deuxième classe, leur beauté, largeur et commodité varient tous les quarts d'heure. Lorsque je ne vois plus qu'un mauvais sentier, je demande si c'est encore la grande route, on répond affirmativement; le tout est de s'entendre. Pierres, rochers, boue, ruisseaux, rien n'y manque, excepté le chemin. Mais que dire des routes de troisième classe, larges d'un pied, plus ou moins visibles ou non, selon la sagacité du guide, souvent couvertes d'eau quand elles traversent les rizières, et dans les montagnes effleurant les précipices?

« Pour les ponts, deux espèces sont à ma connaissance. Les uns consistent en quelques grosses pierres jetées de distance en distance en travers des ruisseaux, ce sont les plus communs. Les autres, composés de pieux fichés dans le fleuve et supportant une espèce de plancher recouvert de terre, forment un viaduc passable, quoique trop souvent à jour. Quand l'eau est abondante, ce qui est fréquent en été, tous les ponts sont emportés ou submergés par la crue et laissent au voyageur le plaisir de prendre un bain au passage. Les grands seigneurs peuvent s'y soustraire en grimpant sur le dos de leur guide. Enfin il y a à la capitale un pont en pierre, magnifique sans doute, et l'une des merveilles du pays. Les rivières un peu considérables se traversent en bateau. »

Tel est dans son ensemble le royaume de Corée, que jusqu'à ce jour peu de voyageurs ont pu étudier. Les missionnaires presque seuls en parlent la langue et le parcourent du sud au nord, ce qui leur permet de mieux connaître les choses intéressantes ou utiles qu'il renferme.

LES
MISSIONNAIRES FRANÇAIS

I

ORIGINE DE L'ÉGLISE CORÉENNE

L'Église de Corée a des origines très particulières, marquées d'un caractère spécial de sagesse humaine guidée par la sagesse divine. Elle n'a pas été créée par le zèle de missionnaires, comme les Églises de l'Annam, du Japon ou de la Chine; deux jeunes gens de noble famille furent les instruments choisis dont Dieu daigna se servir pour éclairer cette pauvre nation. Adonnés à l'étude dès leur enfance, tous deux s'étaient acquis une grande réputation de sagesse et de science. L'un, nommé Seng-houn-i, avait à peine vingt ans. Il avait déjà passé plusieurs brillants examens, et conquis le grade de docteur. Son père avait successivement occupé des emplois honorables dans le gouvernement : le fils pouvait dès lors aspirer à de plus hautes dignités. L'autre, Piek-i, un peu plus âgé que lui de quelques années, n'était pas de famille aussi distinguée par les honneurs et les charges; mais il était néanmoins d'égale noblesse. Sa réputation de savant était plus grande encore que celle de son ami, et il avait un insatiable désir d'étendre ses connaissances déjà si admirées.

Piek-i avait lu tous les écrits des philosophes, examiné tous leurs systèmes et étudié avec grand soin tous les livres sacrés de son pays. Son cœur toutefois n'était point satisfait, et son esprit naturellement droit le poussait sans cesse à chercher des réponses vraiment satisfaisantes aux doutes qui le préoccupaient. Aussi le voyait-on souvent solliciter, tantôt dans les épanchements intimes de l'amitié, tantôt dans des discussions plus solennelles, la lumière qui pût dissiper les obscurités dont son âme se sentait remplie.

Précisément à cette même époque, parmi les plus intelligents lettrés coréens, un certain mouvement religieux commençait à s'opérer. Quelques-uns d'entre eux avaient accompagné les ambassades annuelles à Pékin, d'où ils avaient rapporté différents livres de philosophie et de religion sur lesquels ils aimaient fort à discuter. Un jour de l'hiver 1777, Piek-i apprit qu'ils s'étaient donné rendez-vous à une pagode isolée dans les montagnes, pour y conférer tout à leur aise et, sans craindre les indiscrétions, débattre les grandes questions de l'âme, de sa nature, de sa destinée et examiner les différents systèmes de religion qu'ils connaissaient. A cette nouvelle, malgré la rigueur de la saison, Piek-i s'arme d'un bâton ferré, et, seul, il s'enfonce dans les sentiers remplis de neige de la montagne; méprisant le danger des bêtes féroces et la dureté du climat de la saison, il finit, après bien des fatigues, par atteindre, au milieu de la nuit, une pagode habitée par des bonzes. Il avait fait fausse route dans l'obscurité, et l'autre pagode où étaient assemblés les lettrés se trouvait sur le versant opposé de la montagne. Sans songer à la fatigue de sa longue marche, après quelques instants de repos il se fait donner des guides, et, sur l'heure même, il continue sa route.

Ses amis ne l'attendaient guère à un moment si avancé de la nuit; aussi son arrivée imprévue et subite les effraya-t-il un peu, car ils se crurent un instant surpris par la police. Une joie bruyante succéda bientôt à cette panique passagère, et l'aube naissante les trouva encore dans les épanchements du bonheur et l'entrain de leurs discussions amicales. Dix jours se passèrent ainsi à examiner et discuter soigneusement tous les systèmes connus de philosophie et de religion. Chacun, dans ces conférences, apportait ses arguments appuyés sur les livres où il les avait puisés. Par hasard il se trouva que, dans ces livres apportés de la Chine, étaient semés quelques fragments de la doctrine chrétienne, pillés sans doute dans nos livres de religion par les philosophes de la Chine. Ce fut la lumière pour ces cœurs droits, généreux. Ravis du peu qu'ils purent découvrir du christianisme, ils se promirent en se séparant de conformer désormais leur conduite aux préceptes de cette doctrine.

Fidèle donc à sa résolution, Piek-i, de retour à sa maison, change complètement tous ses anciens usages religieux. Le voilà qui se prosterne, chaque jour, pour adorer le Créateur du monde ; il observe le septième jour de la semaine, fait pénitence, réforme ses mœurs; en un mot, il tâche en tout de se conduire, d'après ce qu'il avait pu saisir dans les conférences de la pagode. Un tel genre de vie devait attirer l'attention de tous; les uns blâmèrent, les autres apprécièrent différemment une conduite si extraordinaire. Tel était Piek-i avant sa conversion : âme vraiment d'élite et toute préparée à recevoir la divine lumière de la vérité.

La divine Providence, quelques années après, combla enfin ses ardents désirs d'une manière inattendue. C'était l'époque d'envoyer à Pékin l'ambassade annuelle. Cette année 1783, son ami, Ni Seng-houn-i, devait en faire partie. L'occasion tant désirée se présentait donc de tirer de la Chine, d'une manière tout à fait sûre, et les livres et les enseignements qui lui manquaient sur la vraie religion.

Dès qu'il eut appris cette bonne nouvelle, Piek-i accourut chez le futur ambassadeur pour le féliciter de son bonheur. Puis, lorsqu'il lui eut parlé avec entraînement de tout ce qu'il savait déjà du christianisme, il l'engagea vivement à mettre à profit son voyage pour s'instruire davantage.

« Vois donc, lui dit-il dans son ardeur, ton voyage à Pékin n'est-il pas providentiel? Pour moi, j'en suis certain, le divin Maître du Ciel a enfin pitié de nous, puisqu'il te choisit entre tant d'autres pour que tu puisses t'éclairer toi-même, et nous instruire ensuite. Lorsque tu seras arrivé dans la grande ville, cours, je t'en prie, au temple des Européens; ils possèdent, eux, la vérité. Interroge ces grands docteurs de l'Occident, approfondis toutes les questions, instruis-toi dans tous les détails de leur doctrine, et rapporte-nous aussi tous les livres nécessaires. Encore une fois, songes-y bien : la vie et la mort, la grande affaire de notre éternité, est entre tes mains. »

En quittant son ami, le zélé jeune homme ajouta encore:

« Va, mon cher, et dans cette circonstance, je t'en prie, n'agis pas à la légère. »

Cette dernière recommandation, faite sans doute d'un ton amical, dénotait chez Piek-i l'ardeur de ses désirs, mais aussi une certaine dose de méfiance que lui inspirait, assez légitimement, l'enthousiasme sincère, mais un peu à la surface, de son ami, que ne distinguait pas, du reste, une volonté ferme et persévérante.

De Séoul, capitale de la Corée, à Pékin, on compte trois cents lieues. Tous les ans, une ambassade solennelle, composée de grands personnages coréens, entreprend ce long voyage, pour transmettre les présents et les souhaits du roi de Corée à son suzerain. Autrefois, le tribut annuel payé par la Corée à la Chine était très considérable et très humiliant. Peu à peu elle a su s'en affranchir, en sorte qu'aujourd'hui le tribut *annuel* se réduit à un échange officiel de présents entre les deux souverains. L'ambassade coréenne rapporte encore de Pékin le calendrier chinois, obligatoire pour tous les sujets et tributaires de l'Empire, sous peine de mort. Outre les nobles personnages qui font partie de ces ambassades, une suite très nombreuse d'interprètes et de domestiques l'accompagne, et même il y a toujours un certain nombre de marchands assez adroits pour acheter la permission de s'y adjoindre sous un prétexte ou sous un autre, mais, en réalité, pour faire un commerce très lucratif. Chacun est muni d'un passeport très détaillé, qu'il doit présenter à la frontière et sans lequel il n'est permis à personne de la franchir.

Aux approches de l'an 1784, Seng-hou-i se mit donc en

route avec la grande caravane pour la Chine. Au bout de trois mois de marches très pénibles, sur les mauvais chemins de la Corée et à travers les plaines glacées de la Mandchourie, les voyageurs faisaient leur entrée solennelle dans la capitale de l'Empire du Milieu. Leur costume national et leur tête dépourvue de la longue tresse chinoise étaient, naturellement, des sujets d'étonnement pour les citoyens civilisés de la grande ville.

Seng-houn-i était de nouveau au milieu de ses amis en Corée, au printemps de 1784, et, avec l'enthousiasme d'un jeune voyageur, leur faisait une description détaillée des merveilles qu'il lui avait été donné d'admirer dans ce long voyage. Piek-i, accouru l'un des premiers, fut au comble de la joie en recevant de son ami les livres tant désirés de la religion chrétienne. Afin de les étudier plus à loisir, il se retira quelque temps dans la solitude. Là, le travail de la grâce s'achève dans son esprit et dans son cœur. Éclairé par la simple exposition des dogmes du christianisme, il n'eut bientôt plus qu'un désir: se faire baptiser et partager sa joie avec tous ses concitoyens en leur annonçant la bonne nouvelle.

L'exemple de son ami Seng-houn-i l'entraînait aussi. Profitant de son séjour à Pékin, le jeune lettré y avait visité l'évêque des missionnaires. Après de sérieuses réflexions, la grâce touchant son cœur, avec le consentement de son père il reçut le baptême. Saluant en lui les fondements d'une nouvelle Église, le prêtre lui avait donné le nom du premier des apôtres, la pierre fondamentale de l'Église de Jésus-Christ.

Transporté par la lecture de ces livres si simples et cependant si profonds, qui étaient le contrepoids des doctrines contradictoires et embrouillées des livres sacrés de son pays, Piek-i se mit à prêcher quelques-uns de ses amis. Ses raisonnements, puisés dans ces ouvrages sérieux, étaient clairs et inattaquables. Son éloquence naturelle embellissait ses discours, et son zèle pour la vérité lui gagnait peu à peu des disciples. Sûr du succès, s'il parvenait à convertir quelques puissants lettrés regardés comme des oracles par leurs concitoyens, il se tourna vers eux dans l'espoir de trouver en leurs personnes un appui décisif à la nouvelle doctrine. Plusieurs se sentaient déjà fortement ébranlés, presque convaincus même, et approuvaient la religion de Piek-i. D'autres, pour différents motifs, lui opposaient des objections sans valeur devant les réponses péremptoires de l'éloquent docteur, et se retiraient le cœur blessé à la vue de leur science et de leur réputation de sages mises en danger. Ils résolurent donc d'amener plusieurs docteurs des plus fameux à se mesurer avec Piek-i pour le retirer de ses nouveautés, qui séduisaient déjà beaucoup d'esprits droits. Pendant trois jours ils discutèrent avec lui dans une conférence très solennelle; mais ce fut pour le triomphe de la vérité, car toute leur science et leur ardeur n'aboutirent qu'à montrer à tous la supériorité de Piek-i. « Lui, en effet, ajoutent les relations coréennes, toujours d'accord avec lui-même, dans ces joutes de l'esprit, n'avançait rien sans le prouver. Sa parole claire et lucide portait partout la lumière; son argumentation brillait comme le soleil, frappait comme le vent et tranchait comme le sabre. »

Il y avait alors un célèbre docteur nommé Kouen, l'aîné de cinq frères tous remarquables par leur grande science. C'était lui qui avait été le promoteur des fameuses conférences de la pagode, dont nous avons parlé plus haut. Piek-i désirait vivement le gagner. Il alla donc le trouver chez lui et fit briller avec tant de charmes la vérité aux yeux du célèbre docteur, qu'il le laissa convaincu complètement. Celui-ci toutefois, craignant l'opinion sans doute, ne voulut pas encore se déclarer ouvertement pour la nouvelle doctrine. Son troisième frère fut plus courageux, et se décida à mettre sur-le-champ sa conduite d'accord avec ses convictions. Il demanda donc le baptême et résolut de se dévouer, avec Piek-i, à la prédication de l'Évangile.

Leur ami commun, Pierre Seng-houn-i, versa lui-même l'eau sainte sur la tête des deux nouveaux apôtres. Piek-i, comme un autre précurseur, avait préparé l'œuvre de la conversion de la Corée : il prit le nom de Jean-Baptiste au baptême. Kouen, qui désirait se donner tout entier à la prédication de la vérité, prit saint François Xavier pour son modèle et son patron. Leur exemple, appuyé des plus vives sollicitations auprès de leurs parents et de leurs amis, fut bientôt suivi d'un grand nombre. La vérité se répandit de proche en proche; les nouveaux disciples, devenus apôtres à leur tour, annonçaient à tous la bonne nouvelle avec la double autorité de leur noblesse et de leur grand renom de lettrés et de savants.

Parmi ceux qui furent baptisés par Xavier Kouen, était un jeune homme venu de la province de Naï-po pour étudier sous un si savant maître. Après avoir reçu de lui, avec le bienfait de la science, celui de la religion, Louis de Gonzague Ni, le nouveau converti, partit aussitôt pour travailler à la conversion de sa propre famille et de ses concitoyens de Naï-po. Ainsi fut fondée dans cette province une belle chrétienté qui devait plus tard s'illustrer par sa ferveur et le grand nombre de ses martyrs. Comme l'étincelle dans la paille, la nouvelle doctrine faisait de rapides progrès, et en peu de temps gagna toutes les provinces voisines de la capitale, suscitant partout de vives oppositions, mais trouvant aussi partout la sympathie des âmes droites.

Dieu permit en ce temps que la religion annoncée par ces zélés néophytes fût en butte à de violentes contradictions, pour montrer à ceux qui réfléchissaient que cette œuvre n'était point de l'homme, mais la sienne. L'arbre de la foi, dès qu'il a pris racine, a besoin, pour grandir et se développer rapidement, d'être secoué et agité par le vent des persécutions. Alors seulement il enfonce plus profondément ses racines dans le cœur des peuples et défie la fureur des passions des hommes.

A la cour on avait parlé déjà depuis longtemps de la nouvelle religion. Le roi assis alors sur le trône de Corée aimait beaucoup les lettres et la science ; aussi, bien qu'il fût très attaché aux superstitions nationales, il n'avait pas voulu cependant condamner le christianisme sans aucun examen. Mais en Corée, plus que dans d'autres pays même civilisés, le roi n'a d'autorité que celle que lui laissent de tout-puissants ministres; aussi de la cour partent souvent des ordres qui sont loin d'être l'expression de la volonté royale.

Dès le début, plusieurs grands personnages avaient disputé avec Piek-i et ne s'étaient pas tirés avec honneur des arguments serrés du vaillant défenseur du christianisme. Leur vanité de savants en avait été froissée; nulle part l'homme n'est insensible à la moquerie ou au rire. Des rancunes politiques et des rivalités de familles aidant, il n'en fallait pas davantage à ces puissants adversaires pour condamner, dès lors, la doctrine nouvelle et surtout ceux qui la prêchaient. Ensuite le christianisme faisait trop bon marché des traditions des ancêtres, ne voulait tolérer aucun culte avec celui du vrai Dieu, pas même celui du grand philosophe chinois Confucius, ou ceux des autres sectes approuvés ou rejetés indifféremment par les lettrés. Une semblable intolérance, un si grand mépris à l'endroit de tant de préjugés, précieux héritage de leurs ancêtres, froissait trop les esprits étroits pour qu'elle n'excitât bientôt la haine et la rancune de pareils ennemis.

Afin d'arrêter tout court la doctrine chrétienne dans ses progrès, le précepteur du roi lança une circulaire violente dans laquelle ce savant homme démontrait la fausseté du christianisme et le condamnait solennellement. Il terminait cette pièce en exhortant chacun à rompre avec ces êtres corrompus qui venaient attaquer le culte des ancêtres pour y substituer cette religion perverse et contre nature. Dès lors, le puissant philosophe aurait bien voulu pouvoir ajouter à tout cela des arguments plus péremptoires et user de moyens plus radicaux à l'égard des nouveaux convertis. Il n'osa pas cependant aller plus loin pour le moment: la puissante influence et la haute considération dont la plupart d'entre eux jouissaient auprès du peuple le firent incliner vers la modération à leur égard, du moins pour le moment.

Mais bientôt, changeant de conduite, il résolut de sonder l'opinion publique en même temps que d'effrayer les néophytes par un coup d'éclat.

Il y avait un an à peine que l'Évangile avait pénétré en Corée, quand, sur l'ordre du ministre des crimes, qui secondait les vues hostiles du précepteur du roi, on arrêta pour motif de religion un interprète de la cour, nommé Thomas. Cet homme courageux, converti récemment, ne cachait sa foi à personne, ne se gênait point pour proclamer publiquement la nécessité de devenir chrétien.

Amené devant le tribunal, on le somme de renoncer à ses coupables erreurs; on lui applique même la torture, et il est frappé cruellement. Mais rien n'ébranle le courageux Thomas. Soutenu par la grâce, il résiste à toutes les sollicitations aussi bien qu'aux mauvais traitements des bourreaux. Dans le même temps, François-Xavier Kouen apprend ce qui se passe; il accourt au prétoire avec d'autres chrétiens et prend hautement la défense du pauvre néophyte:

« Quel est donc le crime de cet homme? s'écrie-t-il en s'adressant aux juges? Est-ce parce qu'il est chrétien que vous l'avez ainsi traité? Dans ce cas, nous aussi, nous méritons les mêmes châtiments, car nous sommes chrétiens comme lui. »

Le juge sut cependant se contenir; il recula devant François-Xavier Kouen et ses puissants amis. Mais, au fond du cœur, il leur voua une haine implacable. Thomas, roué de coups, fut envoyé en exil, où il succomba bientôt à ses blessures. Telle fut la fin de ce vaillant chrétien, premier anneau de cette longue chaîne de martyrs qui devait unir d'une manière impérissable l'Église naissante de Corée à la mère spirituelle de tous les chrétiens, la sainte Église catholique!

La fin cruelle de Thomas produisit jusqu'à un certain point l'effet que se proposait le ministre et glaça d'effroi les cœurs faibles. Habitués à regarder les ordonnances royales comme des oracles, les Coréens ne purent s'empêcher, sinon d'approuver la conduite du ministre, du moins d'en redouter la colère. Les parents et les amis des nouveaux chrétiens, par un sentiment d'affection naturelle, s'efforcèrent par les prières et par les menaces de les retirer d'erreurs si fatales et si pleines de périls pour les personnes. Si alors la petite Église de Corée put être fière du courage d'un certain nombre de ses enfants, elle eut malheureusement aussi à déplorer bien des faiblesses et même de scandaleuses défections.

Jusqu'à ce temps, Piek-i et Seng-houn-i avaient travaillé tous deux avec beaucoup de zèle pour la propagation de la religion et apparaissaient aux yeux de tous comme les deux colonnes de l'Église de Corée. Et cependant tous deux ils faiblirent les premiers, juste punition d'un secret orgueil, dit-on, ou d'une misérable ambition. Égaré par la crainte de voir son fils enveloppé dans la persécution qui menaçait tous les chrétiens, le père de Pick-i vient le supplier de rompre avec eux, le menaçant en cas de refus de se donner la mort sous ses yeux. Pick-i se troubla devant ce spectacle si affligeant pour son amour filial; et lui, autrefois si courageux et si ardent dans ses opinions, il hésita et balbutia quelques paroles d'apostasie. Sans doute son cœur n'était point d'accord avec ses lèvres, car aussitôt il tomba dans une tristesse mortelle. Pour accroître ses remords, il put voir ceux qu'il avait convertis s'éloigner de lui, et quelques années après, abandonné de tous, il mourut misérablement de la peste.

Daigne la divine miséricorde, qui avait opéré de si grandes choses par cet infortuné, lui avoir touché le cœur avant sa mort, comme plusieurs l'attestèrent et comme son désespoir peut le laisser aussi présumer!

Pierre Seng-houn-i eut un sort encore plus lamentable. Il avait un frère qui l'avait toujours persécuté dans sa foi, et qui alors redoubla ses sollicitations pour la lui faire abandonner. D'un autre côté, l'ambition et le désir de hautes dignités tentèrent ce caractère déjà si inconstant de sa nature. Lorsqu'il vit que les faveurs de la cour s'éloignaient des chrétiens, il renonça publiquement au christianisme. Puis il retourna auprès de François-Xavier Kouen pour le quitter de nouveau, et, afin de consommer son apostasie, il brûla ses livres et ses objets de religion. Il alla plus loin; car, pour se laver aux yeux des païens du crime d'avoir été chrétien, il publia partout sa lâche désertion.

Et cependant Dieu, dans sa miséricorde infinie, lui tendit une dernière fois une main secourable. Quoi qu'il eût fait pour se disculper, certains ennemis implacables ne lui avaient point pardonné sa foi et son zèle passés pour la religion chrétienne. Quinze années après ils saisirent l'occasion d'une persécution générale pour se venger de lui, et obtinrent qu'il fût arrêté sous prétexte de religion. Confondu malicieusement par ses ennemis avec de fervents chrétiens, il fut jugé avec eux et condamné pour le même *crime*.

Magnifique et dernière occasion, que Notre-Seigneur offrait encore à cette âme faible, de réparer par un mot ses apostasies réitérées, et de regagner ainsi d'un seul coup tous ses mérites perdus! Chrétien ou non, il lui fallait mourir inévitablement. Un regret sincère, un simple acte d'amour de Dieu, à ce moment suprême, tournait en triomphe l'horrible supplice auquel il lui était impossible d'échapper. Hélas! lui, le premier chrétien de Corée, lui qui avait apporté la foi à ses frères, il marche à la mort avec les martyrs, sans être martyr; condamné et exécuté comme chrétien, il mourut en renégat.

Mort épouvantable, qui fit trembler les païens eux-mêmes; fin désastreuse qui doit nous rappeler à tous que notre foi, si elle ne s'appuie sur Dieu, est renfermée dans des vases bien fragiles, et que même ceux que Dieu choisit pour annoncer sa parole doivent toujours partager l'humble frayeur du grand Apôtre: « *Ne forte, postquam aliis prædicaverim, ipse reprobus efficiar!* Que je ne devienne pas moi-même un réprouvé, après avoir prêché aux autres! »

Ainsi, pour implanter la foi en Corée, en se servant de voies si merveilleuses, Dieu nous montre admirablement que tous les moyens sont bons à sa toute-puissance pour exécuter les desseins de sa miséricorde, tandis que personne ne doit se regarder comme un instrument nécessaire à ses œuvres divines. Il se sert de païens pour prêcher l'Évangile dans ce pays, revêt leurs discours de l'éclat de la science et de la sagesse humaines, et leur prête, pour un temps, l'appui des nobles et des puissants. Au lieu de rapporter à l'Auteur de tout don parfait l'honneur de leurs succès, à peine ces apôtres d'un jour ont-ils jeté un regard de vaine complaisance sur ce qu'ils croient leur œuvre, que Dieu se retire d'eux. Ils tombent avec ignominie, et de plus humbles qu'eux prennent leur place. Libre désormais de l'appui de ces bras de chair qui se croyaient ses soutiens nécessaires, l'œuvre de Dieu multiplie ses progrès, et, forte dans son apparente faiblesse, elle gagne plus aisément les petits et les pauvres, qui sont plus près du royaume des cieux! « *Infirma mundi elegit Deus, ut fortia quæque confundat.* Dieu a préféré se servir de ce qu'il y a de plus faible dans ce monde, afin de confondre les puissants. » (I Cor., I. 27.)

II

PREMIERS MARTYRS

Cependant, à cause des circonstances difficiles où l'on était, le besoin d'avoir de véritables pasteurs se faisait sentir chaque jour de plus en plus. Se voyant dans l'impossibilité de communiquer avec l'évêque de Pékin et comprenant la nécessité des pasteurs réguliers, sans se douter de l'origine surnaturelle du sacerdoce catholique, ils résolurent d'y suppléer selon leurs faibles moyens. Dans une grande assemblée, François-Xavier Kouen, qui s'était toujours montré le plus courageux dans la foi et le plus savant dans les questions de religion, fut nommé évêque; Louis de Gonzague et quelques autres furent élus prêtres. Chacun reçut en partage un district à évangéliser, et dès lors ils commencèrent à exercer toutes les fonctions sacerdotales autant que pouvait le leur permettre leur science assez bornée des choses saintes. Ce clergé improvisé se mit donc à baptiser, à confirmer, à confesser et à célébrer les saints Mystères. Ainsi, pendant plusieurs années, il s'acquitta de toutes ces fonctions sacrées avec un zèle désintéressé et à la satisfaction générale.

C'était merveille de voir même les nobles Coréens se soumettre, comme les derniers du peuple, à l'autorité et aux pénitences quelquefois très humiliantes que leur imposaient ces ministres prétendus. Il va sans dire que, à part le baptême, les autres sacrements administrés par des mains profanes n'avaient aucune valeur.

Qui cependant n'admirerait la simplicité et la ferveur de ces pauvres néophytes? Qui ne serait touché à la vue des grands efforts que ces vaillants lettrés, sortis à peine des ténèbres du paganisme, tentaient avec tant d'énergie contre le mauvais vouloir des hommes et dans l'abandon universel où ils se voyaient réduits? Leur ignorance de la nature divine et de la perpétuité hiérarchique du sacerdoce dut les excuser devant Dieu d'en avoir usurpé les fonctions sacrées. Ils n'avaient, du reste, que sa gloire en vue, et c'était pour lui plaire qu'ils échangeaient leur titre de maître de science avec celui de maître de religion.

Sur ces entrefaites, une nouvelle ambassade pour la Chine se préparait à quitter la Corée. François-Xavier Kouen, l'évêque de ce singulier clergé, avait depuis quelque temps des doutes sur la validité de son titre et de ses fonctions. L'étude plus attentive de certains passages des livres de religion l'avait plongé dans l'incertitude, et il résolut de s'éclairer à ce sujet. Il envoya donc à l'évêque de Pékin une longue lettre dans laquelle, après lui avoir exposé sa conduite passée, il lui demandait aussi la solution de plusieurs cas très embarrassants, vu l'ignorance des pasteurs et des ouailles.

Un jeune homme de noble famille, nommé Ioun, qui étudiait depuis peu la religion, s'offrit de porter la lettre de Xavier Kouen à l'évêque de Pékin. Elevé jusque-là dans la délicatesse d'une maison noble, Ioun, afin d'accomplir son dessein, s'abaissa jusqu'à solliciter l'emploi de domestique auprès d'un des membres de l'ambassade. Il suivit ainsi, au prix des plus grandes fatigues, la caravane à pied, malgré sa jeunesse, et trouva heureusement la maison des missionnaires de Pékin.

Au récit de ce bon jeune homme, l'évêque et ses missionnaires bénirent la miséricorde divine qui avait accompli en Corée de si grandes choses avec de si faibles moyens. Aux questions de la lettre de Xavier, l'évêque répondit en détail; il le blâmait naturellement de s'être attribué l'autorité spirituelle, et il lui ordonnait de quitter les fonctions sacrées qu'il exerçait sans valeur.

Ioun fut récompensé à Pékin même de son dévouement à la cause de la foi. Il acheva de s'instruire pendant son séjour à la capitale, et y reçut les sacrements de baptême, de confirmation et d'eucharistie. Fortifié par la bénédiction de l'évêque et sa promesse d'envoyer un prêtre au plus tôt prendre soin de ces nouveaux fidèles, Paul Ioun reprit joyeusement la route de son pays. Les ordres si clairs de Pékin furent reçus avec soumission, et le clergé national de la Corée disparut devant la lettre du pasteur légitime.

Paul Ioun retourna cette année encore à Pékin à l'occasion d'une autre ambassade, afin de solliciter plus vivement l'évêque d'envoyer des prêtres en Corée. On était malheureusement à l'époque de la Révolution française, en 1790. Les bouleversements politiques avaient tué dans leur germe bien des vocations apostoliques et tari les aumônes destinées aux missions. A Pékin, le gouvernement chinois persécutait la religion, et il était impossible à l'évêque, malgré ses désirs, d'aller à la conquête d'une nouvelle mission, quand il ne pouvait plus fournir de prêtres à ses anciens chrétiens. Toutefois Paul Ioun, comme un gage de la bonne volonté du prélat, reçut des ornements sacrés et tout ce qui était nécessaire au saint sacrifice, avec l'ordre de tout tenir prêt pour l'entrée secrète d'un prêtre. Bien grande fut la joie de ces pauvres néophytes à la vue de ces objets, et ils bénirent Dieu d'avoir pris leur sort en pitié.

Avant de leur accorder la faveur tant désirée d'un prêtre, Dieu leur envoya encore une terrible épreuve. En Corée, il y a plusieurs religions reconnues ou du moins tolérées par le gouvernement. Confucius et Bouddha ont des temples, ainsi que d'autres philosophes en honneur parmi les lettrés, qui, du reste, suivent aveuglément toutes les erreurs du Céleste Empire. Quant aux gens du peuple, dans la pratique, leur religion se réduit à quelques superstitions puériles et au culte des ancêtres. L'amour des parents pendant leur vie et la vénération pour leur mémoire poussés jusqu'à l'exagération: telle est la perfection proposée à tous les enfants, et telle est aussi à peu près toute la religion des Coréens. Aussi, à l'occasion de l'enterrement de leurs parents, il n'est point de dettes qu'ils ne contractent, point de dépenses qu'ils ne fassent pour relever la pompe de leurs funérailles et leur donner tout l'éclat possible. A la mort d'un parent, on s'empresse de fabriquer une planchette dans laquelle est censée venir résider l'âme du défunt. Cette tablette sacrée doit être faite d'un bois tout spécial. « Avant d'avoir été coupé, il ne doit avoir entendu ni le chant du coq, ni l'aboiement du chien. » Faite de ce bois extraordinaire, la tablette peinte en blanc reçoit les noms, titres et qualités du défunt. De petits trous pratiqués sur les côtés permettent à son âme d'y entrer et d'y séjourner. Une salle de la maison est destinée à ces tablettes des ancêtres, devant lesquelles, tous les jours, on vient se prosterner et offrir un peu de riz, du tabac ou de l'encens. A la quatrième génération seulement on enterre toutes ces tablettes, et leur culte cesse définitivement.

Dans l'été de 1791, un courageux néophyte, Paul Ioun Tsi-t'siong-i, perdit sa mère. En bon fils, il la pleura sincèrement; mais, en courageux chrétien, il se refusa à toutes les superstitions païennes qui accompagnent les funérailles. L'évêque de Pékin avait clairement réglé cette grave question dans sa lettre à Xavier Kouen. Les tablettes des ancêtres et d'autres pratiques superstitieuses y étaient sévèrement prohibées par le prélat. C'était imposer un sacrifice bien pénible aux Coréens; c'était les toucher, pour ainsi dire, à la prunelle de l'œil que de condamner des usages si universels et consacrés par la pratique des siècles passés. Aussi plusieurs chrétiens, jusque-là peu instruits, furent atterrés par cette défense de l'évêque. Mais Paul était trop fervent pour hésiter un instant dans cette circonstance, et, en dehors de funérailles dignes du rang de la défunte, il s'abstint de toute pratique superstitieuse sans se soucier de l'opinion.

La conduite du courageux jeune homme fut un scandale pour tout le pays. En voyant son mépris des coutumes reçues, les païens poussèrent de telles clameurs contre ce fils dénaturé, que le mandarin se vit obligé d'examiner cette grave affaire. C'était une occasion favorable pour le ministre des crimes d'assouvir enfin sa haine si longtemps comprimée contre les chrétiens. Dès qu'il eut entendu parler du crime de Paul, il le fit arrêter avec son cousin Jacques Kouen. Une visite domiciliaire mit au jour un autre attentat non moins abominable des deux cousins. La boîte où devaient être renfermées toutes les tablettes de leurs ancêtres était vide, et on disait qu'ils les avaient brûlées. Les derniers châtiments ne devaient-ils pas punir la froide impiété de ces fils coupables?

Laissons ici Paul nous raconter lui-même le détail des interrogatoires qu'il eut à subir. Ils feront connaître assez bien les idées du peuple coréen sur le culte des ancêtres et leurs absurdes préjugés contre la religion chrétienne.

Vers le soir du vingt-sixième jour de la dixième lune (1791), Paul Ioun Tsi-t'siong-i arriva à la préfecture de Tsin-san, et, aussitôt après le souper, il fut cité devant le mandarin.

« En quel état te vois-je! s'écria-t-il, et comment en es-tu arrivé là?

— Je ne comprends pas très bien ce que vous me demandez, répondit-il.

— Je dis qu'il circule contre toi des bruits étranges. Se pourrait-il qu'ils soient fondés? Est-il vrai que tu sois perdu dans les superstitions?

— Je ne suis nullement perdu dans les superstitions; il est vrai que je professe la religion du Maître du ciel.

— Et n'est-ce point là une superstition?

— Non, car c'est là la véritable voie.

— Dans ce cas, tout ce qui s'est pratiqué de tout temps jusqu'à ce jour par les plus grands hommes, tout cela n'est donc que mensonge?

— Dans notre religion, un de nos commandements défend de juger et de condamner autrui. Pour moi, je me contente de suivre la religion du Maître du ciel sans faire de comparaison et sans songer à critiquer personne.

— Mais tu refuses d'offrir des sacrifices aux ancêtres, tandis que même certains animaux, dit-on, savent faire des sacrifices et manifester de la reconnaissance envers les auteurs de leurs jours. A plus forte raison, l'homme doit-il en agir ainsi. N'as-tu point lu le passage de Confucius, où il est dit : « Celui qui, pendant la vie « de ses parents, les a servis selon toutes les règles; qui, après « leur mort, a fait leurs funérailles et offert les sacrifices prescrits

« par les rites, celui-là seulement peut dire qu'il a de la piété
« filiale. »

— Tout cela, dis-je alors, n'est point écrit dans la religion
chrétienne.

— Quel dommage! Depuis tant d'années ta famille jouissait
d'une réputation sans tache, qui est arrivée jusqu'à toi: la voilà
entièrement ruinée! Toi-même n'avais-tu pas la réputation d'un
lettré plein de talents? Mais ton esprit frondeur et léger t'a poussé
à abandonner le culte de tes ancêtres. Toutefois tout n'est pas
encore absolument perdu. De grands hommes, dans le passé, sont
revenus de leurs erreurs. Si donc tu le veux, dès maintenant
songe à marcher sur leurs glorieuses traces.

— S'il y avait possibilité pour moi de changer, je ne serais point
venu jusqu'ici.

— Il n'y a donc rien pour te faire changer de sentiments?
Pour moi, je ne veux ni décider de ton sort, ni t'interroger
davantage. Arrivé devant le tribunal criminel, tu auras à rendre
compte de ta conduite. Ce corps que tu as reçu de tes parents, tu
veux donc follement lui faire subir des supplices et la mort!

— Pratiquer la vertu au prix des supplices et de la mort, est-ce
donc là manquer de piété filiale? Vous aviez arrêté mon oncle,
comme caution pour moi; dès que j'ai appris son arrestation, ne
suis-je point venu me livrer de moi-même entre vos mains?
Encore une fois, est-ce là manquer à la piété filiale? »

Pour toute réponse, le mandarin fit mettre à la cangue le courageux confesseur. La cangue est une espèce d'échelle longue de
sept à huit pieds, au travers de laquelle on fait passer la tête du
criminel, et qui repose ainsi sur ses deux épaules. Quelquefois
elle a la forme d'une table ronde ou à peu près; on y pratique
des trous pour y serrer le cou et les mains, ainsi condamnés à une
immobilité très fatigante. Jour et nuit, le pauvre patient porte, sur
ses épaules meurtries par le frottement continu, cet horrible instrument de torture qui l'incommode et le prive de repos dans
toutes les positions de son corps.

Deux jours après, Paul était réuni à son cousin Jacques
Kouen, dans la même prison. En vain le mandarin s'efforça de

Chrétiens assistant à la messe.

les surprendre dans ses interrogatoires et de les amener à ses idées :

« Quelle folie est donc la vôtre! leur disait-il. Abandonner la doctrine des lettrés, fuir la voie des plaisirs et s'attirer ainsi à soi-même de grands malheurs, qu'est-ce donc que cela signifie? »

Mais toutes ces exhortations furent inutiles, et le mandarin, d'après la loi, expédia les deux courageux cousins au tribunal des crimes de leur province.

Le 29, au chant du coq, ils étaient en route. A la chute du jour, ils rencontrèrent les satellites du tribunal criminel qui venaient les chercher. De nombreux valets du prétoire étaient sur pied et s'avançaient en poussant de telles clameurs et en faisant un tel vacarme, que la capture des deux confesseurs ressemblait à celle d'insignes voleurs.

On les conduisit à la préfecture, en dehors de la porte du Sud, et, comme les ténèbres étaient déjà complètes et la nuit avancée, on alluma des torches.

Le juge criminel, après leur avoir demandé leurs noms et prénoms, leur dit :

« Connaissez-vous le crime dont vous êtes accusés ?

— J'ignore, répondis-je, ce dont il est question. Notre gouverneur nous ayant envoyés au juge, nous sommes venus sur son ordre, et, contre toute attente, nous avons été en route saisis comme des voleurs.

— Quelles sont vos occupations habituelles ?

— Je me livre à l'étude de la religion. »

Ensuite ils répondirent franchement à toutes les autres questions. Peu après, on leur passa au cou une cangue du poids de dix-huit livres; on leur attacha de plus une chaîne au cou, et on fixa leur main droite sur un croc contre le bord de leur cangue.

Ils passèrent la nuit dans la chambre des gardiens de la prison, pièce chauffée et séparée des autres prisonniers, tantôt priant, tantôt sommeillant. A la pointe du jour on les changea de prison, et le gouverneur les cita à sa barre l'après-midi.

« Pourquoi, dit-il, allez-vous vous perdre dans les superstitions ?

— Nous ne sommes point perdus dans la superstition, répondit Paul.

— La religion que l'on appelle du Maître du ciel, n'est-ce point une superstition ?

— Dieu est le créateur du ciel et de la terre, des anges et des hommes, et de toutes les créatures. Le servir est-ce une superstition ?

— De qui as-tu reçu tes livres ?

— Je pourrais l'indiquer. Mais, quand je reçus ces livres, la défense du roi n'existait pas encore. Celui donc qui me les prêta n'était point coupable. Aujourd'hui qu'il y a défense rigoureuse, si je le désignais, il serait exposé, sans aucune culpabilité de sa part, à de cruels supplices. Comment pourrais-je le déclarer sans enfreindre le précepte qui nous défend de nuire à notre prochain ? Donc je ne puis, ni ne veux le dénoncer.

— Vous êtes tous coupables, vous autres chrétiens, d'un crime que le ciel et la terre ne pourraient contenir. Vous ajoutez follement foi à des paroles trompeuses ; vous infatuez le monde et débauchez le peuple ; vous détruisez et faussez les relations naturelles de l'homme. C'est une grande impiété. Cependant cette faute est relativement légère. Il est dit, en effet, dans la dépêche du roi, que vous ne faites plus les sacrifices et même que vous avez brûlé vos tablettes pour empêcher les visiteurs de venir rendre leurs devoirs aux défunts. Enfin vous ne rendez pas même à vos parents les honneurs de la sépulture, et cela sans rougir et sans vouloir revenir à de meilleurs sentiments. Cette conduite est digne d'une brute. Livrez vos livres et déclarez vos coreligionnaires. Voyons, déclarez tout, et sans rien déguiser. »

L'interrogatoire continua longtemps encore, mais sans qu'on pût rien arracher de compromettant aux vaillants confesseurs. Tous deux répondaient avec douceur et prudence à toutes les questions et réfutaient une à une toutes les charges de l'accusation.

« Voyons, parmi vous, s'écria à la fin le grand mandarin, il y a certainement des maîtres avec lesquels on discute et que l'on interroge : qui sont-ils ?

— Dans notre religion, répondit Paul, il n'y a ni maîtres, ni disciples, comme vous l'entendez ici. A plus forte raison dans ce royaume, où personne n'a pu faire autre chose si ce n'est lire et étudier quelques livres. Quel est celui qui oserait se vanter d'avoir approfondi la doctrine et voudrait se donner comme maître ?

— Quel être étonnant es-tu donc alors pour savoir tant de choses sans avoir appris ?

— Comme je connais quelques caractères, j'ai lu quelques-uns de nos livres, voilà tout.

— On prétend aussi que, dans votre religion, vous vous réjouissez de la mort et des souffrances et que vous aimez même la mort violente du glaive : est-ce croyable ?

— Désirer de vivre et redouter la mort, sont des sentiments naturels et communs à tous les hommes. Comment pourrions-nous être comme vous le dites ? »

Quelques jours après, Paul écrivit, dans sa prison, une longue défense de sa conduite et de celle de son cousin. Il faisait en même temps, dans cette lettre, l'apologie de la religion et réduisait à néant les calomnies dont les païens l'accablaient. Le gouverneur appela de nouveau les deux prisonniers à sa barre et les somma vivement de déclarer si, oui ou non, ils avaient brûlé ou enterré les tablettes des ancêtres. Jacques déclara qu'il les avait enterrées, Paul répondit au gouverneur :

« Je les ai brûlées et enterrées.

— Si tu les avais honorées comme tes parents, reprit le gouverneur, passe encore de les enterrer ; mais les brûler ! Cela peut-il jamais se faire ?

— Si j'avais cru, répondit Paul, que c'étaient mes parents, comment aurais-je pu me résoudre à les brûler ? mais, sachant bien qu'il n'y a rien de mes parents, je les ai brûlées. Au reste, qu'on les enterre ou qu'on les brûle, n'est-ce point la même chose, puisque, enterrées ou brûlées, elles retournent aussi bien en poussière.

— Si tu étais en Europe, tes paroles pourraient être justes; mais, dans notre royaume, tu dois être puni selon la loi.

— Dans notre pays, après cinq générations, tous, même les nobles, enterrent leurs tablettes: les punissez-vous pour cela?

— D'après la décision des saints, c'est à ce terme de cinq générations que finissent pour l'homme les devoirs des parents. »

A ces mots, le gouverneur fit asseoir les deux confesseurs sur la planche à supplice et commanda aux satellites de battre Paul. Il reçut d'abord dix coups.

« Comment, lui dit alors le gouverneur, toi qui es noble, ne souffres-tu pas?

— Et pourquoi ne souffrirai-je pas? répondit Paul; ne suis-je point de chair et d'os comme vous? »

On continua à le battre jusqu'au trentième coup, nombre fixé par la loi. Le gouverneur expédia alors son rapport au roi, afin de savoir la peine qu'il fallait infliger à ces endurcis.

Tsieng-tsong était alors sur le trône de Corée depuis quinze ans. Il aimait beaucoup ses sujets, et son caractère assez doux ne le portait pas à la sévérité. Aussi le rapport du gouverneur de Tsien-Tsiou le laissa-t-il assez indifférent. Mais ses ministres lui forcèrent la main, en lui présentant des pétitions et des adresses où l'on suppliait le roi de sévir contre ces dangereux novateurs. Bien que le ministre Tsoï eût des amis parmi les chrétiens et que par lui-même il ne leur fût point hostile, il craignit toutefois de perdre sa popularité en méprisant toutes ces manifestations répétées. Il poussa donc le roi à faire un exemple terrifiant en condamnant les deux cousins au dernier supplice. Le roi résista longtemps à ces conseils de la haine; puis, fatigué, il finit par signer la sentence de mort de Paul et de Jacques. A peine était-elle signée qu'un courrier se hâta de la porter à Tsien-Tsiou.

Les deux confesseurs furent aussitôt conduits au supplice pour ne point donner au prince le temps de revenir sur cette sentence qu'on avait extorquée à sa faiblesse. Une foule immense les accompagnait. Le cortège avançait lentement: Jacques Kouen, épuisé par les souffrances, avait peine à se traîner. De temps en temps il prononçait les saints noms de Jésus et de Marie, montrant ainsi la ferveur intérieure qui l'animait. Paul, plus robuste, s'avançait, au contraire, plein d'allégresse, allant à la mort comme à un festin. Il ravissait par sa joie les chrétiens et les païens, qui ne pouvaient contenir leur admiration devant un spectacle si singulier d'un homme souriant à la mort.

Quand ils furent arrivés au lieu de leur supplice, on leur demanda encore s'ils voulaient renoncer à leur religion. Sur leur réponse négative, un officier leur présenta leur sentence. Paul, suivant l'usage, la prit et la lut à haute voix. Il posa alors sa tête sur le billot, et après qu'il eut redit encore les saints noms de Jésus et de Marie, il fit signe au bourreau qu'il était prêt. Sa tête tomba au premier coup. Son cousin Jacques lui succéda immédiatement et reçut aussi la mort avec le même courage. Il était trois heures de l'après-midi du 8 décembre 1791. Paul avait alors trente-trois ans et son cousin Jacques quarante et un.

Comme l'avaient prévu les ennemis des chrétiens, le roi s'était promptement repenti de sa faiblesse passagère, et il avait fait partir à la hâte un nouveau courrier pour faire surseoir à l'exécution. Il était trop tard. Quand ce courrier arriva, les deux martyrs venaient de consommer leur sacrifice. Le roi Tsieng-tsong le regretta vivement, car il prévoyait le mal qui pouvait résulter d'un précédent si cruel. Il savait qu'à l'avenir, grâce aux abus de pouvoir, on invoquerait cette rigueur exceptionnelle pour en faire une loi de l'État et s'en servir contre les disciples de la nouvelle religion.

Tel fut donc le baptême de sang que reçut, d'après une sentence officielle, l'Église de Corée ! Ainsi moururent noblement les premières et glorieuses victimes de la rage satanique qui animait les ennemis du christianisme ! A la grande joie des méchants, le sabre du bourreau s'était enfin abattu sur la race maudite des chrétiens ! Hélas ! depuis ce jour, malgré des torrents de sang répandu, il n'a point encore terminé son œuvre homicide !

Les deux têtes furent exposées en public pendant cinq jours pour effrayer les chrétiens. Alors seulement on permit aux parents des martyrs de donner la sépulture à leurs restes. Ils trouvèrent leurs corps flexibles et sans aucune trace de corruption. Le sang qui avait arrosé le billot était frais et vermeil comme s'il venait d'être récemment répandu. Le froid était cependant si rigoureux à cette saison de l'année que tous les liquides gelaient même dans les vases mis à l'abri. Ce prodige étonna tout le monde : les païens se récrièrent eux-mêmes contre la barbarie des juges qui avaient condamné des hommes justes, et plusieurs d'entre eux se convertirent sur-le-champ. On trempa avec respect des linges dans le sang des martyrs, et des guérisons inattendues justifièrent la confiance des chrétiens dans leur intercession.

Quelques jours après, par ordre du gouvernement, on publiait partout la sentence de mort de Paul et de son cousin Jacques afin d'arrêter ainsi par la frayeur le progrès de la religion. Cette mesure inspirée par la malice des persécuteurs tourna à leur confusion : il n'y eut, en effet, bientôt plus un seul petit village, dans tout le royaume, où par ce moyen on ne connût l'existence de la religion du Maître du ciel. Des conversions nombreuses suivirent de près la mort des glorieux martyrs, confirmant ainsi une fois de plus la parole de Tertullien : « *Sanguis Martyrum, semen christianorum*. Le sang des martyrs est une semence de chrétiens. »

III

LE PÈRE JACQUES TSIOU (1794-1801)

Le 25 décembre 1794, le P. Jacques Tsiou arrivait à la frontière septentrionale de la Corée, où il avait donné rendez-vous à quelques chrétiens chargés de l'introduire dans leur pays. C'était un jeune prêtre chinois, de la province du Kiang-Nan, remarquable par sa piété et sa science. L'évêque de Pékin, touché par les infortunes de la Corée et les sollicitations réitérées des chrétiens, avait jeté les yeux sur lui pour l'exécution de ce projet difficile.

La surveillance des douanes était faite très sévèrement. Cependant, grâce à un déguisement, à sa physionomie assez semblable à celle des Coréens et à la faveur des ténèbres, le P. Jacques réussit à tromper la vigilance des gardes et franchit, sans aucune mésaventure, la terrible frontière. Il avait échangé ses habits chinois contre la redingote de toile et le large pantalon coréen; sa longue tresse de cheveux avait été dénouée, puis relevée en touffe sur le sommet de la tête. Un large chapeau de bambou tressé dérobait en partie les traits de son visage aux curieux, tandis que ses jambes couvertes de las coréens, et ses pieds chaussés de sandales d'un bois assez dur mais léger, complétaient son nouveau costume.

Le fleuve Apno sert de limite naturelle aux deux pays. Pien-men est bâti sur la rive chinoise et la ville d'Ei-tsiou s'élève en face, sur la rive opposée. C'est là que quelques vaillants chrétiens attendaient le P. Jacques pour le conduire à la capitale, où il devait se cacher plus aisément qu'ailleurs.

Séoul, en effet, est une ville immense, où les habitants sont inconnus les uns aux autres, et où personne, à moins de motifs particuliers, ne s'occupe de rechercher la condition et la qualité de ses voisins. Il était donc plus facile au prêtre d'aller s'y cacher, à quelques pas du palais royal et presque sous la griffe même des satellites, que de se retirer dans un petit village isolé où sa sûreté personnelle aurait dépendu de la discrétion d'une foule de gens qui l'auraient eu bientôt connu. Son audace n'était donc que de la prudence.

Une maison avait été préparée à l'avance pour le bon prêtre, dont le courage et le zèle ravissaient d'admiration tous les chrétiens. Sa présence réconforta le petit troupeau à tel point, que, bravant tous les dangers, une multitude de néophytes s'approchèrent des sacrements. Heureux de posséder un prêtre au milieu d'eux, afin de jouir du bienfait de son ministère, ils oublièrent même les précautions que la prudence conseillait. Le P. Tsiou, afin d'être plus utile aux ignorants comme aux savants, se mit avec ardeur à l'étude du coréen, qui est la seule langue connue du peuple et, au bout de trois mois, il pouvait déjà confesser et prêcher suffisamment bien.

Le jour de Pâques 1795 fut un jour de joie bien vive pour les néophytes. Le P. Jacques avait revêtu son plus bel ornement, et, sur un bien modeste autel sans doute, il offrit le saint sacrifice en présence des principaux chrétiens. Pour la première fois, le sang très pur de Jésus-Christ était offert sur cette terre infidèle !

Comme à cette occasion le prêtre avait préparé à faire leur première communion quelques fidèles, la nouvelle de cette touchante cérémonie excita dans le cœur des autres une pieuse jalousie. L'affluence augmenta de jour en jour dans la maison qui lui servait de retraite, et l'on s'empressa même de lui amener de nouveaux catéchumènes qui désiraient le baptême. Quant à lui, peu encore au courant des dangers de sa situation et entraîné par un zèle ardent qu'excitaient encore ses succès, il ne modérait que faiblement ces imprudentes et indiscrètes manifestations qui devaient lui coûter bientôt si cher.

On était arrivé au mois de juin, et jusque-là, endormis dans une fausse sécurité, les chrétiens de la capitale jouissaient sans trop d'appréhension du bonheur de posséder un prêtre auprès d'eux, lorsque subitement, le 27 de ce mois, des satellites envoyés par la cour firent irruption dans la maison du P. Jacques. Un traître l'avait dénoncé aux ennemis des chrétiens. Averti cependant assez tôt, le prêtre put s'esquiver et passer inaperçu dans une autre maison. Mathias Tsoï, par sa présence d'esprit, fut le sauveur du prêtre en ce danger pressant. La maison lui appartenait. Quand il sut que les satellites arrivaient, tandis que le P. Jacques s'échappait, il se coupa vite les cheveux de façon à imiter l'étranger, et, en sa qualité d'interprète, comme il parlait facilement le chinois, il s'en servit pour dépister les prétoriens et les empêcher d'atteindre leur proie.

« Où est le Chinois? s'écrient ceux-ci en se précipitant dans sa maison.

— C'est moi, » leur répond-il avec beaucoup de calme.

Quelques instants après, il était entraîné devant le juge.

Le prêtre chinois avait la barbe assez fournie, le visage de Mathias, au contraire, en était dépourvu. La méprise des gardes ne pouvait durer longtemps; aussi la firent-ils expier cruellement au généreux chrétien en déchargeant sur lui leur colère.

Ce même jour furent arrêtés Paul Ioun et Sabas Tsi, dénoncés au gouvernement comme ayant introduit l'étranger en Corée. Les juges croyaient par leurs aveux pouvoir découvrir la retraite du P. Tsiou. Aussi, la nuit même de leur arrestation, les deux prisonniers eurent-ils à subir les tortures les plus cruelles. Mais tout fut inutile; ils ne firent aucune révélation touchant le prêtre. Tandis que les bourreaux s'acharnaient sur leurs victimes, qu'ils leur broyaient les genoux et les jambes à coups de bâtons et de la planche destinée aux voleurs insignes, une joie toute céleste inondait leur visage. Cette nuit-là même, ils consommèrent leur martyre dans la prison, et leurs corps furent jetés dans le fleuve.

Le roi, il faut bien encore le remarquer, en cette occasion, manifesta plus que de la répugnance pour les mesures violentes auxquelles on l'excitait. Il ordonna de relâcher les chrétiens que l'on avait jetés en prison, et fit cesser même les poursuites contre le P. Tsiou, qui n'aurait certainement pas pu échapper indéfiniment aux poursuites de ses ennemis. L'asile cependant où il se tenait caché était sûr, et de là il pouvait longtemps encore braver la police et ses recherches. Une généreuse chrétienne, nommée Colombe Kang, lui avait donné l'hospitalité à l'insu même des personnes de sa maison. Colombe était de famille noble et habitait une maison de la capitale avec sa belle-mère et son beau-fils. Son mari, homme débauché, l'avait abandonnée, en sorte qu'elle jouissait de toute sa liberté.

Grâce à la prudence de Colombe et avec quelques précautions, le P. Tsiou pouvait se croire en sûreté dans cet abri, que, du reste, les usages du pays concouraient à rendre inviolable. La maison des nobles en Corée est, en effet, fermée aux agents de la police, et ceux-ci ne peuvent y pénétrer que dans des cas exceptionnels et munis d'ordres supérieurs. Bien que réduit à la pauvreté, ne possédant aucune charge et n'exerçant aucune influence, le plus petit noble sait toujours faire respecter sa qualité, et dans une circonstance de violation de sa maison, il trouverait dans ses esclaves ou ses voisins des auxiliaires toujours prêts à venger son insulte et faire payer cher aux satellites leur zèle imprudent. La loi même le soutiendrait s'il réclamait devant les tribunaux, car il y a sentence de mort pour quiconque oserait, sans permission, franchir le seuil d'une maison noble et violer ainsi les droits de ceux qui l'habitent.

Pour ce qui regarde les appartements des femmes, l'entrée est encore plus sévèrement interdite que celle de la maison. Les parents, même les plus proches, n'y sont point admis, et les petits garçons de la famille, lorsqu'ils atteignent l'âge de douze ans, en sont repoussés rigoureusement. L'appartement ou la maison d'une femme noble surtout est donc un asile doublement inviolable, et quiconque s'y réfugierait, à part le cas de rébellion, ne saurait en être violemment arraché.

Telle était donc la retraite où la persécution avait contraint le P. Tsiou de fuir. Instruit par l'expérience, il tint ses démarches plus secrètes, au point qu'il n'y avait guère que la courageuse Colombe Kang qui connût où il se rendait. Peu à peu il fut oublié, et un grand nombre de chrétiens éloignés de la capitale ignoraient sa présence en Corée. Dans ses visites à des familles dévouées, tous n'étaient même pas admis à le voir, et personne ne parlait jamais de ces visites. Bien qu'il fût obligé de fuir la lumière et de rester inconnu à ses ouailles, la présence du P. Jacques Tsiou avait des résultats extraordinaires. Les chefs de famille se sentaient soutenus et, à leur tour, encourageaient les autres chrétiens. Dans sa solitude il écrivait des instructions que les catéchistes lisaient avec beaucoup de fruit dans les réunions. Puis il composa ou traduisit du chinois en coréen des livres de prières et d'explications de la religion, où sa foi et son zèle se peignaient vivement.

Quant il crut le moment favorable, il sortit de sa cachette et avec les plus grandes précautions passa dans des districts plus éloignés. En dépit de la persécution, un grand nombre d'infidèles reçurent le baptême et parmi eux quelques-uns de haute naissance.

Il y avait alors à l'île de Kang-hoa, non loin de Séoul, un royal exilé, le frère même du roi régnant Tsieng-tsong. Son fils avait été mis à mort sous prétexte de rébellion. Toute la famille aurait dû, selon la loi coréenne, être anéantie. Mais, suivant encore en cette circonstance la douceur naturelle de son caractère, le roi se contenta d'exiler son frère, sa femme et sa belle-fille dans un palais de cette île. Le malheur avait préparé les âmes des deux princesses, et ce fut avec joie qu'elles entendirent parler de cette religion qui promet à tous ses enfants des couronnes immortelles. Dans une de ces visites, le P. Tsiou les baptisa ainsi que plusieurs de leurs servantes. Il y prolongea son séjour d'autant plus volontiers que l'isolement de ce palais lui offrait une certaine sécurité. Par des conversations fréquentes, dans ces visites il sut animer ces pieuses princesses et leurs suivantes d'un tel zèle pour la religion qu'il en fit autant d'apôtres. Le prince exilé, bien qu'il ne voulût point recevoir le baptême, voyait cependant le prêtre volontiers, et il paya plus tard de sa vie son indulgente complicité. Trois ans après, grâce aux intrigues de ses ennemis, il fut contraint de boire le poison, ainsi que les princesses qui avaient reçu le prêtre chinois. Les servantes eurent même aussi la gloire de mourir sous le glaive.

Le zèle du P. Jacques Tsiou le porta à instituer la pieuse confrérie de l'*Instruction chrétienne* pour suppléer à l'immobilité et au silence où il était souvent condamné. Ceux qui en faisaient partie répétaient partout les instructions du prêtre, faisaient des prosélytes chez leurs parents et amis, et par leur moyen tous les chrétiens pouvaient à peu près communiquer entre eux. Quant à voir le prêtre, malgré l'ardent désir de beaucoup de fervents fidèles qui auraient voulu recevoir les sacrements, cela n'était accordé qu'avec des précautions minutieuses et à un très petit nombre. Deux chrétiens qui furent martyrisés plus tard, éloignés de quatorze lieues de la capitale, y vinrent sept ou huit fois uniquement pour voir le prêtre ou du moins communiquer avec lui. Ceux qui veillaient sur le P. Tsiou ne les laissèrent point arriver jusqu'à lui ! Dans la suite la nouvelle de sa mort, en les rendant certains qu'ils avaient été si près de lui sans le voir, augmenta leurs regrets. Cette conduite et ces démarches ne seront-elles point un jour la condamnation de cette indolence et de cette indifférence de tant d'âmes pour leur salut, bien qu'elles soient entourées de tous les secours de la religion ?

Tandis que le christianisme faisait des progrès très consolants en Corée, et que le P. Tsiou, grâce à des précautions inouïes, exerçait ainsi son zèle à l'égard de son petit troupeau, pour le malheur des chrétiens, le bon roi Tsieng-tsong vint à mourir (1800). Son fils était encore trop jeune pour régner, et la régence fut confiée à son aïeule, femme dont l'ambition ne recula devant aucun moyen pour affermir son autorité personnelle.

Voici, d'après le martyr Alexandre Hoang, quelle était la situation politique de la Corée à cette époque, situation qu'il faut bien se rappeler si l'on veut saisir la raison de tant de persécutions succédant, presque sans transitions, à des périodes de calme et de paix.

« Les nobles, depuis de longues années, étaient divisés en quatre partis. Les deux principaux étaient celui des No-ron et celui des Nam-in, qui, à leur tour, s'étaient subdivisés en deux camps, celui des Si-pai et celui des Piek-pai. Les Si-pai, soit de la faction Nam-in, soit de celle des No-ron, étaient entièrement dévoués au roi, et le soutenaient contre les vues ambitieuses et personnelles des Piek-pai, toujours disposés à faire de l'opposition à l'autorité de leur souverain. Les ennemis les plus acharnés des chrétiens étaient des Piek-pai. Les Nam-in Si-pai étaient moins nombreux. Ce fut parmi eux que la religion se développa d'abord, et, quoique plusieurs de leurs chefs eussent abandonné la foi afin de conserver leurs emplois, eux, du moins, n'étaient point hostiles aux chrétiens. »

Cette situation des partis politiques en Corée, à la mort du roi Tsieng-tsong, jette du jour sur les causes des persécutions qui, bientôt après, firent tant de victimes. Le roi, en effet, redoutait l'esprit révolutionnaire des Piek-pai, dont le nombre et l'audace croissaient tous les jours. Il favorisait au contraire le parti des Nam-in Si-pai, parmi lesquels il trouvait des hommes intelligents et dévoués à sa personne.

A la mort du roi, la régente prit elle-même en main la direction des affaires, au nom de son fils encore enfant. Tandis que les ministres étaient réunis, elle abaissa la grille à bambous qui la séparait d'eux et leur signifia ses volontés. Pour fortifier son autorité, elle retira les charges à ceux qui tenaient contre elle, pour les confier à d'autres plus dociles et spécialement à leurs ennemis politiques, les No-ron Piek-pai. Comptant sur leurs rancunes politiques et religieuses et afin de se lier davantage, à peine le délai légal fixé pour le deuil du roi écoulé, elle lança un violent édit contre la religion chrétienne et ses disciples.

La haine de la régente fut bien secondée. La proclamation de cet édit fut comme une torche enflammée dans toute la Corée. Partout où il y avait des chrétiens, on fit des arrestations. Sous prétexte de rébellion, on alla même jusqu'à forcer les maisons des nobles et, contre tous les usages, on traîna même des femmes et des jeunes filles devant les tribunaux. Sous les efforts de cette tempête, l'Église de Corée planta plus vigoureusement encore ses racines dans cette terre qu'arrosait le plus pur sang de ses enfants; elle enrichit le ciel d'une foule de martyrs. Devant la mort, au milieu des plus cruelles tortures, ils furent les dignes frères des héros de Rome, au temps des Néron et des Dioclétien.

Le fameux philosophe Ambroise Kouan, frère aîné de Xavier, au milieu des supplices, semblait assis à un festin et par son calme invincible étonnait ses ennemis. Thomas Tsoi, frappé d'un premier coup de sabre par la main tremblante d'un bourreau maladroit, portant la main à la blessure de son cou, la retirait teinte de sang et s'écriait :

« O précieux sang! »

Au même instant, un second coup de sabre lui ouvrait le ciel.

A son tour, l'apôtre zélé du Naï-po, Louis de Gonzague Ni, après cinq années de surveillance de la police, le corps broyé dans des supplices affreux, portait enfin sa tête sur le fatal billot: elle ne tomba qu'au sixième coup. Alexandre Hoang, de la caste méprisée des tueurs de bœufs, après une vie passée dans la pratique des plus rares vertus, comparaissait aussi devant les juges. Battu avec une telle violence qu'une de ses jambes en resta brisée, il s'écriait encore :

« Non, non, dussé-je souffrir dix mille fois plus, je ne renierai jamais Jésus-Christ! »

Porté sur une civière au lieu de son supplice, à cause de sa jambe brisée, il conserva une sainte gaieté jusqu'au dernier moment.

Barbe Sim, jeune fille de dix-neuf ans, avait consacré sa virginité à Dieu. Elle se rendit au-devant des satellites qui venaient l'arrêter; elle fit une courageuse confession de sa foi ; elle remporta la double palme du martyre et de la virginité. Ainsi Dieu, qui ne fait acception de personne, cueillait dans tous les rangs et tous les états des fleurs suaves dont il voulait orner le ciel. De nouveau, il confondait la fausse sagesse des méchants par ce qui leur paraît le plus faible et le plus méprisable!

Toutes ces tristes nouvelles venaient coup sur coup accabler le cœur du P. Tsiou. Sa position lui parut bientôt perdue, et il jugea impossible un plus long séjour en Corée. La police le recherchait avec activité, et à son occasion elle opérait de nombreuses arrestations, suivies d'affreuses tortures pour les victimes. Il se décida à repasser pour un temps la frontière chinoise, afin de laisser l'orage s'apaiser peu à peu. Il partit donc et arriva à Li-tsiou, en face de Pien-men, la ville chinoise. Puis, sur le point de franchir le fleuve, éclairé sans doute par une inspiration soudaine, il rebroussa chemin et rentra à Séoul, résigné à tout événement.

La courageuse chrétienne qui avait été jusque-là sa providence venait d'être mise en prison avec tous ceux de sa maison. Une pauvre esclave, vaincue par les tortures, finit par déclarer tout ce qu'elle savait, et donna sur le prêtre les indications les plus détaillées. Les recherches furent multipliées, et le signalement du P. Tsiou envoyé jusque dans les provinces les plus éloignées, avec promesse de fortes récompenses à quiconque le livrerait. Dès lors, tout était perdu.

Un matin, à peine la cloche donnait-elle le signal qu'on pouvait circuler dans les rues, que le P. Tsiou quitta sa retraite sans dire où il allait. Il renvoya même, d'un geste de son éventail, un chrétien qui le suivait. Quelques moments après, il se présentait au Kuem-pou, la grande prison destinée aux criminels d'État.

« C'est moi, dit-il en s'adressant aux satellites qui étaient à la porte, qui suis cet étranger, ce chef de la religion, que vous recherchez vainement dans tout le royaume. Il paraît vraiment qu'il n'y a pas un seul homme habile parmi vous, puisque jusqu'à présent on n'a pas encore pu me prendre ! »

Les soldats furent bien surpris d'une pareille audace. Tout joyeux d'une si facile capture, ils le chargèrent de chaînes et le conduisirent devant le mandarin.

« Pourquoi, lui demanda celui-ci, êtes-vous venu en Corée ?
— Grand mandarin, je n'ai eu qu'une pensée en y entrant : prêcher la vraie religion et sauver les âmes de ce pauvre peuple. »

Le juge le questionna ensuite sur les endroits où il avait séjourné et sur les personnes qu'il avait fréquentées. Mais ce fut en vain. Le P. Tsiou fut très prudent et ne compromit aucun chrétien. Il profita même de l'affluence des curieux aux débats du procès, afin de faire une éloquente apologie de la religion. Mais ceux-ci étaient trop irrités pour que la parole du généreux confesseur produisît une impression salutaire sur leur esprit prévenu.

Selon le traité conclu entre la Chine et la Corée, le P. Tsiou aurait dû être remis aux autorités de son propre pays. Elles seules devaient le punir du crime qu'il avait commis en franchissant la frontière coréenne. Les ministres tinrent plusieurs fois conseil à ce sujet et préférèrent ne point lâcher leur proie. Ils votèrent donc sa mort, et la régente donna son approbation à cette audacieuse conduite. Un général fut désigné pour exécuter la sentence; mais la crainte de se trouver compromis dans une affaire qui pouvait avoir des suites désagréables le fit tomber malade à propos, et un autre fut nommé à sa place.

Jusqu'à ce moment on avait épargné au P. Tsiou les tortures accoutumées dans les interrogatoires. Mais on ne tint pas la même réserve, dès que la sentence de mort eut été portée. On lui appliqua selon l'usage, au sortir de la prison, une cruelle bastonnade sur les jambes, puis on le conduisit sur le lieu destiné aux exécutions militaires des grands criminels d'État.

Porté en litière, le confesseur de la foi dominait de toute la tête la foule des curieux accourus pour considérer le grand chef des rebelles. A une lieue de la ville, après avoir accepté une tasse de vin de riz, il lut avec calme la sentence de mort portée contre lui. Alors, élevant la voix avec force, il s'écria :

« Je meurs pour la religion du Seigneur du ciel! Malheur à vous, hommes de Corée! Dans dix ans votre royaume éprouvera de grandes calamités. Alors vous vous souviendrez de moi. »

Après qu'il eut ainsi parlé au peuple, on lui perça chaque oreille d'une flèche qu'on y laissa suspendue par le fer; on le promena trois fois autour de l'assemblée, qui faisait un grand cercle au centre duquel il fut ramené. Là, il se mit à genoux et inclina la tête.

Au commandement de leur chef, les soldats commencèrent une série d'évolutions autour du martyr, tout en déchargeant leurs sabres sur son cou. Il était quatre heures de l'après-midi, le 31 mai 1801. Le P. Jacques Tsiou n'avait que trente-deux ans.

Dieu sembla, au moment même de sa mort, manifester sa colère. Le ciel, jusque-là pur et serein, se couvrit subitement de sombres nuages pendant les longs préparatifs de l'exécution. Un horrible ouragan éclata, et la violence du vent, les éclairs sillonnant les ténèbres devenues très épaisses jetèrent l'effroi dans le cœur des témoins de cette scène. L'âme du saint martyr s'était à peine envolée que la tempête cessait, et le soleil, jusque-là voilé, reprit presque subitement son éclat.

Quelques jours après, les chrétiens réussirent à s'emparer des restes vénérés du P. Tsiou et les enterrèrent secrètement. D'après les relations coréennes, des guérisons extraordinaires eurent lieu par son intercession, et la mémoire du saint prêtre est restée gravée dans les traditions populaires, bien que le lieu de sa sépulture soit maintenant ignoré.

Dieu, dans sa miséricorde, n'avait fait que montrer cette vive lumière à l'Église de Corée, et les effets en furent merveilleux. Le P. Tsiou demeura six ans dans la Corée, et, malgré les circonstances qui paralysèrent son zèle, le nombre des chrétiens de quatre mille s'éleva à dix mille. Ses vertus apostoliques et ses rares talents l'avaient rendu cher à tous les chrétiens, que sa mort plongea de nouveau dans l'abandon.

Quelques explications furent, paraît-il, demandées par la cour de Pékin au roi de Corée, par rapport à cette exécution. Pour s'excuser, le roi envoya une lettre avec une certaine somme d'argent, qui eut le don de calmer la colère de l'empereur et de le convaincre que l'origine chinoise du P. Tsiou n'avait été connue qu'après sa mort, par les dépositions tardives d'autres coupables.

IV

COLOMBE KANG, MARTYRE (1801)

Colombe Kang naquit dans la province de Naï-po, d'une famille de demi-nobles. C'est ainsi que l'on appelle en Corée ceux dont la noblesse a été ternie par une mésalliance. Toutefois ses parents avaient conservé tous les privilèges des grandes familles ; son père portait le bonnet de crin, signe distinctif d'une haute noblesse, et pouvait aspirer aux charges et aux emplois secondaires du royaume.

Colombe était douée d'une nature supérieure; son esprit pénétrant et avide de connaître la portait à l'étude des livres chinois qui traitaient de philosophie et de religion, et l'éducation qu'elle reçut de son père, jointe aux belles qualités de son cœur, la distinguait de toutes ses compagnes. Elle avait un grand désir de devenir vertueuse, embrassait dans ce but toutes les pratiques religieuses des bonzes, et elle eut même la pensée de tout abandonner pour vivre dans la solitude d'une pagode.

À peine sortie de l'enfance, elle fut donnée, selon les usages du pays, en mariage à un homme d'égale noblesse, déjà veuf, d'un caractère bien différent et d'une éducation très négligée. Son esprit borné, sa volonté faible et ses manières dures et grossières étaient une source de peines pour cette jeune fille si distinguée.

Si ses parents l'eussent consultée, le choix de Colombe ne se serait sans doute pas porté sur un tel homme, qui ne pouvait la rendre heureuse. Mais en Corée, comme dans tous les pays où la religion n'a pas encore retiré la femme de son état d'abjection, elle compte pour si peu dans la société ou dans la famille, qu'elle n'est pas même libre de laisser parler ses goûts dans une question aussi importante pour son bonheur. On marie donc les jeunes filles sans les consulter, et souvent c'est pendant la cérémonie même du mariage qu'elles aperçoivent pour la première fois leur mari ou plutôt leur futur maître.

Le but du Coréen, comme celui de tout païen en se mariant, n'est pas de choisir une épouse sur laquelle il puisse reposer son affection, mais plutôt d'acquérir une esclave dévouée et soumise par état à se plier à tous ses caprices. Jamais donc de cordialité entre époux, jamais de cette intime confiance fondée sur l'estime et la tendresse réciproques.

Colombe apprit donc un jour qu'elle était accordée à un veuf qu'elle n'avait jamais vu. Au jour de son mariage, on lui releva sa longue chevelure sur le haut de la tête, selon l'usage des femmes mariées; elle salua solennellement, devant la famille assemblée, son nouveau mari assis sur une petite estrade, et, le mariage ainsi terminé, elle partit avec lui pour la demeure conjugale.

La rudesse de cet homme fut pour elle une source de chagrins continuels. Sa belle-mère, femme d'un caractère brusque et violent, ne contribuait guère à maintenir la paix entre les deux époux. Cependant Colombe se résolut à la gagner par sa douceur et à lui être agréable en toute occasion. Ce fut alors qu'elle entendit parler, pour la première fois, de la religion « du Maître du ciel ».

Ce nom piqua sa curiosité, et elle voulut savoir ce que c'était que cette religion inconnue. Elle lut plusieurs livres et vit que là seulement se trouvait la vérité. Elle se mit à la pratiquer aussitôt selon les lumières et la connaissance qu'elle en avait, avec une ferveur admirable. Ses désirs se portèrent plus loin, et bientôt elle n'eut d'autre pensée que la conversion de son mari et de toute sa famille. Souvent elle leur parlait des beautés de la religion chrétienne et les exhortait avec tant d'éloquence à se faire baptiser, que son mari lui disait naïvement :

« C'est vrai ; oui, tout ce que tu nous dis là est très vrai ! »

Seulement lorsque les ennemis de la nouvelle doctrine en parlaient mal devant lui, vilipendaient ses saintes pratiques, cette âme faible applaudissait avec la même conviction à leurs haineuses paroles. Colombe le reprenait alors avec énergie, lui reprochait son peu de courage et sa versatilité d'esprit. Le pauvre homme avouait ses torts, quitte à recommencer de plus belle à la prochaine occasion.

La belle-mère de Colombe fut plus docile que son fils. Elle voulut embrasser une religion dont sa belle-fille pratiquait les vertus d'une manière si aimable. Sa seule difficulté était d'abandonner le culte des ancêtres. En vain, Colombe lui démontrait-elle la vanité et l'absurdité de semblables superstitions, la vieille païenne ne pouvait ni surmonter ses préjugés d'enfance ni renoncer aux tablettes vénérées. Colombe priait Dieu d'éclairer cette âme. Un jour que sa belle-mère balayait avec soin la salle où sont déposées les tablettes, un fracas terrible se fit entendre qui ébranla toute la maison sans qu'on pût en savoir la cause. Elle court tout effrayée se réfugier dans les bras de Colombe et abjure sans retour toutes ses vaines superstitions. Peu après cette conquête, le père et la mère de la jeune femme se convertissaient aussi, et plus tard tous deux firent une fin très édifiante.

On était en 1791, et plusieurs confesseurs de la foi gémissaient dans les fers, victimes de la persécution qui essayait ses forces contre les chrétiens. Colombe, dont le courage croissait avec le danger, se dévoua à porter elle-même à la prison de la nourriture aux confesseurs. Son audace fut punie bientôt, car on l'arrêta et on la conduisit au gouverneur. Celui-ci, frappé de la fermeté de la courageuse chrétienne, pensa qu'il ne gagnerait rien à la tourmenter, et il la renvoya sans même lui parler d'apostasie.

Son mari, effrayé par le zèle et l'attachement que Colombe montrait pour la religion, craignit de se trouver compromis dans de fâcheuses affaires. Pour se disculper donc aux yeux de ses amis païens, il la renvoya de sa maison.

Se trouvant libre par l'abandon de son mari, Colombe partit pour la capitale avec sa belle-mère et un fils de son mari, afin d'être plus à même d'observer exactement toutes les pratiques de la religion au milieu des chrétiens.

Ses qualités et spécialement l'énergie de son caractère la mirent bientôt en relief parmi les autres femmes, et peu à peu les chefs mêmes des chrétiens s'habituèrent à la consulter dans les affaires importantes. Ce fut elle qui les encouragea dans leur projet de faire pénétrer le Père Tsiou en Corée. Elle fut bien récompensée de son concours dévoué, lorsque, peu après son arrivée à la capitale, le prêtre lui conféra le baptême.

Le Père Tsiou sut mettre à profit le zèle et la science de Colombe. D'après les usages du pays, il lui était impossible de se mettre en relations directes avec les femmes, même pour les instruire. Il chargea donc la pieuse néophyte de le remplacer dans ce ministère important; elle s'en acquitta avec une activité et une intelligence au-dessus de tout éloge. Toutes les portes s'ouvraient devant elle, et elle s'occupait de ranimer le courage et la foi de beaucoup de femmes nobles que leur rang retenait prisonnières dans leur maison. Ce fut elle qui prépara les voies pour faire pénétrer le Père Tsiou jusqu'auprès des princesses royales exilées à Hang-hoa et les instruisit pour le baptême. Nommée zélatrice de la confrérie de l'Instruction chrétienne, elle se servit de son titre pour encourager les femmes à exercer une influence pratique autour d'elles, et en fit autant d'apôtres dans leurs familles.

Depuis six mois, le Père Tsiou était à la capitale, quand on commença d'actives recherches pour le découvrir. Avertie à temps, Colombe résolut de le sauver. Elle le cacha dans le bûcher de sa maison et l'y nourrit pendant trois mois, à l'insu même des personnes qui vivaient avec elle. Craignant les indiscrétions, elle n'osait s'en ouvrir à sa belle-mère et à son beau-fils Philippe. À la fin, elle résolut de les attendrir et de les gagner à la cause désespérée du prêtre.

Affectant le plus grand chagrin, elle se mit à gémir et à pleurer presque continuellement, puis à refuser la nourriture et le sommeil. Sa belle-mère l'aimait beaucoup, et, redoutant qu'elle ne vint à tomber malade, elle lui demanda la cause de son chagrin.

« Ah! lui dit Colombe, qui ne serait affligé en songeant à l'état misérable où doit être réduit notre prêtre? Il est venu ici au péril de sa vie pour sauver nos âmes, et le voilà aujourd'hui sans asile. Quelle pitié! Tenez, j'ai une idée. Je vais m'habiller en homme, je parcourrai le pays afin de le découvrir et de lui porter secours.

— Mais si vous partez ainsi, répliqua la belle-mère, que deviendrai-je, moi, toute seule? Je veux vous suivre et mourir avec vous.

— Vénérable mère, dit alors Colombe, que je suis heureuse de vous voir dans de si ferventes dispositions! Eh bien, dites-moi, si le prêtre se présentait ici, oseriez-vous le recevoir? Dites oui, et je resterai avec vous jusqu'à la mort.

— Je ne veux point me séparer de vous, dit alors la mère. Faites ce que vous voulez. Soyez heureuse, et cela me suffit. »

Le Père Tsiou fit alors son entrée dans la salle d'honneur de la maison. Il put y demeurer trois ans sans danger, protégé par l'usage coréen qui défend à tout étranger le seuil de la maison des nobles. C'était de là qu'il communiquait avec les quelques chrétiens initiés au secret de sa présence, et c'était Colombe qui lui fournissait tout ce qui était nécessaire à son entretien. Ainsi mêlée par les circonstances à toutes les affaires importantes qui intéressaient les chrétiens, elle exerçait une influence décisive sur les hommes même les plus énergiques, et ses vertus, rehaussées par son éducation et sa persuasive éloquence, lui attiraient tout le monde.

« Elle gagnait tous les cœurs par sa charité ardente, comme le feu embrase la paille. Dans les difficultés, elle tranchait les affaires les plus compliquées avec la même dextérité qu'une main sûre coupe et divise une touffe de racines enlacées. Tous se conformaient à ses vues avec la même précision que le son d'une cloche suit le coup de marteau. »

Ainsi s'exprime une relation coréenne au sujet de cette femme forte que Dieu avait placée auprès du berceau de l'Église coréenne.

Plusieurs jeunes filles résolurent d'imiter Colombe dans sa conduite et ses bonnes œuvres. L'une d'elles, Agathe Ioun, avait, de son propre mouvement, voué à Dieu sa virginité. Mais, en Corée, une jeune fille n'étant pas libre de ne pas se marier, comme elle craignait de rencontrer des difficultés à l'exécution de son vœu de la part de ses parents, elle prit des habits d'homme, trempa les siens dans du sang et s'enfuit à la capitale chez un oncle. Sa mère crut qu'un tigre avait dévoré la jeune fille, et elle la pleura amèrement. Agathe longtemps après revint cependant à la maison paternelle. Elle tint bon contre les murmures et les prières de sa famille, et, ne songeant qu'à l'affaire de son salut, elle partit pour la capitale avec sa mère. Elle y fut témoin du supplice de son cousin Paul Ioun et obligée de se tenir cachée pour éviter d'être saisie. Enfin elle se retira auprès de Colombe, qu'elle aidait dans l'éducation des jeunes filles.

La mortification d'Agathe était très grande, et Dieu sembla la récompenser par des faveurs spéciales. Elle raconta au prêtre des visions qu'elle avait eues, craignant d'être le jouet du démon, visions que celui-ci paraissait regarder comme des indices de sa vertu. Elle était très dévote à sa patronne sainte Agathe, et s'écriait quelquefois :

« Que je serais heureuse si, un jour, je pouvais être martyre comme elle ! »

L'autre compagne de Colombe s'appelait Bibiane Moun. Dès l'âge de sept ans, sa beauté et son intelligence précoce avaient frappé l'attention des émissaires du palais, chargés de recruter les jeunes filles pour le service de la cour. Elle fut élevée avec soin dans le palais du roi, et, comme elle écrivait très bien, on lui confia les écritures.

Ces jeunes filles du palais, quoique vouées par état à une perpétuelle continence, sont néanmoins exposées à de grands dangers au milieu d'une cour toute païenne.

La mère de Bibiane, qui était chrétienne, se désolait de la

condition de sa fille à cause du péril qu'elle courait de perdre la foi. Bibiane elle-même regrettait son esclavage.

« Que vous êtes heureuses! disait-elle souvent à ses sœurs restées à la maison; vous pouvez, du moins, servir Dieu à votre aise. Pour moi, qui suis captive au palais, je ne le puis à cause des superstitions auxquelles je suis obligée de prendre part. Plus tard, quand je serai vieille et que je pourrai sortir d'ici, oh! alors je me convertirai. »

Un soir, elle se sentit frappée subitement d'une vive douleur au cerveau. Elle perdit connaissance, et son état devenant plus grave, on la renvoya à sa mère pour être soignée. Comme sa vie était en danger, on la baptisa, et le lendemain elle était guérie. Par une sorte de miracle, toutes les fois que les médecins ou les gens du palais s'approchaient d'elle, un de ses bras ou une de ses jambes se raidissait et paraissait comme mort. Dès qu'ils sortaient, elle riait aux éclats des remèdes inutiles qu'ils lui prodiguaient. Ceux-ci, fatigués de donner leurs soins à une malade inguérissable, la firent rayer de la liste des filles du palais, et c'est ainsi que Bibiane recouvra sa liberté. Elle voulut se donner à Dieu plus spécialement et se retira auprès de Colombe.

Ces trois chrétiennes passaient leur temps à servir le prêtre et à former les jeunes filles et les femmes à la vertu. Elles se croyaient à l'abri de la persécution, d'après les lois coréennes qui méprisent trop la femme et ne la jugent pas responsable de ses actes devant les tribunaux à cause de la faiblesse naturelle de son sexe. La rage des persécuteurs ne devait s'arrêter devant aucune barrière. Les satellites lancés à la poursuite du Père Tsiou, n'ayant pas pu le rencontrer, vinrent, contre tous les usages, arrêter Colombe et tous ceux de sa maison. Ses deux compagnes avaient eu le temps de se mettre en sûreté, quelques jours auparavant.

Partout et pour tout le monde une prison est un triste séjour; mais, en Corée, c'est un lieu affreux. Les captifs y sont dans l'ordure, en proie aux horreurs de la faim et de la soif et tourmentés par la vermine la plus dégoûtante. A cause de sa noblesse et de son éducation, le sort de Colombe, sans protection contre les insultes de ces gens grossiers et sans retenue, était plus amer encore.

Cependant elle ne se laissa pas plus abattre par les durs traitements des geôliers que par les supplices des interrogatoires. Traitée en rebelle, elle fut conduite devant le juge comme un vulgaire criminel et soumise à d'affreux tourments pour la forcer à dévoiler la retraite du prêtre. Jusqu'à six fois on lui fit subir l'écartement des os, supplice atroce qui révolte l'imagination. Après avoir lié ensemble ses jambes à la hauteur des genoux et des chevilles, deux bourreaux y passaient deux bâtons qu'ils forçaient en sens opposé, faisant ainsi ployer les os sous leurs violents efforts. Pendant cette épouvantable torture, Colombe gardait le silence et paraissait insensible, au point que les soldats du prétoire disaient entre eux:

« C'est un génie et non pas une femme! »

Plusieurs fois elle étonna ses juges par son éloquence et sa hardiesse à prêcher la religion au milieu même du prétoire. Elle donnait des preuves si claires de la vérité et de l'origine divine du christianisme, qu'elle soutenait par des arguments tirés des livres de Confucius et d'autres philosophes païens, que les mandarins étaient stupéfaits de trouver tant de science dans cette faible femme. Ils l'appelaient la savante, la femme sans pareille, et disaient « qu'elle leur coupait la respiration » par ses sages répliques. Mais la haine de la vérité fut plus forte chez ces esprits lâches et inconséquents, et ils prirent tous les moyens pour arracher un acte d'apostasie à Colombe. Dieu soutint sa fidèle servante.

Par une permission de la Providence, on arrêta bientôt les compagnes de Colombe et on les jeta dans la même prison. Ces pieuses filles, oubliant l'horreur de leur sort, changèrent ce lieu détestable en un séjour de paix et de prières. Elles s'encourageaient mutuellement et exhortaient les autres confesseurs à suivre avec générosité la voie du martyre.

Un jour, Colombe aperçut de loin son beau-fils Philippe, comme elle prisonnier et qui semblait avoir faibli dans les tourments de l'interrogatoire.

« Mon fils, lui cria-t-elle, prends courage : Jésus-Christ est au-dessus de ta tête et te regarde. Ne t'aveugle point et ne va pas te perdre. Encore une fois, courage et songe au bonheur du ciel ! »

Fortifié par cette exhortation maternelle, Philippe tint bon et reçut quelques mois plus tard la couronne du martyre.

Le juge fut touché de la jeunesse de Bibiane et de sa virginale beauté :

« Comment, dit-il, toi qui fus élevée dans le palais avec tant de soins, peux-tu suivre aussi une religion si mauvaise et prohibée par le roi ? Veux-tu donc aussi mourir dans les supplices ?

— Je désire, répondit Bibiane, de tout mon cœur donner ma vie pour le Dieu que je sers. »

Le mandarin fut bien surpris de trouver tant de fermeté dans une si jeune fille : il résolut d'en triompher par tous les moyens de séduction qui étaient en son pouvoir. Mais, voyant qu'il n'avançait en rien par la douceur, il la fit mettre à la torture et ordonna qu'on la frappât sur les jambes à coups de bâton. Le sang qui jaillissait des blessures de la courageuse martyre se convertissait en fleurs et s'élevait dans les airs, d'après une pieuse tradition. Ce prodige frappa de stupeur le mandarin : il défendit aux satellites d'en dire un mot au dehors de la prison, sous les peines les plus sévères.

Agathe Ioun imita, elle aussi, le courage de ses compagnes, et avec une égale patience elle supporta les mêmes tourments. Tant de vertus et de fermeté auraient dû attendrir des juges moins cruels, ou du moins les faire réfléchir sur la nature d'une religion capable de produire de pareilles héroïnes. Mais la haine aveugle qui les animait les fit, au contraire, passer par-dessus tous les usages du pays. Ils condamnèrent au dernier supplice, comme des rebelles de la pire espèce, ces pauvres jeunes filles dont tout le crime était leur innocence de vie et leur attachement à la foi de leur baptême.

Quelques jours auparavant, Colombe avait appris la fin glorieuse du P. Tsiou. Fidèle à la mémoire de son cher maître spirituel, elle déchira un pan de sa robe de soie et écrivit dessus tout ce qu'elle savait de la vie et des travaux du serviteur de Dieu.

Enfin se leva pour elle et pour ses compagnes le jour tant désiré du martyre.

Fidèles à leurs prières et exercices de piété, les pieuses femmes s'encourageaient mutuellement à la persévérance. Afin de se rendre dignes de leur céleste Époux, elles lui firent le sacrifice de leur vie avec une si grande générosité, que plus le moment suprême approchait, plus elles se sentaient comme enivrées d'un bonheur surnaturel qui étonnait leurs farouches gardiens.

Le 3 juillet 1801, Colombe et quatre de ses compagnes quittèrent la prison et montèrent dans la charrette des condamnés à mort. Durant tout le trajet, elles récitèrent leurs prières, s'exhortèrent réciproquement, et se mirent même à chanter les louanges de Dieu. La foule se pressait autour de la charrette; mais les curieux étaient tout surpris de ne pas voir les malfaiteurs insignes tels que les édits dépeignaient les chrétiens. Tous étaient émus en voyant la joie céleste répandue sur le visage de ces pauvres femmes allant à la mort.

Les soldats voulaient écarter ceux qui se pressaient autour des martyres.

« Laissez-les donc approcher, leur dit Bibiane, laissez-les regarder à leur aise : tous les jours on va bien voir tuer des animaux; pourquoi ne regarderait-on pas mourir des femmes? »

Arrivée au lieu de l'exécution, Colombe, qui n'avait point perdu son sang-froid, se tourna vers le mandarin, et, par un sentiment délicat de pudeur chrétienne, elle lui dit :

« Les lois prescrivent de dépouiller de leurs vêtements les condamnés au dernier supplice : il serait cependant inconvenant de traiter ainsi des femmes. Allez donc avertir le mandarin et dites-lui que notre désir est de mourir habillées. »

L'officier, subissant lui aussi l'ascendant de cette femme modeste, accéda à son pieux désir.

Colombe s'avança donc la première et plaça sa tête sur le billot. Elle fit alors un signe de croix et le bourreau lui trancha la tête. Ses quatre compagnes suivirent immédiatement et partagèrent, avec celle qu'elles regardaient comme leur maîtresse, la glorieuse couronne du martyre. Bibiane Moun était radieuse; et quand le glaive s'abattit sur elle et sur Agathe Ioun, un sang blanc comme du lait sortit de leurs blessures. Bien que ce fait soit extraordinaire, il n'est pas impossible que Dieu ait voulu renouveler en faveur des jeunes vierges le prodige qu'il fit autrefois à Rome, lors du martyre de sainte Martine, vierge. Les corps restèrent exposés au soleil et à la pluie pendant plusieurs jours, et furent trouvés intacts et sans corruption par de courageux chrétiens. Le sang était frais et vermeil comme s'il eût été nouvellement répandu.

Ainsi s'envola vers son céleste époux, âgée de quarante et un ans, cette fervente Colombe dont la vie et le glorieux triomphe semblent une page transcrite de l'*Histoire des Catacombes*. Preuve nouvelle que Jésus-Christ est toujours la force de ses martyrs. Preuve nouvelle qu'aujourd'hui comme hier, en Corée comme à Rome, sa grâce anime les petits et les faibles jusqu'aux sacrifices les plus sublimes et leur donne la victoire sur l'enfer et ses suppôts. Qu'il en soit loué à jamais !

V

LUTHGARDE NI, VIERGE ET MARTYRE (1802)

Bien d'autres fidèles donnèrent leur vie pour Jésus-Christ; nous ne pouvons les citer tous, mais nous ne saurions vraiment passer sous silence la vie édifiante et la mort héroïque de Luthgarde Ni.

Elle naquit à la capitale, vers l'an 1782, d'une très noble famille. Son père descendait de la race royale, et quoiqu'il eût perdu son titre de prince, il était demeuré cependant l'un des chefs les plus influents du parti Nam-ni si dévoué au roi. Ce qui ajoute surtout à l'éclat de cette famille, c'est que les deux frères de Luthgarde, eux aussi, Charles et Paul Ni, eurent la gloire de donner leur vie pour Jésus-Christ.

Luthgarde avait reçu du ciel un caractère résolu, un cœur très aimant et une intelligence supérieure, qualités précieuses que développa une éducation convenable à son rang. Son enfance s'était écoulée sous les yeux de sa pieuse mère, qui consacrait sa vie à élever ses enfants dans la crainte de Dieu. Le Père Tsiou hésitait à l'admettre aux sacrements à cause de son jeune âge. Mais, sentant déjà le prix inestimable des dons de Dieu, elle s'enferma dans sa chambre et se mit à étudier et à se préparer avec tant de soin, que le Père se laissa toucher et lui fit faire sa première communion. Pour conserver les fruits précieux de l'Eucharistie, elle voua à Dieu sa virginité.

Luthgarde avait alors quatorze ans, et son pieux projet devait rencontrer de grandes difficultés. En Corée, toutes les jeunes filles doivent se marier, et ce serait chose inouïe, surtout dans les rangs élevés de la société, de vouloir braver l'usage général et l'opinion publique sur un pareil sujet. Heureusement pour elle, le Père Tsiou, qui avait approuvé sa promesse, connaissait de son côté un jeune homme désireux, lui aussi, de vivre dans la continence pour être tout entier au bon Dieu.

Ce jeune homme, appelé Jean Niou, fils d'Auguste Niou, était noble et très riche. Cependant sa naissance était inférieure à celle de Luthgarde, et il habitait une province éloignée de la capitale. Le Père Tsiou réussit à aplanir toutes ces difficultés. De son côté, la pieuse mère de Luthgarde, qui aimait sincèrement sa fille, donna volontiers son consentement à cette union. Mais sa famille, composée de puissants païens, éclata en murmures et s'efforça de la faire revenir sur une décision qu'ils regardaient comme les déshonorant tous.

Avec beaucoup de patience et un peu d'adresse, la pauvre veuve leur démontra les difficultés de sa position, les avantages d'assurer un riche parti à sa fille, et de s'aider par là à tenir son rang plus aisément. Le calme se fit petit à petit, et Luthgarde partit pour la famille de son mari vers 1798.

A son arrivée, elle et son mari firent tous deux le vœu de chasteté, et s'appliquèrent dès lors à vivre avec plus de ferveur. La jeune fille était si douce et si complaisante qu'elle n'eut jamais aucune querelle avec les membres de sa nouvelle famille. Elle était un modèle pour tout le monde, et sa vertu et sa piété faisaient l'admiration des personnes de la maison et du voisinage. Son mari Jean était digne de sa vertueuse compagne, et passait pour l'un des plus fervents chrétiens de la province. Union bien admirable aux yeux des anges et des hommes, mais que la souffrance et la persécution allaient encore sanctifier.

Au printemps de 1801, Jean Niou fut saisi avec son père et quelques autres personnes de sa famille, mais il resta seul emprisonné à la ville de Tsien-tsiou. Il eut beaucoup à souffrir. Élevé dans le luxe, il fut obligé de porter pendant de longs mois ses lourds vêtements d'hiver qui bientôt exhalèrent une odeur infecte

Chrétiens et chrétiennes assistant au saint sacrifice.

et se remplirent de vermine. Il ne quittait pas la cangue ni le jour, ni la nuit; mais malgré ce long supplice et d'autres tortures qu'il eut à endurer, il demeura inébranlable jusqu'au bout.

Bientôt la persécution redoublant, ce fut le tour de Luthgarde. Vers le 15 de la neuvième lune, on la jeta en prison avec le reste de sa famille. Elle s'empressa d'écrire à sa mère pour la consoler. Voici la lettre de la pieuse martyre, dont le style si simple et si naïf nous découvre combien son âme avait été docile aux inspirations de la grâce :

« A MA MÈRE.

« Au milieu des émotions causées par les événements qui me sont survenus, je pense à vous, ma mère, et je désire vous faire connaître mes sentiments depuis notre séparation, il y a quatre ans. Je vous adresse quelques lignes. Quoique je sois sur le point de mourir, ne vous en affligez pas trop, et, sans résister à l'ordre miséricordieux de Dieu, veuillez vous soumettre en paix et avec calme à ses desseins. En restant en ce monde, je n'y serais jamais qu'une fille inconstante, une enfant inutile. Mais si, par une grâce signalée, le jour de donner des fruits paraissait, ma mère, d'une part, pourrait se dire qu'elle a vraiment porté une fille dans son sein, et de l'autre tout regret serait par le fait superflu.

« A la veille de vous quitter à jamais, comment pourrai-je comprimer tout sentiment naturel?... Mais je me dis que le temps est comme l'étincelle qui jaillit du caillou : il n'est pas de longue durée. Je me dis que moi, votre enfant, je vais de ce pas ouvrir à ma mère la porte du ciel et du bonheur éternel, et donner ainsi à l'avance pour elle le prix des éternelles joies. Aussi cette pensée de la mort prochaine, quoique naturellement amère et difficile à supporter, se convertit de suite en douceur et en joie. En dehors de ce souhait de voir l'âme de tous mes parents jouir éternellement de la vue de notre Père commun, quel autre désir pourrais-je éprouver maintenant?...

« Vous, ma sœur, comment vous trouvez-vous? Beaucoup de paroles d'affection ne serviraient de rien. Je ne vous adresse que deux mots : **Ayez** un amour fervent; rien ne touche tant le cœur de Dieu. La réalisation, du reste, de tous nos désirs ne dépend point de nous, mais de lui. Que les esclaves soient bien à leurs devoirs, et par là ils deviendront membres de la famille; de petits et inutiles enfants qu'ils étaient, ils se rendront vrais et précieux enfants. J'ose mille fois l'espérer.

« Ne vous affligez pas trop, ma mère, et comprimez toute votre inquiétude. Puis quand, après avoir subi l'ordre de Dieu, vous sortirez de ce monde, moi vile et faible enfant, la tête ceinte de la couronne du bonheur sans fin, le cœur inondé de toutes les joies célestes, je vous prendrai par la main et vous introduirai dans l'éternelle justice.

« J'entends dire que mon frère Charles, détenu à la capitale, a courageusement confessé la foi. Vraiment, quelle grâce! quelle protection! Comment assez remercier Dieu! Ma mère, je loue votre bonheur.

« Et vous, ma belle-sœur, ne vous attristez pas trop non plus. Mon frère viendrait-il à mourir, on peut dire que vous avez alors vraiment rencontré un époux. Je vous félicite à l'avance d'être la femme d'un martyr. Dans ce monde, unis par les liens du sang ou du mariage; dans l'éternité, placés sur un même rang, mère, fils, frères, sœurs, époux, si nous parvenons à jouir du bonheur éternel, ne sera-ce pas bien beau? Après ma mort, veuillez ne pas rompre les relations avec la famille de mon mari, mais faire comme quand j'y étais.

« Veuillez recevoir ce chiffon de papier avec joie, comme si vous receviez ma personne. Avant d'avoir rien fait, vous envoyer ainsi mes pensées et mon écriture, c'est bien léger de ma part; mais je désire par là dissiper les inquiétudes à mon sujet. Veuillez y trouver quelques consolations.

« Je vous le répète, repoussez toute espèce de chagrin et de trouble; pensez que le monde est vain et trompeur. J'aurais mille choses à vous dire, mais je ne puis tout écrire. Je m'arrête ici.

« Année Sin-iou, le 27 de la neuvième lune (3 novembre 1801).

« Votre fille,

« Niou-Hei. »

Quel beau spectacle que celui de cette jeune fille dans son affreuse prison, oubliant les angoisses de la mort qui la menace pour songer à sa mère bien-aimée, et tâcher, par ses bonnes paroles, d'adoucir le chagrin que lui causeront sa mort et celle de son frère! Qui ne serait touché par ces sentiments d'humilité si naïvement exprimés dans cette lettre!

Comme il est dit dans cette lettre, Charles, le frère aîné de Luthgarde, venait d'être jeté aussi en prison à la capitale. La haute noblesse de sa famille, ses grandes qualités et sa naissance le désignaient à la rage des persécuteurs. Il était devenu, par la mort de son père, chef de toute sa famille en qualité d'aîné, bien qu'il fût encore très jeune. Il était très attaché à sa foi, et, pour éviter de la compromettre, il sut se retirer petit à petit du commerce du monde et se tenir à l'écart pour se faire oublier. Il demanda même à Dieu des maladies qui le rendissent incapable de l'offenser. Dieu parut exaucer sa prière. Quelque temps après, il devint bossu et tellement infirme, qu'on fut obligé plus tard de le porter au tribunal pour y subir l'interrogatoire officiel.

Dans sa prison, il montra beaucoup de fermeté d'abord; puis il parut faiblir un peu à la vue des terribles supplices que l'on s'apprêtait à faire subir à son corps déjà si chétif. Enfin la foi reprit le dessus et ne l'abandonna plus jusqu'à la mort. Il ne tarda pas à connaître le sort qui l'attendait. Tous les chrétiens alors qui tombaient entre les mains des persécuteurs ne sortaient du prétoire que pour aller au supplice.

Charles Ni écrivit à sa pauvre mère, qu'il laissait presque seule au monde, ces humbles et touchants adieux :

« Moi votre fils, je vous écris aujourd'hui pour la dernière fois. Quoique je sois le plus grand des pécheurs, le Seigneur daigne m'appeler à lui d'une manière toute spéciale. Je devrais être rempli de contrition et d'amour, et je devrais essayer de payer par ma mort quelque peu cette faveur. Mais la masse de mes péchés atteignant jusqu'au ciel, mon cœur, semblable au bois et à la pierre, ne laisse pas encore couler de larmes pour cette grâce insigne... Lorsque j'étais dans le monde, je crains de n'avoir pas rempli tous les devoirs d'un bon fils, c'est là le sujet de ma peine.

« J'aurais bien des choses à vous dire, mais je ne puis le faire longuement. Ne vous contristez pas trop, et, après avoir conservé notre corps et notre âme en bon état ici-bas, réunissons-nous pour toujours.

« CHARLES NI

« 23 janvier 1802. »

Le lendemain du jour où il écrivait cette lettre, Charles Ni avait la tête tranchée. Il n'était âgé que de vingt-deux ans.

Deux mois avant qu'il consommât aussi son martyre à la capitale, Auguste Niou avait été condamné à mort dans sa province comme rebelle. Ses deux fils, dont l'un, Jean Niou, le mari de Luthgarde, furent enveloppés dans la même sentence, selon la loi coréenne, et tous deux étranglés le 14 novembre 1801. Les autres membres de la famille avaient été condamnés à l'exil. Il fallut contraindre Luthgarde à quitter la prison.

« Suivant la loi, dit-elle au mandarin, tous les chrétiens doivent être mis à mort; nous demandons à être exécutés promptement. »

Paroles de zèle, que la simplicité et la ferveur de la foi doivent excuser dans Luthgarde, comme chez tant d'autres martyrs des premiers siècles de l'Église.

Les juges firent d'abord la sourde oreille, et Luthgarde prit, bien qu'à regret, la route de l'exil avec ses compagnons. A peine avaient-ils fait quelques lieues, qu'un contre-ordre du mandarin les ramena de nouveau dans leur prison.

Prévoyant le sort qui l'attendait, Luthgarde écrivit alors une longue lettre à sa sœur et à sa belle-sœur, la femme de son frère Charles, qui était encore en prison. C'est le récit détaillé des craintes, des espérances et des émotions de toutes sortes qu'elle avait éprouvées depuis son départ de la maison paternelle. En Corée, dans beaucoup de pieuses familles, on conserve encore une copie de cette lettre, où Luthgarde fait ses adieux à sa famille dans des termes si délicats, et y montre des sentiments si nobles et si élevés, qu'on oublie presque que la main qui traça ces lignes n'était que celle d'une petite fille coréenne, à peine instruite de sa religion, et n'ayant participé que deux ou trois fois aux sacrements.

« A MES DEUX SŒURS,

« Je prends la plume et je ne vois rien à vous dire. Mon pauvre frère Charles est-il mort ou en vie? J'avais eu indirectement de ses nouvelles dans les premiers jours de la neuvième lune; mais depuis ce temps, ayant été prise moi-même, je suis assise, enfermée, sans qu'aucune nouvelle puisse me parvenir. La pensée de mon frère m'oppresse et me serre le cœur. S'il a signé sa sentence, tout doit être fini maintenant.

« Quelle position pour toute la famille! Comment ma mère et ma belle-sœur pourront-elles tenir? Il me semble qu'il ne doit plus leur rester un seul battement de pouls... Et si le dénouement n'a pas encore eu lieu, comment Charles pourra-t-il résister dans cette prison si froide? Qu'il soit mort ou vivant, les entrailles de ma mère en doivent être également desséchées!

« Pour moi, mes péchés sont si lourds, l'horizon qui m'entoure si sombre, que je ne sais comment rendre par écrit tout ce que je ressens. Me voilà parvenue sur le terrain de la mort, et je ne sais quels termes employer.

« Toutefois, je veux vous dire quelques mots de ce qui s'est passé et vous faire mes adieux de ce monde pour l'éternité. Cette année donc, quand j'avais déjà les entrailles déchirées par suite de tant de calamités sans remèdes, je dus encore me voir séparée du reste de ma famille. Dès lors, aucun désir de vivre plus longtemps ne resta dans mon cœur. Je ne pensais plus qu'à donner ma vie pour Dieu pendant que l'occasion était belle. Je pris en moi-même cette résolution et je m'efforçai de m'y bien préparer.

« Tout à coup, pendant qu'on y pensait le moins, les satellites entrent et je suis prise. C'est tandis que je m'inquiétais sur le manque d'occasion, que tout arrive selon mes désirs. Grâces à Dieu pour un tel bienfait! J'étais contente et joyeuse, mais en même temps préoccupée et troublée. Les satellites me pressent; des cris de douleur s'élèvent autour de moi. Ainsi, il me faut donc quitter pour toujours tout ce qui m'est cher. Je fais ces adieux en pleurant, car la nature n'est pas encore éteinte; puis je fais un retour sur moi, et un seul désir me reste, celui de faire une bonne mort.

« D'abord, on m'enferma au Siou-kap-t'ien, puis, moins d'une heure après, je fus transportée dans une autre prison où je retrouvai ma belle-mère, ma tante et deux de mes beaux-frères, pris eux aussi. De part et d'autre on se regarde : pas une parole, c'étaient des larmes dans tous les yeux. La nuit vint, mais la lune dans son plein nous éclairait. Sa clarté toute brillante se réfléchissait contre la fenêtre, et on devinait ce que chacun pensait et sentait. Ce que nous demandons tous en silence, c'est la grâce du martyre. Bientôt nos cœurs débordent, et nous faisons tous la résolution d'être fermes comme la pierre et le fer. Plus on avance, plus les grâces de Dieu s'accentuent; la joie spirituelle augmente dans nos âmes, et nous devenons insouciants à tout le reste.

« Cependant je songeai à mon mari Jean, enfermé dans une autre prison. Comment aurais-je pu l'oublier! Étant encore à la maison, je lui avais écrit : « Quel bonheur, lui disais-je, si nous « pouvions mourir ensemble et le même jour! » Mais l'occasion manquant, je ne pus lui faire parvenir ce billet. Cependant je n'avais plus d'autre désir.

« Le 9 de la dixième lune, on vint enlever mon beau-frère Jean.

« — Où va-t-il donc? demandai-je.

« — C'est l'ordre du mandarin, dit le geôlier. On va le conduire à la grande prison avec son frère. »

« J'étais comme coupée en deux, comme percée de mille glaives. On l'emmenait. « Que la volonté de Dieu soit faite! lui « dis-je. Allez donc, et soyez avec lui. Dites aussi à mon époux « que mon désir est de mourir avec lui le même jour. » Je répétai deux ou trois fois cette recommandation; puis, nous lâchant la main, je me retirai.

« Un quart d'heure après, la nouvelle de leur mort nous arriva. Le coup porté aux sentiments de la nature n'eut chez moi que le second rang. Le bonheur de mon mari me remplissait de joie. J'avais toutefois une certaine anxiété à son sujet. Je fis part de mon doute à l'un des miens.

« — Soyez tranquille, me dit-il; à l'avance Jean a dû prendre sa détermination. »

« Enfin vint une lettre de la maison. Elle portait :

« On a trouvé dans les habits de Jean un billet ainsi conçu, « adressé à sa sœur (c'est ainsi qu'il m'appelait toujours) : Je vous « encourage, disait-il, vous exhorte et vous console. Revoyons-« nous au royaume des cieux. »

« Alors seulement mes inquiétudes furent dissipées...

« Au reste, notre union avait été une grâce spéciale de Dieu. Nous nous étions mutuellement promis qu'au jour où l'on nous remettrait nos biens entre les mains, nous en ferions quatre parts: une pour les pauvres, une autre très large pour nos frères cadets, afin qu'ils pussent bien soigner nos parents; puis, au cas où des jours heureux reviendraient, nous devions nous séparer et vivre avec le reste chacun en son particulier.

« L'an passé, à la douzième lune, une tentation des plus violentes se fit sentir. Mon cœur tremblait comme une feuille, semblable à quelqu'un qui marcherait sur la glace prête à se rompre. Je demandai instamment, les yeux levés au ciel, la grâce de la victoire. Par le secours de Dieu, à grand'peine nous avons triomphé et nous nous sommes conservés. Notre confiance mutuelle en est devenue solide comme le fer et la pierre, et notre amour et notre fidélité inébranlables comme une montagne.

« Après la mort de mon mari, je fus, par sentence du tribunal, mise au rang des esclaves de préfecture et condamnée à un exil lointain. Je me présentai devant le mandarin et lui fis mille réclamations. « Nous tous qui honorons le Dieu du ciel, nous devons « tous mourir. Je veux, moi aussi, mourir pour Dieu, comme les « autres personnes de ma maison. » Il me chassa de sa présence; mais moi, au contraire, je m'approchai davantage. Je m'assieds même devant lui et je lui dis : « Pourquoi donc n'exécutez-vous

« pas les ordres du roi? » et mille autres choses. Mais il ne fait pas même semblant d'entendre et me fait jeter dehors par les satellites.

« Je me mis en route donc, et nous n'avions pas fait cent lys que j'étais rappelée et arrêtée de nouveau. C'est une grâce insigne, une faveur au-dessus de toutes les faveurs. Comment pourrais-je jamais en avoir assez de reconnaissance? Même après la mort, veuillez encore remercier Dieu pour moi.

« Au premier interrogatoire, je déclarai que je voulais mourir en honorant Dieu. On dépêcha de suite vers le roi, et la réponse étant arrivée, on me fit comparaître de nouveau devant le juge criminel. Ma sentence fut vite portée, et je la signai. Le juge me fit alors donner la bastonnade sur les jambes. On me passa la cangue et l'on me remit en prison. Mes chairs étaient écorchées, le sang coulait, et cependant à peine le temps d'un repos se fut-il passé que je ne souffrais plus. Quatre ou cinq jours après tout était guéri...

« Assise dans ma prison et sans occupation, c'est à peine si je puis tromper l'œil des gardiens et saisir à la dérobée quelques instants pour vous faire mes adieux pour l'éternité. Il y a tant de choses à vous dire, et devant le faire à la hâte, je parle à tort et à travers et sans suite...

« En pensant à votre douleur et à l'affliction qui va vous accabler, ma mère et mes sœurs, je vous adresse ces lignes comme mon testament. De grâce, ne vous désolez pas trop. Moi, fille vile et misérable; moi sœur stupide et sans aucun bon sentiment, si je puis devenir l'enfant du grand Dieu, prendre part au bonheur de tous les saints, devenir leur amie, jouir d'une félicité parfaite et participer au sacré banquet, quelle félicité, quelle gloire ne sera-ce pas! Voudrait-on l'obtenir de soi-même que ce serait chose impossible. Qu'une fille ou une sœur devienne l'objet des bonnes grâces du prince, on s'en félicite à bon droit; mais si une enfant devient l'objet de l'amour du grand Roi du ciel et de la terre, en quels termes ne devra-t-on pas s'en féliciter!... Entre le titre d'esclave de préfecture et celui de sœur d'une martyre, lequel vous sourit le plus?...

« J'aurais encore mille choses à vous dire, mais au dehors c'est un tapage affreux, et je puis écrire à grand'peine. Chaque fois que l'on appelle un prisonnier, il me semble qu'il s'agit de moi. Je m'interromps, je reprends et je cesse encore...

« Pour Jean, on l'appelle mon époux, et moi je l'appelle mon fidèle ami. Ici-bas, il avait tant d'égards pour moi, habitant le séjour du bonheur, mes cris de crainte et de douleur ne sortiront point de son oreille, et il n'oubliera pas nos promesses. Non, certes, notre amitié ne saurait être rompue! Oh! quand donc, sortant de cette prison, irai-je à la rencontre de notre grand Roi et Père commun, de la Reine du ciel, et de mes parents et de mon fidèle Jean, pour jouir avec eux de la joie!...

« Voilà une bien longue lettre et bien des paroles. N'ayant aucune vertu, j'ai eu l'audace d'exhorter les autres. Vraiment ne suis-je pas comme ces bonshommes de bois placés sur le bord des chemins, qui enseignent la route sans faire jamais eux-mêmes un seul pas. Toutefois, puisque l'on dit que les paroles d'un mourant sont droites, peut-être les miennes ne seront-elles pas trop fautives. Lisez-les avec indulgence.

« Niou-Hei. »

Tel est le récit naïf qu'écrivait de sa prison la pieuse Luthgarde, véritable testament d'une martyre déjà enivrée des joies du triomphe, et toute prête à cueillir la glorieuse palme. Ces désirs de donner sa vie pour son Maître furent bientôt exaucés. Son frère venait d'avoir la tête tranchée, et déjà elle avait apposé sa signature, selon la loi coréenne, à la sentence qui la condamnait elle-même à la peine capitale. Deux jours après, le mandarin lui fit briser les doigts des pieds, ainsi qu'aux autres confesseurs enfermés avec elle. D'après une pieuse tradition, ils ne ressentirent aucune douleur de ce barbare supplice.

En allant à la mort, Luthgarde conserva tout son courage. Sa belle-mère et sa belle-sœur s'apitoyaient sur le sort des petits enfants qu'elles laissaient sans aucun soutien et condamnés à un lointain exil. Elle les consolait et ranimait leur courage, tandis que Matthieu, un de ses beaux-frères, âgé seulement de quinze ans, prêchait la foule avec une ferveur extraordinaire dans un si jeune enfant.

Arrivée au lieu du supplice, Luthgarde voulut donner l'exemple à ses compagnons et s'avança la première. Le bourreau voulait la dépouiller de ses vêtements ; elle le repoussa avec des paroles pleines de pudeur chrétienne. Elle-même ôta son vêtement de dessus, et, sans permettre qu'on lui liât les mains, elle présenta sa tête au bourreau. Ses trois compagnons eurent aussi la tête tranchée.

Ainsi consomma son glorieux martyre cette pieuse Luthgarde, âgée à peine de vingt ans, après avoir su garder sa virginité dans l'état même du mariage. Sa piété, ses vertus, et spécialement son amour pour la pureté, gardée malgré tant d'épreuves délicates, semblaient l'avoir préparée et rendue digne d'une si heureuse fin. Sa mémoire est restée en vénération dans toute la Corée.

VI

MARTYRE DU P. TSIOU. — LETTRE DES CATHOLIQUES CORÉENS AU PAPE

Avant la mort de Luthgarde Ni, le prêtre qui avait conduit cette âme prédestinée dans les âpres sentiers de la vertu, le Père Tsiou, avait été arrêté, condamné à mort et exécuté le 31 mai 1801.

Du milieu de leur détresse, les chrétiens coréens tournèrent leurs regards vers Rome. Ils avaient déjà appris à connaître et à révérer le Père commun des fidèles. Ils écrivirent une lettre au pape Pie VII pour lui exposer leurs malheurs, leurs besoins, leur vif désir d'avoir un évêque et des prêtres pour les fortifier et les conduire :

« François et les autres chrétiens de Corée, prosternés en terre, nous frappant la poitrine, offrons cette lettre au chef de toute l'Église, père très haut et très grand.

« C'est avec la plus grande instance, la plus vive ardeur que nous supplions Votre Sainteté d'avoir compassion de nous, de nous donner des preuves de la miséricorde qui remplit son cœur, et de nous accorder le plus promptement possible les bienfaits de la rédemption.

« Nous habitons un petit royaume, et avons eu le bonheur de recevoir la sainte doctrine, d'abord par les livres, et dix ans plus tard par la prédication et la participation aux sept sacrements.

« Sept ans après, il s'éleva une persécution; le missionnaire qui nous était arrivé fut mis à mort avec un grand nombre de chrétiens, et tous les autres, accablés d'affliction et de crainte, se sont dispersés peu à peu. Ils ne peuvent se réunir pour les exercices de religion, chacun se cache.

« Il ne nous reste d'espérance que dans la très grande miséricorde divine, et la grande compassion de Votre Sainteté, qui voudra bien nous secourir et nous délivrer sans retard; c'est l'objet de nos prières et de nos gémissements.

« Depuis dix ans, nous sommes accablés de peines et d'afflictions; beaucoup sont morts de vieillesse ou de diverses maladies, nous n'en savons pas le nombre; ceux qui restent ignorent quand ils pourront recevoir la sainte instruction. Ils désirent cette grâce comme dans une soif brûlante on désire se désaltérer; ils l'appellent comme dans un temps de sécheresse, on appelle la pluie. Mais le ciel est très élevé, on ne peut l'atteindre; la mer est très vaste, et il n'y a pas de pont au moyen duquel nous puissions aller chercher du secours.

« Nous, pauvres pécheurs, ne pouvons exprimer à Votre Sainteté avec quelle sincérité, avec quelle ardeur nous désirons recevoir son assistance. Mais notre royaume est petit, éloigné, situé dans un coin de la mer; il ne vient ni vaisseaux ni voitures au moyen desquels nous puissions recevoir vos instructions et vos ordres, et quelle est la cause d'une telle privation, sinon notre peu de ferveur et l'énormité de nos péchés? C'est pourquoi maintenant, nous frappant la poitrine avec une crainte profonde et une douleur sincère, nous prions très humblement le grand Dieu qui s'est incarné, qui est mort en croix, qui a plus de sollicitudes pour les pécheurs que pour les justes, et Votre Sainteté qui tient la place de Dieu, qui a soin de tout le monde, et délivre véritablement les pécheurs.

« Nous avons été rachetés, nous avons quitté les ténèbres; mais le monde afflige nos corps; le péché et la malice oppriment nos âmes.

« Nos larmes et nos gémissements, nos afflictions sont de peu de valeur, mais nous considérons que la miséricorde de Votre Sainteté est sans bornes et sans mesure, qu'en conséquence elle aura compassion des ouailles de ce royaume qui ont perdu leur pasteur, et qu'elle nous enverra des missionnaires le plus tôt possible, afin que les bienfaits et les mérites du Sauveur Jésus soient annoncés, que nos âmes soient secourues et délivrées et que le saint nom de Dieu soit glorifié partout et toujours. »

Lorsque le souverain pontife entendit ce cri d'ardente supplication que lui jetaient du fond de l'Asie les fils derniers-nés de l'Église catholique, il était en prison à Fontainebleau. Il ne put que pleurer et prier : c'est la force de ceux à qui manque tout secours humain; elle ne compte pas dans la balance politique, et pourtant, si l'on regardait bien, on s'apercevrait qu'elle mène le monde. La Corée dut se soutenir sans pasteur. En 1827, une nouvelle supplique, écrite deux années auparavant, parvint au pape Léon XII.

La congrégation de la Propagande s'adressa alors à la société des Missions étrangères, créa le vicariat apostolique de Corée et plaça à sa tête Mgr Bruguière.

VII

Mgr BRUGUIÈRE. — DE SIAM EN TARTARIE. — M. MAUBANT

Barthélemy Bruguière était né à Reissac, département de l'Aude, en 1793; dès sa jeunesse, il se fit remarquer par ses talents, son application au travail, sa piété sincère et surtout son intrépide franchise; il vint à Paris au séminaire des Missions étrangères en 1825; de là, il écrivit à son père, qu'il n'avait pas prévenu de son départ, pour lui apprendre sa résolution et l'exhorter à la résignation.

Ce père, homme de grande foi, accepta le sacrifice que Dieu lui imposait, et souvent depuis, lorsqu'on lui parlait de son fils, il disait les larmes aux yeux :

« Que voulez-vous! il a préféré le bon Dieu à moi: il a eu raison. »

Missionnaire à Siam, Bruguière étonna les chrétiens par les austérités de sa vie et par la ferveur de sa piété.

Il observait un jeûne presque continuel. Chaque semaine, il lisait l'office des morts. Chaque jour, à la récitation ordinaire du chapelet, il ajoutait le chapelet des Sept-Douleurs et plusieurs autres prières en l'honneur de la très sainte Vierge.

Après sa nomination de vicaire apostolique de la Corée, il eut la sainte pensée de faire tous les soirs une prière particulière pour le succès de sa laborieuse entreprise.

Il quitta Siam le 12 septembre 1832, pour se rendre en Chine.

Un prêtre des Missions étrangères, M. Maubant, se joignit alors à lui. Il était destiné pour le Sutchuen; mais la mission de Corée le tenta, et son évêque lui permit de suivre ses aspirations. Deux Européens ne pouvant voyager ensemble dans l'intérieur de la Chine, il fut convenu qu'ils suivraient une route différente.

Mgr Bruguière devait incliner vers l'ouest en traversant le Kiang-nan et le Ho-nan, et, une fois entré dans le Chan-si, remonter directement au nord; M. Maubant prenait la route du côté de l'est, par le Chang-ton et le Tché-ly. Il était décidé que tous les deux se retrouveraient soit à Sivang, en Tartarie, soit sur les frontières de la Corée. Maubant partit et arriva le premier, après un voyage où il aurait dû être vingt fois arrêté et qu'il fit presque sans incident, agissant sans bruit, avec une imperturbable audace, semblant ne pas même voir d'obstacles, lorsque d'autres auraient crié à l'impossible. Le premier Européen depuis plusieurs siècles, il entra en plein jour à Pékin, sans diplôme impérial.

La stupeur de l'évêque fut telle, qu'il mit M. Maubant au secret pendant deux mois; il le fit ensuite passer en Tartarie, où il fut fraternellement reçu par M. Mouly, de la congrégation de la Mission.

Mgr Bruguière resta beaucoup plus longtemps en route.

Plusieurs fois il faillit mourir. En bien des circonstances, il fut retardé par la timidité de ses guides.

Dans son journal de voyage, il raconte ce fait qui peint une situation souvent renouvelée et dont les charmes étaient assurément fort médiocres:

« Le 1er septembre 1833, mes courriers et les notables du village vinrent me trouver pour me faire part du résultat de leurs délibérations. Jean portait la parole:

« — Excellence, me dit-il, vous ne pouvez plus avancer; les dangers sont grands et certains, personne ne se hasardera à vous accompagner; il faut que Votre Excellence revienne sur ses pas, ou bien il faut qu'elle aille ou au Chang-zi ou au Hon-Kouang, ou à Macao. Les chrétiens de ce village ne veulent plus vous garder. Voilà notre sentiment, quel est le vôtre? »

Puis il ajouta:

« — Si Votre Excellence tente de passer en Tartarie, elle sera certainement prise, mise à mort, et, avec elle, les évêques du Fokien et de Nankin, tous les chrétiens de ces missions et tous les mandarins des provinces par lesquelles nous avons passé; de là la persécution s'étendra dans le Chang-si dans le Su-tchouen, etc. »

« Tout le monde applaudit à l'orateur; on était persuadé que le massacre allait devenir général par l'imprudence d'un seul homme.

« Joseph seul était d'un avis contraire.

« — On peut, fit-il, passer en Tartarie en suivant la route que j'ai déjà tenue moi-même. »

« Son avis fut très mal reçu :

« — Tu es un téméraire, lui répliqua-t-on ; tu introduis des Européens dans le sein de l'empire et jusqu'aux portes de Pékin, au risque de causer une persécution générale et de faire massacrer tous les chrétiens; si tu persistes à donner de pareils conseils, nous allons nous retirer; que pense Votre Excellence? »

« Je jugeai qu'il n'était pas prudent de les contredire. Je leur répondis seulement :

« — Je vous dirai ce que je pense quand j'aurai parlé à mon élève. »

« Aussitôt on leva la séance.

« — Eh bien! dis-je à Joseph quand les autres furent partis, que pensez-vous de notre situation? Que faut-il faire?

« — Je pense qu'il faut avancer.

« — Je pense de même. La Providence nous a conduits jusqu'ici, elle nous a fait éviter tous les dangers; c'est une garantie pour l'avenir, pourvu que nous prenions toutes les précautions que la prudence peut exiger. Je serais digne de blâme et le souverain pontife aurait lieu de se plaindre de moi, si, pour une terreur panique, je rétrogradais; je suis résolu à mettre tout en usage pour parvenir au terme de ma carrière. Je ne reviendrai sur mes pas que lorsqu'il ne sera plus physiquement possible d'avancer, ou lorsqu'il n'y aura plus personne qui veuille m'accompagner. »

« On communiqua ma réponse au conseil; elle ne fut point agréée, tout le monde persista dans le premier sentiment.

« — Puisqu'il n'y a point d'autre moyen, ajoutai-je, il faut aller à Pékin chercher un guide; en attendant, je resterai caché dans la maison de quelque chrétien. »

« Cet avis fut adopté.

« Le 3, à minuit, tout le monde disparut; les uns allèrent à Pékin, les autres retournèrent à Nankin, et moi je restai enfermé nuit et jour dans une chambre. »

Que vous semble d'un voyage à travers la Chine, dans de telles conditions? Ne révèle-t-il pas un zèle ardent, un courage à toute épreuve, une inébranlable persévérance?

Enfin, le 8 octobre 1831, deux ans et vingt-six jours après avoir quitté la mission de Siam, Mgr Bruguière retrouva M. Maubant à Sivang, en Tartarie.

Les deux apôtres passèrent une année dans ce village, occupés à préparer leur entrée en Corée. L'affaire ne marcha pas aisément; sous une impression de craintes non justifiées, les Coréens, après avoir tant de fois demandé des missionnaires, écrivaient que leur présence déchaînerait une nouvelle persécution, et que le temps n'était pas favorable.

Étonné et inquiet de ces dires, n'y accordant qu'une médiocre confiance, et toujours plus désireux d'évangéliser le pays dont il était le premier pasteur, Mgr Bruguière imposa silence aux timidités de ses guides, releva leur courage par son courage plein de foi, et, le 7 octobre 1835, il quitta Sivang.

Trois semaines plus tard, le courrier qui devait apporter la nouvelle de son entrée en Corée, annonça sa mort.

L'évêque, arrivé à Pie-li-Kiou le 20 octobre, était tombé soudainement malade; il était mort le même jour, une heure après, assisté d'un prêtre chinois.

Le rôle de Mgr Bruguière était rempli au moment où les hommes affirmaient qu'il commençait : Dieu l'avait suscité pour faire accepter la Corée par les missionnaires français et pour leur en montrer la route. Ces choses providentielles ne se voient qu'après l'événement, mais elles se voient, et personne ne saurait les nier.

VIII

EN CORÉE. — UN PAUVRE HOMME

En apprenant cette fin soudaine, Maubant alla rendre les derniers honneurs à son évêque; puis il continua sa route et il traversa les plaines et les forêts de la Mandchourie, se dirigeant vers le fleuve Ap-nok-Kang, qu'il devait franchir près d'I-tchou (Eui-tjyou.)

La douane de cette ville est très redoutable; en quittant le royaume, les voyageurs y reçoivent un passeport qui indique non seulement leurs noms, surnoms, généalogie, profession, etc., mais encore la cause de leur voyage et la quantité d'argent qu'ils emportent pour faire le commerce; à leur retour, ils doivent présenter ce passeport et prouver, par un bordereau de leurs marchandises, que les prix réunis équivalent à la somme primitivement déclarée.

A l'époque du voyage de M. Maubant les eaux étaient gelées, circonstance favorable qui permettait de traverser le fleuve au détour le plus obscur.

Une heure avant d'arriver sur les bords de l'Ap-nok-Kang, les voyageurs commencèrent à prendre les plus minutieuses précautions.

Le missionnaire se revêtit d'un habit de toile fort grossière, d'un capuchon ne lui laissant à découvert que les yeux, le nez et la bouche, enfin d'un grand chapeau en forme de cloche, sur-

monté d'un voile en éventail pour couvrir le visage; et, dans cet
accoutrement, qui est l'habit de deuil du pays, il s'avança vers
I-tchou.

À quelques mètres de la porte, l'apôtre et ses guides tournèrent brusquement à gauche et enfilèrent un aqueduc construit
dans les murs de la ville. Le premier conducteur était déjà passé,
lorsqu'un chien de la douane l'aperçut et se mit à aboyer. C'en
était assez pour les perdre tous. M. Maubant recommandait déjà
son âme à Dieu :

« Allons, se dit-il, c'est fini. Les douaniers vont venir; ils vont
nous voir en fraude et nous questionner longuement : ils me
reconnaîtront infailliblement pour étranger. »

La petite troupe s'arrêta un instant; le chien cessa ses cris, et
les douaniers restèrent tranquillement à deviser dans la salle de
garde bien chauffée.

La seconde douane d'I-tchou fut évitée par le même moyen et
avec autant de bonheur. On conduisit M. Maubant dans une
petite maison qui avait l'aspect d'un four de boulanger; on lui
offrit une collation de navets crus et de riz salé, et on lui dit de
se reposer pendant deux ou trois heures.

Telle fut l'entrée du premier missionnaire français en Corée,
cachée aux regards, par une froide nuit de janvier en 1836, ressemblant à l'entrée d'un malfaiteur bien plus qu'à celle d'un
conquérant; et pourtant, c'était un conquérant, cet humble prêtre,
qui allait planter la croix de Jésus-Christ sur une terre nouvelle,
ouvrir cette contrée à la foi et à la civilisation, appeler sur elle
l'attention des hommes d'État et des savants, faire tressaillir le
monde chrétien du récit de ses travaux et de l'héroïsme de sa
mort.

Quinze jours plus tard il était à Séoul, et se cachait dans la
maison d'un des principaux chrétiens.

Il voulut s'appliquer d'abord uniquement à l'étude de la langue
du pays; les fidèles ne lui en laissèrent pas le loisir. Tous désiraient recevoir les sacrements, craignant de mourir ou de voir
mourir leur missionnaire avant d'avoir pu se confesser et reçu
la sainte communion.

Ceux qui connaissaient les caractères chinois écrivaient leur confession ; ceux qui ne les connaissaient pas, la faisaient écrire par d'autres ou priaient le prêtre de vouloir bien leur permettre de se confesser par interprète. A la vue de cet empressement, Maubant composa une formule d'examen de conscience en chinois, la traduisit en coréen et l'apprit par cœur.

Dès lors il fut moins que jamais maître de ses moments.

« Ce matin, écrivait-il le samedi saint, deux mois après son arrivée, nos chrétiens étaient au comble de la joie. Ils n'avaient jamais vu célébrer l'office du samedi saint. Ils ont vu un seul prêtre le célébrer. Qu'auraient-ils dit s'ils avaient vu un office pontifical? La cérémonie a duré depuis cinq heures jusqu'à midi environ, je dis environ, car nous n'avons ni montre, ni horloge, ni aucune espèce de cadran. J'ai baptisé sept adultes. Le plus grand obstacle à la beauté de la cérémonie, après le défaut d'officiants, venait de l'appartement même. Nous avions ajusté une croix au bout d'un roseau, mais on ne pouvait élever au-dessus de sa tête ni la croix, ni le cierge pascal, ni le roseau. Ordinairement, on ne peut entrer dans les appartements des Coréens sans se courber : un homme de cinq pieds et quelques pouces n'est pas à l'aise. »

Du secours lui arriva bientôt, c'était M. Jacques Chastan[1], ancien professeur au séminaire général de Pulo-Pinang, que la mission de Corée avait séduit, comme elle avait séduit Bruguière et Maubant.

Il se mit en route dès 1834. Arrivé dans un des ports du Kiang-nan, il s'embarqua avec trois chrétiens du Fokien, sur une barque de pêcheurs, et fit voile à travers le golfe du Tché-ly, vers les rivages de la Tartarie.

Quand il descendit à terre, deux de ses guides, effrayés à la vue de cette contrée inconnue et presque déserte, refusèrent de marcher plus en avant. Ils voulaient même entraîner M. Chastan avec eux ; celui-ci tint ferme, les paya, et s'en alla à la découverte avec un seul fokinois qui lui resta fidèle. Après un mois de courses

---

[1] Du diocèse de Digne.

hasardeuses et de recherches inutiles, il arriva sur les frontières de la Corée; mais, ne trouvant personne pour l'introduire, il en fut réduit à saluer de loin les montagnes, murmurant sans doute, comme quarante-deux ans plus tard Mgr Ridel exilé :

« Quel beau panorama! on dirait un sourire de la Corée. »

« Du fond de mon cœur, embrassant tout le pays, je lui envoyai ma plus tendre bénédiction, en disant :

« Au revoir, que ce soit bientôt! »

Chastan revint au Chang-tong et offrit ses services au vicaire apostolique de cette mission. Il était de ceux qu'on ne refuse pas.

Pendant ce temps il avait fait prévenir M. Maubant, et l'avait prié de lui envoyer des courriers; la chose fut décidée et le missionnaire repartit.

Il arriva à Pien-men, sur la frontière, le jour de Noël 1836. Le 28 décembre les courriers coréens le rencontrèrent.

« Pourrez-vous marcher comme un pauvre homme avec un paquet sur l'épaule? dirent-ils au prêtre.

— Très certainement, repartit celui-ci, d'autant plus que je ne suis pas fort riche. »

On se mit en route le 31 décembre à minuit.

Les douanes furent heureusement franchies et le second apôtre entra en Corée.

IX

UN ÉCOLIER SANS PAREIL. — Mgr IMBERT, SES VERTUS

Aux deux nouveaux missionnaires de la Corée, ainsi qu'à leurs chrétiens, un chef était nécessaire. Rome le choisit.

Quelques années auparavant, un missionnaire du Su-tchuen, en Chine, Laurent Imbert, avait offert de se consacrer à la Corée. Sa proposition ne fut pas acceptée, parce qu'il semblait plus utile au Su-tchuen. Mais, à la mort de Mgr Bruguière, on songea à lui pour prendre en main la direction de la mission.

L'enfance et la jeunesse d'Imbert méritent d'être racontées, elles se distinguent par la piété, la générosité, l'activité.

Un jour, dans un petit hameau nommé Calas, près d'Aix, un pauvre enfant trouva un sou dans la rue. Il s'empressa d'acheter un alphabet avec son petit trésor, afin d'apprendre ses lettres. Une bonne vieille voisine l'aidait dans ses premiers essais, et avec un charbon il s'appliqua à copier sur les murs les lettres de son livre avec une si grande bonne volonté, que sa vieille amie lui fit cadeau d'une plume et d'un cahier. Ainsi apprit à lire et à écrire Laurent-Marie-Joseph Imbert, évêque de Capse, vicaire apostolique de la Corée.

Il était né le 15 avril 1797, de parents si pauvres, qu'ils ne pouvaient faire instruire leurs enfants. Son curé, ayant remarqué son grand désir d'étudier, devint son premier maître et le fit entrer plus tard chez les frères de Saint-Joachim. Il devait payer seulement ses vêtements et ses petites fournitures. Mais c'était encore trop pour son pauvre père. Laurent se mit à fabriquer des chapelets qu'il vendait pour s'entretenir. Grâce à son application et à ses moyens naturels, il faisait des progrès sérieux et rapides dans ses études.

D'un autre côté, son ambition s'accrut avec son adresse dans la fabrication des chapelets. Il fit venir de Lyon du fil d'argent et des médailles et perfectionna son travail à ce point qu'il servit, avec le surplus de ses épargnes, un petit revenu mensuel de 15 francs à son vieux père. Ainsi il acheva ses études, passa ses examens de bachelier ès lettres et entra au grand séminaire d'Aix, s'entretenant toujours par la vente de ses chapelets. Il pratiquait une grande mortification et s'imposait des privations extraordinaires afin de croître en vertu et de se préparer aux fatigues de l'apostolat. C'était là, en effet, le but et le rêve caressés de ce saint jeune homme.

Après avoir consulté Dieu longtemps dans la prière, il partit pour le séminaire des Missions étrangères de Paris. Il y passa quinze mois, et s'embarqua pour la Chine en 1820. Il fut cinq années avant d'arriver au Su-tchuen, où il travailla pendant douze ans avec un grand zèle et des fruits de salut très abondants.

Statue de Mgr Imbert, vicaire apostolique de la Corée, à Calas (Bouches-du-Rhône).

A la mort de Mgr Bruguière, on pensa à lui pour le remplacer. Sacré évêque de Capse, il se rendit aussitôt sur les frontières de la Corée et profita de la foire annuelle de Pien-men pour y entrer avec les courriers envoyés à sa rencontre.

« Dieu soit béni, écrivait-il peu après; qu'importent les fatigues! Je suis au milieu de mes enfants, et le bonheur que j'éprouve à les voir me fait oublier les peines qu'il m'a fallu endurer pour me réunir à eux. J'ai passé le premier jour de 1838 sous le toit d'une famille chrétienne. Dès le soir, M. Maubant est venu me rejoindre. Nous nous sommes embrassés comme des frères.

Trois mois après, Mgr Imbert pouvait déjà entendre les confessions. Ses deux confrères, après avoir terminé leur administration dans les districts éloignés, vinrent l'aider à la capitale et lui rendre compte de leurs succès. Depuis l'arrivée de l'évêque, tous trois avaient baptisé près de deux mille païens adultes. Au lieu de six mille chrétiens qu'avait trouvés M. Maubant à son entrée en Corée, à la fin de 1838, on en comptait neuf mille.

Laissons Mgr Imbert nous raconter au prix de quels travaux ces fervents apôtres achetaient des succès si consolants.

« Je suis accablé de fatigue, écrivait-il, et je suis exposé à de grands périls. Chaque jour je me lève à deux heures et demie. A trois heures, j'appelle les gens de la maison pour la prière, et à trois heures et demie commencent les fonctions de mon ministère par l'administration du baptême, s'il y a des catéchumènes, ou par la confirmation. Viennent ensuite la sainte messe, la communion, l'action de grâces. Les quinze à vingt personnes qui ont reçu les sacrements peuvent ainsi se retirer avant le jour. Dans le courant de la journée, environ autant entrent, un à un, pour se confesser et ne sortent que le lendemain matin, après avoir reçu la sainte communion. Je ne demeure que deux jours dans chaque maison, où je réunis les chrétiens et, avant que le jour paraisse, je passe dans une autre. Je souffre beaucoup de la faim, car, après s'être levé à deux heures et demie, attendre jusqu'à midi un mauvais et faible dîner, d'une nourriture peu substantielle, sous un climat froid et sec, n'est pas chose facile.

« Après le dîner, je prends un peu de repos, puis je fais la classe de théologie à mes grands écoliers ; ensuite, j'entends encore quelques confessions jusqu'à la nuit. Je me couche à neuf heures, sur la terre couverte d'une natte et d'un tapis de Tartarie ; car, en Corée, il n'y a ni lit, ni matelas. J'ai toujours, avec un corps faible et maladif, mené une vie laborieuse et fort occupée ; mais ici je pense être parvenu au superlatif et au *nec plus ultra* du travail. Vous pensez bien qu'avec une vie si pénible, nous ne craignons

guère le coup de sabre qui doit la terminer. Malgré tout cela je
me porte assez bien : ce pays sec et froid convient à mon tempérament. »

Ce genre de vie, imposé par les circonstances et si pénible à
la nature, les deux compagnons de Mgr Imbert le partageaient
avec le même entrain. Mais ce qui leur était le plus cruel, c'était
la crainte continuelle d'une persécution générale, qui d'un
moment à l'autre pouvait éclater comme un ouragan terrible et
détruire, en quelques jours, le fruit de tant de travaux et de
sacrifices.

L'orage semblait en effet gronder sourdement. De temps en
temps des alertes et des nouvelles de persécutions locales tenaient
en éveil missionnaires et chrétiens. Plusieurs victimes choisies
étaient allées cette année même, 1838, grossir dans le ciel le
nombre des martyrs.

Et cependant, au milieu de tant de préoccupations, comme si
l'administration de tant de chrétiens dispersés et le soulagement
de tant de misères n'eussent pas suffi à leur zèle, ces trois fervents
apôtres songeaient à l'abandon des îles Liéou-Kiéou et s'informaient
auprès des Japonais de Fuzan-Kaï des moyens d'aller recueillir
les nobles débris échappés au Japon, à deux siècles de persécution. Qu'il est beau, ce feu de l'amour qui fait mépriser les dangers présents et certains, pour voler sans crainte au-devant
d'autres plus grands encore, si possible, pourvu que le Bien-Aimé
soit connu, aimé et glorifié! *Fatigatus non lassatur, arctatus non
coarctatur, territus non conturbatur; sed, sicut viva flamma et
ardens facula, sursum erumpit secureque pertransit*[1].

Dieu se contenta des bons désirs de ses serviteurs. La croix les
attendait en Corée; bientôt ils devaient y consommer leur sacrifice. La foi avait repris un nouvel essor partout où les missionnaires avaient pu pénétrer. Un grand nombre d'apostats avaient
pleuré leur lâcheté passée. Les catéchistes, les confréries et des
livres de religion avaient donné plus de ferveur et de cohésion

---

[1] L'amour ne se lasse point par la fatigue, n'est enchaîné par aucun lien, troublé par aucune frayeur; mais, semblable à la vive flamme et à l'ardente torche, s'élève avec force et franchit tous les obstacles sans aucune peur.

aux chrétientés, et, malgré le danger, bon nombre de païens même avaient reçu le baptême. Encore quelques années d'un pareil régime, et les chrétiens, devenant plus nombreux, auraient forcé le gouvernement à garder des égards envers leur foi. Mais Dieu, cette fois encore, ne fit que montrer à la pauvre Corée de si zélés pasteurs : le fer des tyrans allait de nouveau la replonger dans le sang et les larmes.

Au mois de janvier 1839, quelques alertes avaient eu lieu à la capitale; plusieurs maisons de chrétiens importants avaient été visitées par les satellites. Dans une de ces perquisitions on découvrit les ornements de l'évêque cachés chez Damien Nam. Il fut arrêté avec sa femme et plusieurs autres chrétiens. La persécution se déchaîna de nouveau, plus violente que jamais, et à la suite d'exécutions qui se succédèrent bientôt tous les jours à la capitale et dans les environs, la terreur s'empara de tous les pauvres chrétiens.

Mgr Imbert, en face d'une crise si violente, crut prudent de quitter la capitale et alla s'établir dans un petit village du district de Siou-ouén, retiré à la pointe d'un petit promontoire qui s'avance dans la mer. Il pensait échapper ainsi aux regards indiscrets et faire oublier sa présence dans le pays. Vaines précautions. Le serviteur de M. Chastan, le gardien de la maison de l'évêque, un membre très dévoué de l'ambassade et quelques autres chrétiens venaient d'être arrêtés en même temps. Cette fois, le gouvernement semblait choisir ses victimes et devait être bien renseigné. Hélas! plusieurs faux frères s'étaient glissés parmi les fidèles et avaient trahi leurs secrets auprès des mandarins.

Bientôt on porta des sentences de mort contre d'anciens prisonniers pour la foi, et toutes ces nouvelles, grossies et répandues dans les provinces, furent l'étincelle qui ralluma partout le feu de la persécution. Du fond de sa retraite, Mgr Imbert apprenait tous les jours des nouvelles de plus en plus désolantes. La situation lui parut tellement grave qu'il écrivit à ses deux confrères de venir conférer avec lui. M. Chastan fut bientôt près de lui. Monseigneur envoya de nouveau un billet à M. Maubant, ainsi conçu :

« Bien cher confrère.

« M. Chastan est arrivé avant-hier à midi. *Deo gratias*. Votre catéchiste Jean est venu hier m'apprendre que tout est perdu et qu'il ne manque plus que nous pour terminer la fête. Les satellites se répandent dans les campagnes pour nous arrêter. Il faut qu'au moins l'un de nous se livre et paye de sa personne; les deux autres sortiront du royaume. Ainsi, venez de suite; car plus nous différons, plus il y a de danger. Venez vite, venez vite, je fais partir une barque pour aller vous rencontrer. »

Obéissant à l'ordre de son évêque, M. Maubant accourut aussitôt. Il semble que Mgr Imbert avait l'intention de renvoyer ses deux prêtres en Chine et de se livrer lui-même pour apaiser la tempête. Le lendemain de cette réunion, tous trois se séparèrent, prêts à tout événement. Ils ne devaient plus se revoir que dans les prisons de la capitale et dans les mêmes supplices.

X

MARTYRE DE Mgr IMBERT ET DE MM. CHASTAN ET MAUBANT

Bientôt la présence de trois prêtres européens ne fut plus ignorée de personne. Un décret de prise de corps fut porté contre eux par le gouvernement, et une grosse récompense promise à qui les arrêterait.

Un faux frère, Kim-le-saing-i, s'offrit à les livrer, si on lui donnait les hommes nécessaires, ce qui fut accepté avec joie.

Cependant, prévoyant bien que l'évêque et les deux missionnaires, s'ils n'étaient vendus, pourraient braver longtemps ses recherches, il résolut d'employer la ruse. C'est l'arme favorite des traîtres. Kim était dans son rôle. Il partit pour la province, alla visiter quelques-uns de ses anciens amis chrétiens, et leur annonça les grandes choses qui, suivant lui, se passaient à Séoul.

« A la capitale, leur dit-il, nos frères les plus éclairés ont développé les vérités de la religion devant les mandarins. Par la grâce de Dieu, les magistrats, les ministres eux-mêmes ont ouvert les yeux, et, si l'Évangile leur est convenablement expliqué, tous sont disposés à le recevoir. Le temps de la liberté est enfin arrivé, et quand l'évêque ou les prêtres se présenteront, toute la cour va certainement se faire chrétienne. Je suis porteur d'une lettre de Paul Tieng pour l'évêque, indiquez-moi donc où il est. »

Deux néophytes, trompés par ces paroles, dirent que probablement André Tsieng connaîtrait sa demeure, et le traître suivi des satellites se fit conduire chez ce dernier.

André Tsieng était très bon chrétien, malheureusement sa simplicité passait toutes les bornes. Le récit de Kim, qu'il ne songea nullement à mettre en doute, le transporta de joie. Cependant, afin de ne pas se compromettre, après y avoir songé toute la nuit, il dit qu'il irait seul aux informations.

Pressé de se laisser accompagner par le traître et ses soldats déguisés en ouvriers et en paysans, il y consentit; à mi-route, il eut quelques vagues soupçons, repoussa les soldats, refusa de marcher s'ils l'accompagnaient, et partit avec Kim seulement; celui-ci s'arrêta à quelques lys de la résidence de l'évêque, et André alla trouver Mgr Imbert, auquel il raconta ce qui s'était passé.

« Mon fils, lui dit le prélat, tu as été trompé par le diable. »

Puis réfléchissant que le traître était presque à la porte, que la fuite était devenue impossible et ne servirait qu'à faire torturer les chrétiens qui, consternés, l'entouraient et le suppliaient de sauver leur vie, il prit la résolution de se livrer.

Ces faits se passaient dans la nuit du 10 août 1839.

Le matin, l'évêque célébra la messe pour la dernière fois et écrivit à Maubant et à Chastan la lettre suivante :

« J. M. J. 11 août.

« Mes chers confrères, Dieu soit béni! et que sa très sainte volonté soit faite! Il n'y a plus moyen de reculer. Ce ne sont plus les satellites que l'on envoie à notre recherche, mais les chrétiens. André Tsieng est arrivé à une heure après minuit. On lui a raconté les plus belles merveilles, et le pauvre homme a promis de m'appeler. Cependant cachez-vous bien jusqu'à nouvel avis, si je puis vous en donner. Priez pour moi.

« LAURENT-JOSEPH-MARIE IMBERT.

« ÉVÊQUE DE CAPSE. »

Il se mit alors en marche pour se rendre au lieu où le traître l'attendait. A quelque distance plus loin il rencontra les cinq satellites, et obtint d'eux que le pauvre André, qui voulait le suivre, fût renvoyé dans sa famille. En route, il annonça la parole de Dieu à ses gardes et à une vingtaine d'autres personnes, que la curiosité attira sur son passage.

Il fut de suite dirigé vers la capitale. Arrivé aux portes de Séoul, il fut lié de la corde rouge dont on se sert pour garrotter les criminels d'État, et remis entre les mains du grand juge, qui l'enferma d'abord dans la prison des voleurs. Les interrogatoires commencèrent immédiatement. On fit subir au captif le supplice de la courbure des os, pour qu'il dénonçât la retraite des autres Européens; puis on lui demanda :

« Pourquoi êtes-vous venu ici?

— Pour sauver les âmes.

— Combien avez-vous instruit de personnes?

— Environ deux cents.

— Reniez Dieu. »

A cette parole l'évêque, frémissant d'horreur, éleva fortement la voix et répondit :

« Non, je ne puis renier mon Dieu. »

Comprenant qu'il n'obtiendrait rien, le juge le fit bâtonner et reconduire en prison.

La ruse avait réussi une première fois, les satellites essayèrent de l'employer une seconde pour se saisir des missionnaires; leurs projets furent déjoués, et les deux chrétiens auxquels ils s'adressèrent s'échappèrent, l'un après l'autre, sans leur avoir donné le moindre renseignement.

L'héroïsme de l'évêque et des missionnaires allait d'ailleurs les aider mieux que les policiers les plus habiles. Convaincu que la persécution cesserait ou du moins se calmerait par l'arrestation de tous les Européens, Mgr Imbert eut, comme autrefois Mgr de Saint-Martin, dans la mission du Su-tchuen, la sublime inspiration d'ordonner à ses prêtres de se livrer. Il leur écrivit un court billet contenant ces seuls mots :

« Le bon pasteur donne sa vie pour ses brebis; si vous n'êtes pas encore partis en barque, venez avec l'envoyé Son-kie-tsong. »

C'était le nom d'un capitaine de satellites qui, à la tête de plus de cent hommes, venait saisir les missionnaires. M. Maubant reçut le premier cette lettre, la transmit à M. Chastan, et tous les deux obéirent.

Avant de se remettre aux mains des bourreaux, ils adressèrent chacun une lettre aux chrétiens qu'ils avaient évangélisés, pour les consoler, les affermir dans la foi, et leur faire les diverses recommandations réclamées par les circonstances. Sur ces entrefaites, arriva une seconde lettre de Mgr Imbert. C'était la répétition de la première.

« J'ai possédé nombre d'années, écrit Mgr Verrolles, ce précieux autographe que je gardais dans mon diurnal; un pieux larcin fait par une main inconnue, m'en a privé. Il était en latin et ainsi conçu :

« *In extremis, bonus pastor dat vitam pro ovibus; unde si nondum profecti estis, venite cum præfecto Son-kie-tsong, sed nullus christianus vos sequatur.* IMBERT, *episcopus Capsensis.* — Dans les cas extrêmes, le bon pasteur donne sa vie pour ses brebis; si donc vous n'êtes pas encore partis, venez avec l'officier Son-kie-tsong, mais qu'aucun chrétien ne vous suive. »

Le Père Maubant, martyrisé en Corée (1839).

En recevant ce billet, qui faisait appel à leur héroïsme, les deux missionnaires n'hésitèrent pas.

Tout d'abord ils adressèrent à tous les membres de la société des Missions étrangères ces quelques lignes d'adieu :

« Corée, 6 septembre 1839. J. M. J.

« Messeigneurs, Messieurs et chers confrères,

« La divine Providence, qui nous avait conduits à travers tant d'obstacles dans cette mission, permet que la paix dont nous jouissions soit troublée de nouveau par la persécution. Le tableau qu'en a tracé Mgr Imbert avant son entrée en prison et qui vous sera envoyé avec ces lettres vous en fera connaître la cause, la suite et les effets.

« Aujourd'hui, 6 septembre, est arrivé un second ordre de Monseigneur de nous présenter au martyre. Nous avons la consolation de partir après avoir célébré une dernière fois le saint sacrifice. Qu'il est consolant de dire avec saint Grégoire : *Unum ad palmam iter pro Christo appeto*[1]. Si nous avons le bonheur d'obtenir cette belle palme *quæ dicitur suavis ad gustum, umbrosa ad requiem, honorabilis ad triumphum*[2], rendez-en pour nous mille actions de grâces à la divine Providence, et ne manquez pas d'envoyer au secours de nos pauvres chrétiens qui vont de nouveau se trouver orphelins. Pour encourager nos chers confrères qui seront destinés à nous remplacer, nous avons l'honneur de leur annoncer que le premier ministre Ni, actuellement grand persécuteur, a fait faire trois grands sabres pour couper des têtes.

« Si quelque chose pouvait diminuer la joie que nous éprouvons à ce moment du départ, ce serait de quitter ces fervents néophytes que nous avons eu le bonheur d'administrer pendant trois ans et qui nous aiment comme les Galates aimaient saint Paul. Mais nous allons à une trop grande fête pour qu'il soit permis de laisser entrer dans nos cœurs des sentiments de tristesse. Nous avons l'honneur de recommander nos chers néophytes à votre ardente charité.

« Agréez nos humbles adieux, etc.

« Jacques-Honoré CHASTAN, Pierre-Philippe MAUBANT. »

Tout étant ainsi arrangé, les généreux missionnaires se hâtèrent d'aller à la rencontre des satellites, imitant ainsi le noble exemple de leur évêque. Aussitôt chargés de chaînes, ils furent conduits à cheval à Séoul, la capitale. Le grand juge criminel,

---

[1] Je soupire après la mort pour le Christ, seul chemin de la gloire.
[2] Que l'on dit suave au goût, ombreuse pour le repos, et glorieuse dans la victoire.

déployant un appareil formidable, traduisit à sa barre les trois Européens et leur dit :

« Qui vous a logés? D'où vient l'argent que vous avez? Qui vous a envoyés? Qui vous a appelés? »

Ils répondirent :

« C'est Paul Tieng qui nous a logés. L'argent à notre usage, nous l'avons apporté avec nous. Nous avons été envoyés par le souverain pontife, chef de l'Église, et les Coréens nous ayant appelés pour secourir leurs âmes, nous sommes venus ici. »

Ces réponses leur attirèrent une rude bastonnade, qui fut renouvelée trois jours de suite.

Ils furent ensuite invités à quitter la Corée :

« Retournez maintenant dans votre patrie, leur dit le juge.

— Nous ne voulons pas, répondirent-ils, nous sommes venus pour le salut des âmes des Coréens, et nous mourrons ici sans regret. »

Reconduits à leur cachot, ils y furent pendant quelque temps gardés à vue jour et nuit; transférés au Keum-pou, prison des dignitaires, ils subirent de nouveaux interrogatoires devant les principaux ministres; ils furent condamnés à mort, et leur exécution fut fixée au 21 septembre.

Le jour venu, on les conduisit au supplice, en dehors de Séoul, en un lieu nommé Sai-nam-to, non loin du fleuve Han-Kang qui traverse la capitale.

A l'endroit fixé, on avait planté un pieu au sommet duquel flottait un étendard, portant la sentence de mort.

A peine arrivés, les condamnés sont dépouillés de leurs vêtements; les soldats leur attachent les mains devant la poitrine, leur passent sous les bras de longs bâtons, leur enfoncent deux flèches de haut en bas à travers les oreilles, et leur jetant de l'eau au visage, les saupoudrent d'une poignée de chaux; six hommes saisissent ensuite des bâtons, font faire trois fois aux martyrs le tour de la place, pour les livrer aux dérisions et aux grossières moqueries de la foule. Enfin on les fait mettre à genoux, et une dizaine de soldats courent autour d'eux le sabre au poing, simulant un combat, et leur déchargent en passant un coup de sabre.

M. Chastan, ayant reçu un premier coup qui lui effleura simplement l'épaule, se leva instinctivement et retomba aussitôt à genoux. Mgr Imbert et M. Maubant restèrent immobiles jusqu'au coup mortel.

Un soldat prit les têtes qui roulaient à terre, les posa sur une planche, et les présenta au mandarin.

La justice coréenne était satisfaite et le catholicisme solidement implanté en Corée. Les Coréens pensaient peut-être le contraire, bien des sages partagent leurs idées, et cependant rien n'est plus vrai; l'histoire de l'Église n'est-elle pas un défi à la sagesse humaine, n'a-t-elle pas été fondée sur le Calvaire lorsque l'auguste Victime mourait pour le salut du monde?

XI

UNE FAMILLE DE MARTYRS

Lorsqu'il plut à la Providence d'envoyer des pasteurs à la Corée, ils trouvèrent de précieux auxiliaires dans les premiers disciples qu'ils formèrent. Quelques-uns de ces néophytes se distinguèrent par un zèle et une fidélité à toute épreuve. Attachés, sur la terre, à leurs maîtres spirituels par les liens de la foi et du dévouement, ils partagèrent jusqu'au bout leurs travaux et leurs souffrances, et il est difficile de célébrer la gloire des premiers sans évoquer la mémoire des seconds.

Dès qu'on parla du christianisme en Corée, un médecin célèbre, du nom de Tieng, noble d'origine, suivit de près le mouvement des esprits vers cette religion nouvelle. Afin d'être plus libre de satisfaire ses aspirations et son goût pour l'étude, il renonça à sa profession et à l'espoir des dignités. Cependant l'audace de Piek-i le scandalisa, et il s'éloigna de cet imprudent novateur. Il continua d'étudier avec soin et persévérance, et, reconnaissant la vérité du christianisme, au bout de cinq années de recherches il se fit baptiser. A l'imitation du grand évêque d'Hippone, dont il avait connu les longues hésitations et qu'il choisit à son baptême pour patron, Augustin Tieng se consacra tout entier aux intérêts de la religion. Il communiqua ses sentiments aux personnes de sa maison et prit un soin spécial de l'éducation chrétienne de son fils. Sa femme, Cécile Niou, qu'il épousa en secondes noces, était digne de lui par ses qualités et ses vertus.

Le martyr Alexandre Hoang, ami intime d'Augustin, a laissé dans ses mémoires un éloge pompeux de cet homme de bien.

« Partout, dit-il, à cheval ou en bateau, Augustin méditait sur les mystères de la religion. S'il rencontrait des ignorants, il mettait tous ses soins à les instruire, et, quelque fatigué qu'il fût, on ne voyait en lui ni paresse, ni ennui à le faire. Il composa en coréen, sur les principaux articles de la foi, deux livres, dans lesquels il réunit tout ce qu'il en avait appris. Grâce à la précision admirable de son esprit et à sa parole claire et simple, il fortifiait la foi et échauffait la charité dans le cœur de tous. »

Le Père Tsiou le nomma président de la confrérie de l'Instruction chrétienne, et son zèle pour la religion, qui le distinguait entre tous, devait nécessairement le désigner à la haine spéciale de ses ennemis. Un accident qui arriva au porteur d'une caisse appartenant au prêtre, fut la cause de son arrestation. Afin de déguiser la forme de cette boîte, cet homme l'avait entourée de branches d'arbre; mais le volume et l'étrangeté du fardeau attirèrent l'attention d'un agent de la police. Il conduisit le porteur devant le mandarin; la vue d'objets et d'ornements sacrés dont cette boîte était remplie causa une vive surprise dans le prétoire.

Augustin, compromis par les révélations du porteur, fut jeté en prison avec deux de ses frères. Ceux-ci, bien que chrétiens sincères, étaient loin d'avoir sa générosité. Effrayés par les menaces de supplices épouvantables, ils fermèrent l'oreille aux courageuses exhortations d'Augustin, et, par une apostasie extérieure, ils purent, cette fois, sauver leur vie et partirent pour un exil perpétuel. Peu de temps après cependant, l'un d'eux, après avoir travaillé par ses écrits à l'apologie de la religion, eut le bonheur de laver dans son sang son apostasie passagère.

Augustin Tieng demeura ferme dans les tortures et fut condamné à mort. Ses derniers moments couronnèrent dignement une si sainte vie. Marchant au supplice avec joie, il s'efforçait d'imiter Notre-Seigneur dans les circonstances de sa passion, et il voulut même, comme lui, demander un peu d'eau pour étancher sa soif; il s'écria :

« Le Seigneur suprême du ciel vous a créés et vous conserve.

Tous, vous devez vous convertir à votre premier principe. De grâce, n'en faites point follement le sujet de vos railleries. Oui, ce supplice que vous regardez comme une honte et un opprobre, pour moi deviendra un sujet d'éternelle gloire. »

Il fut interrompu par le bourreau, qui lui commanda de poser sa tête sur le billot. Il voulut se placer de façon à avoir les yeux tournés en haut.

« Il vaut mieux mourir, dit-il, en regardant le ciel qu'en regardant la terre. »

L'exécuteur, tremblant devant cette victime si forte en face de la mort, le frappa d'une main mal assurée et lui fit une horrible blessure au cou. Augustin se redressa, fit un grand signe de croix et, remettant sa tête sur le billot, reçut le coup mortel; c'était le 8 avril 1801. Il n'avait que quarante-deux ans.

Son fils Charles avait fait son possible pour adoucir les rigueurs de la prison de son père. C'était l'époque où les persécuteurs, assurés de la présence en Corée d'un prêtre étranger, employaient tous les moyens pour le découvrir. Les satellites de la prison offrirent à Charles la liberté de son père, s'il voulait trahir le Père Tsiou. La foi du jeune homme triompha de sa piété filiale, et il refusa de parler. Furieux de ce silence, les juges le firent mettre à la torture et jeter en prison. Il y avait à peine un mois que son père avait consommé son martyre que Charles à son tour payait de sa tête sa fidélité à la religion. Il n'avait que vingt ans.

Augustin laissait une veuve avec trois petits enfants, et Charles en laissait une aussi avec un jeune fils. Tous leurs biens furent confisqués, et, sans l'assistance d'un homme du peuple, qui fut touché de leur misère, les survivants de cette noble famille seraient morts de faim.

Parmi les enfants d'Augustin, un fils nommé Paul sembla hériter du courage et des vertus de son père et de son frère aîné. Avec l'âge il devint le soutien de sa famille, et, malgré les dangers, malgré les reproches et les sarcasmes de ses proches devenus apostats ou restés païens, il persista dans les pratiques chrétiennes de son enfance.

Son unique souci était de bien connaître la religion et ses devoirs, ce qui était très difficile alors à cause de l'impossibilité de se mettre en relation avec les néophytes dispersés par la persécution. Il apprit la retraite d'un fervent chrétien nommé Justin Tsio, exilé pour la foi, et il résolut d'aller le visiter. C'était un voyage de cent lieues à faire à pied, seul, sans guide et sans argent. Comptant sur Dieu et sur sa force physique, il entreprit ce long et périlleux voyage.

Justin Tsio accueillit avec empressement le jeune homme et lui enseigna à lire et à écrire en chinois, en même temps qu'il achevait son instruction religieuse. Paul nourrissait déjà de grands projets malgré sa pauvreté et son isolement. Le Père Tsiou était mort. Au milieu du désarroi où sa mort et celle des principaux chrétiens avaient jeté l'Église de Corée, il était absolument nécessaire de relier les rapports d'autrefois avec la Chine. Se souvenant des exemples de son courageux père, Paul croyait de son devoir d'aller implorer des prêtres pour son pays auprès de l'évêque de Pékin.

Justin Tsio l'encouragea dans son projet, et quelques mois après, avec les secours que lui avait donnés la charité de quelques chrétiens fervents, il entreprit cette longue expédition. Cachant d'abord sa noble origine, il commença par obtenir une place de domestique d'ambassade, afin de profiter de son séjour à Pékin pour voir l'évêque et les prêtres et former avec eux des projets pour un avenir plus favorable. Il fit plusieurs fois sans aucun succès ce long voyage; mais il avait du moins le bonheur de recevoir les sacrements et de retremper son courage. De là-bas aussi il rapportait des paroles de consolation à ses frères infortunés, pour les aider à attendre des jours meilleurs. Quoiqu'il n'eût que vingt ans alors, comme il payait de sa personne et qu'il avait de grandes qualités, il se trouva peu à peu et naturellement à la tête des chrétiens de l'Église de Corée.

Un savant interprète de l'ambassade devint bientôt pour lui un précieux auxiliaire dans ses voyages annuels. Cet interprète s'était adonné avec passion à l'étude des philosophes chinois, croyant trouver dans leurs livres des réponses satisfaisantes aux doutes de son esprit. Un jour qu'il regardait par hasard des feuilles de papier qui tapissaient le fond d'une boîte, il lut, écrits en chinois, certains mots étranges : « ... âme spirituelle.... âme sensitive.... âme végétative... », qui piquèrent sa curiosité. Il se met à décoller avec précaution toutes ces feuilles, et y reconnaît les lambeaux d'un livre chrétien sur l'âme et sur sa fin. Soupçonnant la vérité, il s'adressa sans détour à quelques chrétiens, qui complétèrent sa découverte et le convertirent à la foi. Paul Tieng le pressa alors de l'accompagner à Pékin et de solliciter pour lui-même la place d'interprète d'ambassade. Dès lors il eut dans cet ami un protecteur officiel, et ses démarches étaient davantage à l'abri des soupçons.

Le fervent catéchumène reçut le baptême à Pékin et prit le nom d'Augustin. Il pressa, lui aussi, l'évêque d'envoyer au secours de l'Église de Corée, et il adressa même une longue supplique au Père commun des fidèles.

Peu après, un valet d'ambassade, Charles Tsio, se convertit aussi, et, malgré son obscure origine et son manque d'éducation, il fut d'un grand secours aux deux amis par le zèle et le désintéressement qu'il apporta à les seconder. Pendant plus de vingt ans, Paul Tieng, seul ou avec ses deux amis, recommença ce long voyage de Pékin, et, sans se décourager par ses précédents insuccès, renouvela bien des fois ces tentatives infructueuses. Enfin, en 1836, il eut la joie d'introduire M. Maubant et de le guider lui-même à travers les douanes et les postes de soldats de la frontière. L'année suivante, M. Chastan se confiait de nouveau à sa prudence pour l'aider à entrer en Corée.

« Pourriez-vous, lui dit Paul, porter un petit paquet?

— Sans doute, reprit gaiement le missionnaire; que de fois ne l'ai-je pas fait! »

Quelques instants après, couvert d'habits sales et grossiers, courbé sous un fardeau, M. Chastan suivait à pied, comme un pauvre, ses fidèles courriers. La frontière fut franchie sans encombre, et, grâce à ce stratagème, le missionnaire put bientôt goûter l'hospitalité et le repos dans une maison coréenne.

Cette même année 1837, Paul retourna encore en Chine au-devant de Mgr Imbert. Quelle joie n'eut-il point en recevant la bénédiction de ce prélat, ange visible que Dieu envoyait enfin à cette pauvre Église de Corée! Paul redoubla d'adresse et de prudence aux passages dangereux. Par une nuit de décembre, l'évêque franchit le fleuve gelé, et, grâce au froid et à la nuit sombre, il arriva, avec les mêmes émotions que ses prédécesseurs, à une pauvre auberge, où il sut tomber malade très adroitement pour éviter les questions importunes. Treize jours après, l'évêque était à la capitale avec ses deux confrères.

Ces voyages continuels avaient usé la santé de Paul Tieng. Sa mission, du reste, était accomplie, et il se fixa à la capitale. Il était habile en expédients, calme dans ses entreprises, où il y allait de sa tête, et extrêmement discret; pendant vingt ans qu'il exerça les fonctions de courrier des chrétiens, il ne lui arriva jamais aucun accident, et jamais personne parmi ses compagnons de voyage ne soupçonna ses démarches et son titre de chrétien. Mgr Imbert, qui avait admiré son sang-froid et sa prudence, le chargea de prendre soin de sa maison et de diriger les relations des chrétiens avec lui.

Paul Tieng s'acquittait de cette fonction importante à la satisfaction de tous depuis plusieurs années, quand éclata la persécution de 1839, qui devait faire couler en Corée le plus pur sang de ses enfants. A la cour on venait d'apprendre ou plutôt de soupçonner la présence de Mgr Imbert et de ses compagnons. Le traître Ie-saing, jetant le masque, désigna aussitôt les victimes sur lesquelles devait s'abattre la rage des persécuteurs pour mettre à coup sûr la main sur les étrangers.

A quelques jours de distance Charles Tsio, Paul Tieng et Augustin Niou, avec leurs familles, furent jetés en prison. Par ce choix des victimes, tous comprirent que, cette fois, le gouvernement était bien renseigné. Paul Tieng, le premier, comparut devant les juges.

« Pourquoi, lui demanda le grand juge criminel, ne pratiques-tu pas les usages de ton pays? Et pourquoi surtout, non content de suivre toi-même la religion d'un royaume étranger, veux-tu encore en infatuer tout le monde?

— Tous les jours, répondit Paul, ne recevons-nous pas des objets précieux des pays étrangers? La religion chrétienne est la seule véritable; devons-nous donc la rejeter par cela qu'elle vient d'un autre pays? Mais plutôt tout homme n'est-il point tenu de la pratiquer?

— Tu loues exclusivement la religion des étrangers; prétends-tu donc que le roi fait mal de la prohiber?

— A une pareille question, je ne puis pas répondre. Je le vois, il ne me reste qu'à mourir. »

Le Père Chastan, martyrisé en Corée (1839).

C'était, en effet, par perfidie que le juge avait présenté la question sous cette forme, sachant bien que le respect outré pour la personne du roi empêcherait Paul de répondre, ou qu'il se ferait condamner en insinuant le moindre blâme. Le courageux chrétien se mit alors à développer une apologie de la religion qu'il avait préparée avec ses amis. Le juge connut la justesse de sa cause, mais il coupa court aux arguments de Paul en lui disant :

« Toutes tes paroles seraient-elles justes, que tu as tort néanmoins d'enseigner au peuple ce que le roi a défendu. »

D'atroces supplices vinrent donner du poids à cette conclusion.

Six interrogatoires se succédèrent, dans lesquels on broya les membres de Paul à coups de bâton; mais ce fut sans aucun résultat. Il resta d'une inébranlable fidélité à ceux à qui il avait voué sa vie, et il ne révéla rien au sujet de ses pères spirituels.

Lorsque Augustin Niou parut à son tour dans le prétoire, il fut sollicité par tous ses amis païens et même par le juge, qui l'estimait beaucoup, de se disculper par quelque signe d'apostasie. A ces moyens insinuants demeurés inutiles, une atroce torture succéda à cinq reprises différentes, mais sans faire aucune impression sur le confesseur. Et cependant malgré sa foi ardente,

Augustin avait tremblé souvent à la pensée de pareils supplices. Mais à ce moment la grâce le soutenait visiblement.

Le juge lui demanda :

« Qui donc a introduit le chef des étrangers dans notre pays?
— C'est moi-même!
— Et les deux autres prêtres, où sont-ils? »

A ces mots, Augustin ne répondit rien, malgré la cruelle torture employée pour le faire parler.

Charles Tsio fut digne de ses deux amis. Depuis longtemps, il pensait au martyre. Cette année-là même, à trois reprises, des visions lui annoncèrent cette grâce. Aussi était-il plein de confiance et de joie au milieu des supplices.

Comme on tenait beaucoup, à la cour, à s'emparer des deux autres prêtres, les bourreaux ne négligèrent aucun moyen barbare pour arracher des prisonniers le secret de leur retraite. Tous les trois, assis sur une planche, les mains liées au dos, et tout le corps solidement attaché à un appui, il leur fallait répondre à toutes les questions du juge. On les frappa sur le devant des jambes avec des bâtons; on leur fit ployer les os des bras et des jambes, au moyen de morceaux de bois triangulaires. Avec des cordes de crin, frottées sur leurs membres par un mouvement de va-et-vient, on leur scia les chairs dont les lambeaux détachés tombaient à leurs pieds. Et cependant ils demeurèrent fidèles jusqu'au bout. La grâce les soutenait, et l'exemple de leur évêque souffrant, comme eux, les mêmes horribles traitements, partageant leur triste prison, les animait à la persévérance.

Enfin, au lendemain de l'exécution des trois missionnaires, Paul et Augustin furent conduits au supplice, et, quatre jours après, Charles Tsio partageait leur sort. Ainsi Dieu daigna honorer de la pourpre du martyre le dévouement de ces fidèles serviteurs à la cause de la religion.

Malgré ses soixante-dix-neuf ans, Cécile, la mère de Paul, reçut, ainsi que sa fille Élisabeth, deux cent trente coups de verge. Elle mourut dans sa prison des suites de ses blessures. Sa fille fut décapitée peu après et alla ainsi rejoindre au ciel, la dernière, les membres de cette famille de martyrs.

XII

VOYAGE DE Mgr FERRÉOL ET DE M. MAISTRE

Au moment où Mgr Imbert et ses deux prêtres donnaient leur sang pour le Christ, un autre missionnaire, M. Ferréol[1], était déjà en route pour remplacer ceux qui venaient de tomber en gagnant si glorieusement la céleste et immortelle victoire; mais il trouva devant lui de nombreux obstacles.

Arrivé à Moukden, en Mandchourie, il ne put aller plus loin et fut obligé de se retirer en Mongolie.

De cette retraite, où il demeura deux ans, il dépêcha plusieurs fois des Chinois à la frontière de Corée, en leur ordonnant de se mettre en rapport avec les chrétiens de ce pays, au moment du passage de l'ambassade qui allait chaque année de Séoul à Pékin.

Ces tentatives furent inutiles; les envoyés ne trouvèrent ni lettres, ni courriers.

Les fidèles Coréens travaillaient cependant, de leur côté, à rétablir les relations avec la Chine. En 1840, l'un d'eux se dirigea vers la frontière, mais il mourut en route. L'année suivante, un autre s'y rendit également et ne put rencontrer les Chinois. Un troisième, parti à la fin de 1842, fut plus heureux et réussit à s'aboucher avec M. Ferréol.

Celui-ci venait d'être nommé évêque de Belline et vicaire

[1] Du diocèse d'Avignon, parti en 1839, mort en 1853.

apostolique de la Corée. A cette occasion il avait écrit au souverain pontife :

« Très Saint-Père,

« Appuyé sur la bonté du Dieu des miséricordes, qui donne plus abondamment son secours à ceux qui sont dans l'indigence, je reçois avec humilité le fardeau que vous m'imposez. Je remercie Votre Sainteté, et mes actions de grâces sont d'autant plus grandes, que la partie de la vigne du père de famille qui m'est assignée est plus abandonnée et d'un travail plus difficile... »

Les sentiments apostoliques du missionnaire sont encore mieux exprimés dans une lettre qu'il adressa à cette époque aux directeurs du séminaire des Missions étrangères.

« Messieurs, leur disait-il, il ne manque à la mission de Corée rien de ce qui fait ici-bas le partage de l'heureuse famille d'un Dieu persécuté, conspué, crucifié. Prions le Seigneur de réaliser l'espérance exprimée par Mgr de Capse mourant, de voir son peuple se ranger bientôt sous les lois de l'Évangile. Le sang de tant de martyrs n'aura point coulé en vain; il sera pour cette jeune terre, comme il a été pour notre vieille Europe, une semence de nouveaux fidèles.

« Je ne pense pas que le monde puisse, avec ses richesses et ses plaisirs, offrir à ses partisans une position qui ait pour eux le charme qu'a celle à laquelle nous aspirons.

« Voilà deux pauvres missionnaires, éloignés de quatre à cinq mille lieues de leur patrie, de leurs parents, de leurs amis, sans secours humains, sans protecteurs, presque sans asile au milieu d'un peuple étranger de mœurs et de langage, proscrits par les lois, traqués comme des bêtes malfaisantes, ne rencontrant, semées sous leurs pas, que des peines, n'ayant devant eux que la perspective d'une mort cruelle; assurément il semble qu'il ne devrait pas y avoir au monde une situation plus accablante.

« Eh bien, non! le Fils de Dieu, qui a bien voulu devenir fils de l'homme pour se faire le compagnon de notre exil, nous comble de joie au milieu de nos tribulations et nous rend au centuple les consolations dont nous nous sommes privés en quittant, pour son amour et celui de nos frères abandonnés, nos familles et nos amis.

« Quoique nos jours s'écoulent dans la fatigue comme ceux du mercenaire, le salaire qui nous attend à leur déclin en fait des jours de délices. Oh! qu'ils sont fous les sages du siècle de ne pas chercher la sagesse dans la folie de la croix! »

Le missionnaire dont parlait Mgr Ferréol était M. Maistre, qui lui aussi avait tenté, mais inutilement, de pénétrer par la Mand-chourie dans son vicariat.

Il était arrivé au Léao-tong vers la fin de 1842. Très inquiet sur le sort des chrétiens de Corée, il projetait déjà d'y pénétrer avec André Kim, sous l'habit d'un mendiant; mais l'évêque de Mand-chourie le détourna d'une aventure si périlleuse. Alors il se décida à envoyer André aux informations, après lui avoir recommandé une prudence extrême. Le jeune homme partit donc avec deux courriers; ils rencontrèrent à deux jours de Pien-men l'ambassade annuelle de Corée à Pékin. C'était un curieux spectacle que celui de cette longue caravane de plus de trois cents personnes, se déroulant comme un immense serpent dans ces solitudes couvertes de neiges.

André, surpris de cette rencontre, se rapproche des Coréens et les regarde défiler sans oser leur adresser la parole. A la fin, cependant, s'armant de courage, il s'avance vers l'un d'eux, regarde son passeport suspendu ostensiblement à sa ceinture et lui demande son nom:

« Je m'appelle Kim, » dit le Coréen, et il continue sa marche.

André le vit s'éloigner avec regret.

« Ce Coréen, se dit-il en lui-même, paraît meilleur que les autres. Si je le laisse partir, de longtemps je n'aurai plus l'occasion d'apprendre des nouvelles de mon pays. »

Et se rapprochant de lui, sans détour, il lui demanda:

« Es-tu chrétien?
— Oui, je le suis.

— Quel est ton nom ?
— François. »

André le considère un instant, le reconnaît et lui dit qui il est. Alors il apprend à la hâte les tristes nouvelles de la persécution : l'évêque et ses deux prêtres sont morts; plus de deux cents chrétiens ont souffert le martyre; son propre père a été décapité, sa mère est réduite à la mendicité; le père de Thomas Tsoï, son condisciple, est mort sous les coups, et sa mère a eu la tête tranchée. Enfin le courrier lui remet à la dérobée les lettres de Mgr Imbert et de ses deux missionnaires écrites peu de jours avant leur martyre, ainsi qu'une lettre des chrétiens demandant de nouveau des prêtres. Tout émus, les deux amis d'un instant se disent un dernier adieu, et André suit des yeux François, qui rejoint la caravane et disparaît bientôt avec elle à l'horizon.

Demeuré seul, il se mit à réfléchir sur ces affreuses nouvelles, et, voyant que personne n'était venu cette année au-devant du missionnaire, il résolut d'essayer de passer seul la frontière et d'aller tout préparer pour introduire M. Maistre.

C'était un cœur intrépide que celui d'André Kim, porté par goût aux entreprises les plus téméraires. Son courage, sa persévérance et sa confiance en Dieu au milieu des difficultés le rendirent, malgré sa jeunesse, l'auxiliaire le plus dévoué des missionnaires dans leurs travaux. Quand il s'agissait du service de ces prêtres qu'il regardait comme des pères, rien ne lui coûtait, rien ne lui paraissait impossible, et il se jetait sans calculer au milieu des plus grands dangers.

Muni d'une provision de viande salée et d'une centaine de taëls cachés dans la doublure de ses habits de mendiant, il se dirigea vers Ei-tsiou, première ville de la frontière de Corée. Après avoir franchi ces plaines de neige toute une journée, il arriva le soir sous les murs de la ville. Son dessein était de couper un fagot de bois, de le charger sur ses épaules et d'entrer ainsi dans la ville sans exciter les soupçons. Hélas! il avait oublié son couteau à Pien-men. Sans se décourager, il imagina aussitôt un autre plan, qu'il raconte lui-même en ces termes :

« Appuyé, dit-il, sur la miséricorde de Dieu et la protection de la sainte Vierge, qui n'a jamais abandonné ceux qui mettent leur confiance en elle, je m'avançai vers la porte d'Ei-tsiou. Un soldat était sur le seuil pour demander les passeports à ceux qui entraient. En ce moment, arrivent des Coréens venant de Pien-men avec un troupeau de bœufs. Je me joignis à eux et me glissai de suite au milieu des bœufs, dont la haute taille me déroba un instant aux regards de la sentinelle. L'examen se faisait au milieu des torches, et un officier se tenait sur un lieu plus élevé afin que personne ne pût s'enfuir. Les premiers qui avaient été examiné commençaient à s'en aller; je me mis à les suivre sans mot dire. Mais l'officier m'appela par derrière, me reprochant de passer sans avoir montré mon passeport. Comme il continuait ses reproches, je lui répondis:

« — Mais on a déjà donné les passeports. »

« Et je m'esquivai en toute hâte à travers une ruelle du faubourg, craignant d'être poursuivi.

« Je ne connaissais personne, et je ne pouvais demander asile nulle part. Il me fallut donc continuer ma route toute la nuit. Je fis environ dix lieues. A l'aurore, transi de froid, j'entrai dans une auberge, où plusieurs hommes étaient assis. En voyant ma figure et mes vêtements, en m'entendant parler, ils dirent que j'étais un étranger. On s'empare de moi, on me découvre la tête et l'on remarque mes bras chinois. Ces hommes, excepté un qui me prit en pitié, voulaient me dénoncer comme un espion, un transfuge ou un malfaiteur.

« Je répondis que j'étais Coréen et innocent, que si j'étais pris, ils n'avaient pas à s'inquiéter. Enfin ils me chassèrent, et comme je leur avais dit que j'allais à Séoul, ils envoyèrent quelqu'un pour s'assurer du côté vers lequel je me dirigeais.

« J'étais très exposé en tombant entre les mains des satellites, l'argent que je portais sur moi suffisait pour me convaincre de brigandage, et d'après la loi j'eusse été puni de mort. Dès que celui qui m'espionnait fut entré à l'auberge pour annoncer que j'allais dans la direction de la capitale, je fis un long détour et je repris le chemin de la Chine. Après le lever du soleil, n'osant plus suivre la grande route, je me cachai sur une montagne couverte d'arbres, et, à la nuit, je m'avançai de nouveau vers Ei-tsiou. »

Il y avait deux jours qu'André n'avait pris aucune nourriture. Mourant de faim et de fatigue, il s'endormit profondément sur la neige. Il crut alors voir comme une ombre qui lui indiquait son chemin et lui donnait l'ordre de partir. Sans pouvoir se rendre compte au juste s'il était, oui ou non, le jouet de son imagination surexcitée par la fatigue, il obéit néanmoins, remerciant sincèrement Dieu de l'avoir tiré de ce sommeil léthargique, dont il aurait bien pu ne point s'éveiller.

Après beaucoup de fatigues, il traversa de nouveau les douanes et passa le fleuve sur la glace à peine assez solide pour porter le poids de son corps. A Pien-men, on lui refusa l'hospitalité dans une auberge, où son air misérable et ses habits étranges le rendaient repoussant. Enfin ayant obtenu, à prix d'argent, un peu de nourriture, il put retourner auprès de M. Maistre lui faire part de ses mésaventures et de ses périls sans résultat.

Tel fut le début du courageux André dans cette carrière si courte et cependant si remplie d'actions intrépides et de tant de labeurs et de privations, que plus tard, lorsqu'il les racontait à ses juges, ceux-ci ne pouvaient retenir ce cri de compassion :

« Pauvre jeune homme, dans quels terribles travaux il a été depuis son enfance ! »

Le saint-siège venait d'envoyer un nouvel évêque à la Corée, Mgr Ferréol, qui fut bientôt rejoint par M. Maistre et André Kim sur les limites de la Tartarie et de la Corée. Quelques chrétiens avaient promis de venir à la foire de Houng-tchoung afin de se mettre en rapport avec André. Celui-ci s'y rendit avec diligence. Voici le récit qu'il fit lui-même de cette expédition.

« ... Le 20 de la première lune, dit-il, le mandarin coréen de Kien-wen donna la nouvelle que le lendemain le commerce serait libre entre les deux peuples. Dès que le jour parut, mon compagnon et moi, nous nous hâtâmes d'arriver au marché. Les abords de la ville étaient encombrés de monde. Nous marchions au milieu de la foule, tenant en main notre mouchoir blanc, et portant à la ceinture un petit sac à thé de couleur rouge. C'était le signe dont on était convenu et auquel les courriers coréens devaient nous reconnaître. De plus, c'était à eux de nous aborder.

« Nous entrions dans la ville, nous en sortions; personne ne se présentait. Plusieurs heures s'écoulèrent ainsi. Nous commencions à être dans l'inquiétude. Enfin, étant allés abreuver nos chevaux à un ruisseau qui coule à trois cents pas de la ville, nous voyons venir à nous un inconnu. Je lui parle en chinois, il ne me comprend pas:

« — Comment t'appelles-tu? » lui dis-je en coréen.

« — Han est mon nom.

« — Es-tu disciple de Jésus?

« — Je le suis. »

« Le néophyte nous conduisit auprès de ses compagnons. Ils étaient venus au nombre de quatre, et il y avait plus d'un mois qu'ils attendaient notre arrivée. Nous ne pûmes avoir un long entretien: Chinois et Coréens nous environnaient de toutes parts. Ces pauvres chrétiens paraissaient abattus par la tristesse. L'air mystérieux qui régnait dans l'échange de nos paroles intriguait les païens. Quand ceux-ci paraissaient moins attentifs à nos discours, nous glissions quelques mots sur nos affaires religieuses, et puis tout de suite nous revenions au marché de nos animaux.

« Combien en veux-tu?

« — Quatre-vingts ligatures.

« — C'est trop cher. Tiens, prends ces cinquante ligatures et livre-moi ta bête.

« — Non, c'est impossible. Tu ne l'auras pas à moins. »

« C'est ainsi que nous donnions le change à ceux qui nous observaient.

« J'appris de ces chrétiens plusieurs choses relatives à la Corée et à l'état des affaires religieuses dans les différentes provinces, et, notre entretien étant fini, nous nous prîmes les mains en signe d'adieu. Ils sanglotaient; de grosses larmes coulaient sur leurs joues. Pour nous, nous regagnâmes la ville, et nous disparûmes dans la foule.

« Le soir venu et le signal du retour pour les étrangers étant donné, on se retire en désordre, les soldats poussant les trainards avec la pointe de leurs lances. Nous eûmes bien de la peine de nous tirer de cette cohue.

« Nous regagnions la ville chinoise Houng-tchoung, lorsque nous vîmes de nouveau venir à nous les courriers coréens. Ils ne pouvaient se résoudre à nous quitter ; ils voulaient encore s'entretenir avec nous, nous dire un dernier adieu. Mon compagnon sauta à bas de son cheval pour échanger encore quelques paroles amies : je lui fis signe de remonter, de peur que les satellites qui nous environnaient ne soupçonnassent en nous des personnes qui avaient en vue d'autres intérêts que ceux du négoce. Ensuite, saluant l'ange qui préside aux destinées de l'Église coréenne et nous recommandant à ses martyrs, nous rentrâmes en Tartarie. »

André Kim revint donc auprès de Mgr Ferréol, à qui il raconta tous les détails de son voyage d'excursion afin de tout préparer avec lui pour pénétrer en Corée. Sa santé, jusque-là assez faible, s'était fortifiée dans ses courses fatigantes, et son caractère, naturellement intrépide, s'était mûri et développé dans les circonstances difficiles où il s'était trouvé. Son ancien compagnon, Thomas T'soï, qui avait rejoint aussi Mgr Ferréol, était plus calme, plus réfléchi, et paraissait moins propre à affronter des aventures dangereuses. En revanche, sa piété et ses talents remarquables faisaient présager quel saint prêtre il serait un jour. Tous deux se préparaient au sacerdoce, et Mgr Ferréol, comblant leurs vœux ardents, leur conféra, cette année (1843), tous les ordres sacrés jusqu'au diaconat inclusivement, leur âge ne leur permettant pas encore de recevoir la prêtrise.

Les courriers coréens avaient promis à André de revenir à la frontière avec l'ambassade de la nouvelle année. Mgr Ferréol partit donc avec lui pour Pien-men au temps marqué, et ils furent bien joyeux de trouver leurs fidèles néophytes dans la caravane, selon l'engagement arrêté. Mais François Kim, se sentant l'objet des soupçons des païens de l'ambassade, fit voir à l'évêque que son entrée était impossible cette fois, et André résolut de partir seul et de revenir lui-même par mer le chercher dès qu'il le pourrait convenablement.

Le prélat bénit son courageux diacre, et reprit tristement le chemin de la Mongolie. Apprenant que les Français avaient l'intention d'aller réclamer contre l'attentat dont Mgr Imbert et ses compagnons avaient été victimes, il se rendit à Macao dans l'espoir de profiter de cette occasion pour pénétrer lui-même en Corée. On ne donna pas suite cependant à ce généreux projet, et le prélat désespérait déjà de voir jamais sa mission, quand, au mois de juin 1845, une nouvelle inattendue vint ranimer son espoir. Son diacre, André Kim, après avoir pénétré heureusement dans sa patrie, avait passé le golfe de Léao-tong sur une méchante barque de pêcheur, et venait le chercher pour le conduire lui-même en Corée. Le courrier qui apportait cette nouvelle ajoutait qu'André était avec sa barque à Wou-song près de Sanghaï, préparant tout pour le départ.

André avait couru de grands dangers pour pénétrer en Corée; à la capitale sa vie n'était point en sûreté, car le gouvernement avait appris que lui et deux autres jeunes Coréens avaient quitté la Corée pour aller à l'étranger. Aussi l'on attendait son retour pour lui faire payer sa témérité, et, de crainte d'être trahi par les indiscrets, il ne voulut voir que quelques principaux chrétiens et défendit même d'annoncer à sa mère sa présence en Corée. Il réussit à équiper une barque au moyen d'une boussole, d'une carte et d'un compas; avec un équipage improvisé de pêcheurs coréens, il était entré dans un port chinois au milieu de périls de toutes sortes.

Laissons-le raconter lui-même les détails de cette dangereuse expédition.

« Après avoir fait, dit-il, mes préparatifs, je m'embarquai avec onze chrétiens, parmi lesquels se trouvaient quatre pêcheurs; les autres n'avaient jamais vu la mer. En la voyant, ils se demandaient tout étonnés entre eux : « Où allons-nous? » Mais ils n'osaient m'interroger moi-même. J'avais défendu que l'on me fît aucune question sur le but de mon entreprise.

« Après un jour de navigation par un temps favorable, nous

fûmes assaillis d'une grande tempête, accompagnée de pluie, qui dura deux jours et trois nuits, et pendant laquelle, à ce que l'on rapporte, plus de trente navires du Kiang-nan se perdirent. Notre barque, vivement battue par les flots, était agitée d'une manière effrayante et semblait sur le point d'être submergée, car elle était trop petite et n'était point faite pour la haute mer. Je fis détacher le canot que nous avions à la traîne; enfin le péril croissant, nous coupâmes les deux mâts, et nous nous vîmes forcés de jeter à la mer presque toutes nos provisions. Un peu allégée, notre barque était soulevée et poussée par la violence de la tempête à travers des montagnes d'eau.

« N'ayant presque point pris de nourriture pendant trois jours, les chrétiens étaient extrêmement affaiblis, et, perdant tout espoir, ils disaient en pleurant :

« — C'en est fait, nous sommes perdus ! »

« Je leur montrai une image de la sainte Vierge, qui, après Dieu, était notre unique espérance, et je leur dis :

« — Ne craignez point, voici la sainte Mère qui est près de « nous pour nous secourir. »

« Par ces paroles et d'autres semblables, je m'efforçais de les consoler et de leur donner du courage. J'étais moi-même très malade; mais, prenant un peu de nourriture, je travaillais pour cacher mes craintes. Le péril croissant, je baptisai un païen que j'avais pris pour mon premier matelot et qui n'était encore que catéchumène. Notre gouvernail fut brisé peu après par la fureur des vagues. C'est pourquoi, ayant lié les voiles ensemble, nous les jetâmes à la mer en les retenant avec des cordes. Mais ces cordes se rompirent, et, ayant perdu tout secours humain, nous récitâmes nos prières et nous nous endormîmes. »

A son réveil, André essaya de faire face de nouveau à la tempête, qui paraissait s'abattre peu à peu. Il construisit un gouvernail, des mâts et de nouvelles voiles. En vain tendait-il des mains suppliantes vers les barques chinoises qui passaient et repassaient près de la sienne. Aucune ne venait à son secours. Enfin un navire de Canton s'arrête; André monte sur le pont, et la promesse de mille piastres décida le capitaine à le remorquer jusqu'à Shanghaï. Mais de nouveaux périls l'attendaient encore. Le vent s'élève de nouveau avec violence et fait sombrer sous les yeux des Chinois la barque d'un ami du capitaine, dont un seul homme parvient à se sauver. Un peu plus tard, des pirates les accostent et engagent leur protecteur à couper la corde qui retenait leur barque afin de la leur laisser en butin. André s'arme d'audace, donne l'ordre de tirer sur ces brigands, et les met en fuite. Enfin la barque coréenne finit par aborder dans le port de Wou-song, où sa bizarre construction et les figures étranges de ceux qui la montaient, excitèrent vivement la curiosité publique.

Afin d'éviter une perquisition des autorités chinoises, André alla mouiller droit au milieu des vaisseaux anglais stationnés dans le port. Grand fut l'étonnement des officiers lorsqu'ils entendirent ce pauvre naufragé coréen leur crier en français :

« Moi, Coréen, je demande votre protection! »

Sa confiance ne fut pas déçue. Le consul, après avoir appris ses malheurs, l'envoya dans une famille chrétienne, et un jésuite, le Père Gotteland, lui procura ce qui lui était nécessaire.

A peine remis de leurs fatigues, les compagnons d'André voulurent profiter de l'occasion favorable de se confesser au Père Gotteland. Malheureusement celui-ci ne savait que le chinois, que les Coréens ne parlaient pas. Ils prièrent André de leur servir d'interprète. Celui-ci donc, après s'être confessé lui-même, demeura à genoux près du prêtre, à qui il traduisait en chinois ce que chacun de ses compagnons lui accusait en coréen. En vain, le Père Gotteland leur fit dire qu'en pareille circonstance l'intégrité de l'accusation n'était pas nécessaire; chacun répondit qu'il voulait tout avouer.

Le matin, la messe fut célébrée en cachette dans la pauvre jonque, et tous ces bons néophytes oublièrent un instant leurs fatigues et leurs dangers passés, quand il leur fut donné de participer aux saints mystères dont ils étaient privés depuis si longtemps.

XIII

EN ROUTE POUR LA CORÉE

Les rapports intimes d'André avec les Anglais, dans la rade de Wou-Song, intriguaient beaucoup les mandarins chinois. Ne sachant trop que penser de ce Coréen si bien traité par les barbares d'Occident, ils usaient d'une grande circonspection à son égard, et, à force de ruse, tâchaient de pénétrer son secret. Malgré ses frayeurs et son inquiétude intérieures, André affectait une grande tranquillité et répondait avec une apparence de simplicité et de bonhomie, à toutes les questions astucieuses, qu'il était un pauvre naufragé et que son unique désir était de retourner dans son pays, dès que ses préparatifs seraient terminés.

A la vérité, André avait hâte de quitter cette place dangereuse. Il n'attendait pour remettre à la voile que Mgr Ferréol, qui bientôt accourut avec un nouveau missionnaire, M. Daveluy. Qui pourrait dépeindre la joie de ces pauvres bateliers à la vue de leur pasteur et de son compagnon ! Mais quelle ne fut pas leur stupéfaction quand ils déclarèrent la résolution où ils étaient de les suivre en Corée sur leur petite barque !

« Ils ne savaient pas encore sans doute, écrivait alors M. Daveluy, les délices dont notre âme est inondée, et le bonheur dont Dieu récompense, même en ce monde, les sacrifices faits pour son amour. Bientôt, j'espère, ils verront que nous partons de grand cœur, et, s'il y a des souffrances, Dieu nous accordera la force de le suivre jusqu'au Calvaire. »

Vingt ans plus tard, celui qui traçait ces lignes généreuses, Mgr Daveluy, suivait, en effet, jusqu'au Calvaire son divin Maître, implorant seulement de ses bourreaux, à ce moment suprême, la faveur de verser son sang le jour même du vendredi saint, à l'heure où était mort pour lui Celui que, missionnaire et évêque, il avait tant aimé et fait aimer dans sa chère Corée.

M. Marie-Antoine Daveluy était né à Amiens le 16 mars 1818. Après avoir étudié avec succès chez les jésuites, il entra à Saint-Sulpice, en 1834. La grâce l'appelait au ministère sublime de l'apostolat. Il y répondit fidèlement, et, malgré tous les regrets que son départ excitait dans les cœurs de ceux qui l'avaient connu dans son court ministère dans une paroisse du diocèse d'Amiens, il se rendit au séminaire des Missions étrangères, d'où il partit pour la Chine en 1844.

Dès qu'André eut averti Mgr Ferréol de son arrivée, le cœur plein d'espérance, le prélat et M. Daveluy quittèrent Macao. Avant de mettre à la voile pour la Corée, une cérémonie bien touchante ravit de joie les compagnons d'André Kim. Le 17 août 1845, Mgr Ferréol imposait les mains à son courageux diacre et consacrait le premier prêtre indigène de la terre coréenne. André célébra avec ferveur sa première messe en présence de ses matelots, puis hâta ses préparatifs pour retourner dans sa patrie.

Huit jours plus tard, sur le golfe de Léao-tong, dans cette partie de la mer Jaune si tristement célèbre par ses tempêtes, une pauvre petite barque luttait péniblement contre la fureur des flots. Douze hommes montaient cette pauvre barque, et, à leur maladresse dans les manœuvres, à leur air consterné devant l'ouragan, on devinait facilement des marins improvisés et sans expérience. Une corde heureusement liait leur sort à celui d'une grosse jonque chinoise qui devait les remorquer, mais qui avait elle-même beaucoup de peine à tenir la mer. La brise redouble de violence, chaque lame déverse dans la frêle barque des flots d'eau qu'un homme puise incessamment. Tout à coup une vague brise le gouvernail, et, sans le câble qui la retient encore à la jonque chinoise, la pauvre barque serait le jouet de la tempête.

Et cependant cette petite nacelle renfermait toutes les espérances des chrétiens de Corée ; elle portait dans ses flancs disloqués les pacifiques conquérants qui allaient combattre, vaincre et mourir pour le salut de ce pays. S'appuyant sur la Providence, Mgr Ferréol et M. Daveluy avaient confié leur sort à l'intrépidité plutôt qu'à l'habileté du P. André Kim. Et voilà qu'après deux jours seulement de voyage, la mer entr'ouvrait ses abîmes, tandis que le vent, la pluie et l'obscurité semblaient s'unir pour perdre les téméraires montés sur cette espèce de coquille.

La barque, en effet, n'était pas construite pour la haute mer, dont les lames violentes fatiguaient les planches mal jointes. Pas un clou, mais des chevilles de bois seulement, n'était entré dans sa construction, et le calfatage à la boue permettait à l'eau d'entrer de toutes parts. Elle avait vingt-cinq pieds de long sur neuf de large et sept de profondeur. Les voiles étaient des nattes de paille tressée, et une ancre de bois fixée à une grosse corde d'herbes à demi pourries, ainsi que quelques rames, faisaient tout son gréement. L'équipage était digne du navire. Le P. André s'était improvisé capitaine, un batelier coréen lui servait de pilote, un autre de menuisier, et les matelots étaient de bons laboureurs dont plusieurs avaient confessé la foi, mais dont aucun n'avait connaissance de la mer. Tel était l'équipage du *Raphaël*, nom du petit bateau coréen.

Combien triste fut la nuit que passèrent, sur cet esquif déjà si ébranlé, les pauvres voyageurs qui n'avaient plus d'autres ressources que celles de leurs ferventes prières. Au matin, André appelle d'une voix effrayée l'évêque et son compagnon, qui accourent vite sur le pont. Il était temps, car ce pont, à moitié pourri, s'écroulait sous leurs pieds et les aurait écrasés dans sa chute.

Le cœur plein d'inquiétude pour le salut des nobles voyageurs qui s'étaient confiés à lui, et craignant de perdre de si précieuses vies, André engagea Mgr Ferréol à monter sur la jonque chinoise, tandis que lui et ses compagnons continueraient à lutter contre la mer en courroux. A force de cris et de signaux, la jonque se rapprocha des Coréens. On attachait déjà une corde autour des reins des deux missionnaires pour les aider à monter sur le navire chinois, quand une vague, plus forte que les autres, sépare violemment les deux barques, et en un clin d'œil les Coréens sont déjà loin des Chinois. Ceux-ci essayent par leurs manœuvres de se rapprocher d'eux et de leur jeter une amarre, qui ne leur parvient pas. C'en est fait. La tempête les emporte, la jonque disparaît bientôt derrière les vagues, et les Coréens perdent ainsi leur dernière chance de salut.

Déjà le *Raphaël* s'emplissait d'eau lorsqu'on coupa les mâts pour l'alléger. Malheureusement, en tombant à la mer, des câbles les retenaient encore, en sorte qu'à chaque vague, ils venaient se heurter violemment contre les flancs de la barque et menaçaient de les enfoncer.

La tempête s'apaisa enfin; la confiance revint au cœur des pauvres matelots avec le beau temps. Ils redressèrent leurs mâts bien raccourcis et tâchèrent de gagner la terre. A l'horizon se dessinaient vaguement de lointaines montagnes qu'ils reconnurent bientôt pour celles de l'île de Quelpaert. La tempête les avait ainsi fait dériver à plus de cent lieues du point où ils voulaient aborder. Le voyage entre la côte et ce labyrinthe d'îles, fut long et périlleux. Tout alla à souhait cependant, et, le 22 octobre 1845, Mgr Ferréol et M. Daveluy foulaient le sol tant désiré de leur mission.

Afin de se cacher plus aisément, ils s'affublèrent du costume de deuil usité par les nobles Coréens à la mort de leurs proches. Ils prirent donc chacun un habit de grosse toile écrue, tandis qu'un chapeau de paille aux larges bords tombant presque sur les épaules, et muni en outre d'un voile qu'ils pouvaient soulever à l'aide de leurs petits bâtonnets, leur permettait à peine de voir à leurs pieds et dérobait ainsi les traits de leur visage aux regards indiscrets des curieux. Deux matelots prirent les deux missionnaires sur leurs épaules et les déposèrent, dans le silence et les ténèbres de la nuit, sur le rivage coréen.

Telle fut la brillante prise de possession de Mgr Ferréol, dans cette chère mission de la Corée, aux portes de laquelle il avait frappé vainement pendant cinq ans. Il partait tout seul pour la capitale, tandis que M. Daveluy allait se cacher dans une petite chrétienté sur les montagnes. Peu à peu, grâce à son application, il fut à même de bégayer les premiers mots de la langue coréenne, et, deux mois après son arrivée, il ravissait de joie par sa science les bons néophytes, si heureux de posséder un prêtre au milieu d'eux.

La tâche des deux missionnaires était immense. La persécution avait non seulement enlevé aux chrétiens leurs pasteurs et leurs principaux chefs, mais elle les avait dispersés au loin, dans une foule de petits villages qu'il fallait parcourir et visiter au prix de fatigues inouïes. Partout il y avait des ruines à relever, des chrétiens à instruire, des apostats à réconcilier et même des païens à baptiser. Mgr Ferréol et M. Daveluy se donnèrent de grand cœur à cette œuvre de réparation, dès que la connaissance de la langue le leur permit, et en peu de temps les chrétiens apprirent à connaître et à apprécier les nouveaux apôtres que leur avait envoyés la Providence.

Mgr Ferréol n'oubliait pas son autre compagnon qu'il avait laissé en Chine avec Thomas Tsoï, et il s'efforçait de lui offrir les moyens d'entrer en Corée. Ce zélé missionnaire n'avait pas été heureux dans les différentes tentatives qu'il avait faites pour pénétrer dans sa mission par la voie de terre. Désespérant du succès de ce côté, malgré les dangers que lui-même avait courus sur mer, il résolut de le faire venir par cette même voie qu'il considérait comme plus prompte et moins surveillée par le gouvernement coréen. Il jeta donc les yeux sur le P. André Kim pour cette nouvelle expédition, et lui donna ordre d'explorer les îles et la côte et de s'aboucher avec les marchands chinois et les pêcheurs de perles qui viennent tous les ans dans ces parages pour leurs affaires.

XIV

PREMIÈRE INTERVENTION FRANÇAISE EN CORÉE. — MARTYRE DU PÈRE ANDRÉ KIM

L'intrépide Père André partit pour cette mission dangereuse sur un petit bateau avec quelques matelots chrétiens. C'était dans cette entreprise de zèle que Dieu attendait le saint jeune homme pour le récompenser de son courage et de sa bonne volonté. Il avait atteint le but de son voyage et s'apprêtait à venir rendre compte à son évêque des résultats de ses recherches, quand, un soir, des satellites exaltés par les fumées du vin et par la débauche, font le projet d'attaquer sa barque. Dans la journée ils avaient eu quelque léger soupçon qu'elle pouvait appartenir à des chrétiens, et que le Père André se faisait passer pour noble, simplement pour se cacher et se dérober aux perquisitions. La nuit venue, ils fondent sur la barque avec les hideuses compagnes de leurs débauches, qui les excitaient; ils accablent de coups le Père André et l'emmènent devant le mandarin. Pendant ce temps les quelques matelots de la barque profitent de l'obscurité et s'enfuient avec le canot.

L'issue de cette malheureuse affaire n'était que trop évidente. Une fois entre les mains de ses compatriotes, le Père André ne pouvait dissimuler qui il était, ni conserver l'espoir d'échapper au supplice. Il se hâta de donner des nouvelles de son arrestation à Mgr Ferréol.

« ... Arrivé sur le rivage, les satellites me dépouillèrent de mes vêtements, me lièrent les mains et me frappèrent de nouveau. Ensuite m'accablant de sarcasmes, ils m'entraînèrent vers le tribunal, où s'était déjà rassemblé une grande foule.

« Le mandarin me dit :

« — Êtes-vous chrétien ?

« — Oui, je le suis, lui répondis-je.

« — Pourquoi, contre les ordres du roi, pratiquez-vous cette religion ? Renoncez-y.

« — Je pratique ma religion parce qu'elle est vraie. Elle enseigne à honorer Dieu et me conduit à une félicité éternelle. Quant à l'apostasie, inutile de m'en parler. »

« Pour cette réponse, on me mit à la question. Le juge reprit :

« — Si vous n'apostasiez, je vais vous faire expirer sous les coups.

« — Comme il vous plaira, mais jamais je n'abandonnerai mon Dieu. Voulez-vous entendre la vérité de ma religion ? Écoutez : le Dieu que j'adore est le créateur du ciel et de la terre, des hommes et de tout ce qui existe. C'est lui qui punit le crime et récompense la vertu. D'où il suit que tout homme doit lui rendre hommage. Pour moi, ô mandarin, je vous remercie de me faire subir des tourments pour son amour. Que mon Dieu vous récompense de ce bienfait, en vous faisant monter à de plus hautes dignités ! »

« A ces paroles, le mandarin se prit à rire avec toute l'assistance. On m'apporta ensuite une cangue longue de huit pieds. Je la saisis aussitôt et je la posai moi-même à mon cou, aux grands éclats de rire de tous ceux qui étaient présents. Puis on me jeta en prison avec deux des matelots qui avaient déjà apostasié. J'avais les mains, les pieds, le cou et les reins fortement liés, de manière que je ne pouvais ni marcher, ni m'asseoir, ni me coucher. J'étais, en outre, oppressé par la foule de gens que la curiosité avait attirés auprès de moi. Une partie de la nuit se passa pour moi à leur prêcher la religion. Ils m'écoutaient avec intérêt et m'affirmaient qu'ils l'embrasseraient si elle n'était pas prohibée par le roi.

« Les satellites ayant trouvé dans mon sac des objets de Chine, crurent que j'étais de ce pays, et, le lendemain, le mandarin me demanda si j'étais Chinois.

« — Non, lui répondis-je, je suis Coréen. »

« N'ajoutant pas foi à mes paroles, il me dit :

« — Dans quelle province de la Chine êtes-vous né?

« — J'ai été élevé à Macao, dans la province de Kouang-tong; je suis chrétien. La curiosité et le désir de propager ma religion m'ont mené dans ces parages. »

« Il me fit reconduire en prison. Cinq jours après, un officier subalterne, à la tête d'une escouade de satellites, m'emmena à Hai-tsou, métropole de la province. Le gouverneur me demanda si j'étais Chinois. Je lui fis la même réponse qu'au mandarin de l'île. Il me fit une foule de questions sur la religion. Je profitai avec empressement de l'occasion et lui parlai de l'immortalité de l'âme, de l'enfer, du paradis, de l'existence de Dieu et de la nécessité de l'adorer pour être heureux après la mort. Lui et ses gens me répondirent :

Le Père André Kim.

« — Ce que vous dites là est bien bon et très raisonnable ; mais le roi ne permet pas d'être chrétien. »

« Ils m'interrogèrent ensuite sur bien des choses qui pouvaient compromettre les chrétiens et la mission. Je me gardai bien de leur répondre.

« — Si vous ne nous dites la vérité, reprirent-ils d'un ton irrité, nous vous tourmenterons par divers supplices.

« — Faites ce que vous voudrez. »

« Et courant vers les instruments de torture, je les saisis et les jetai aux pieds du gouverneur en lui disant :

« — Me voilà tout prêt ; frappez, je ne crains pas vos tourments. »

« Les satellites les enlevèrent aussitôt. Les serviteurs du mandarin me dirent :

« — C'est la coutume que toute personne parlant au gouverneur s'appelle *So-in* (petit homme).

« — Que me dites-vous là? Je suis grand, je suis noble, je ne connais pas une telle expression. »

« Quelques jours après, le gouverneur me fit comparaître de nouveau et m'accabla de questions sur la Chine. Quelquefois il me parlait par interprète, pour savoir si réellement j'étais Chinois. Il finit par m'ordonner d'apostasier. Je haussais les épaules et me mis à sourire en signe de pitié. Les deux chrétiens pris avec moi, vaincus par l'atrocité des tortures, dénoncèrent la maison que j'habitais à la capitale, trahirent Thomas Ni, serviteur de Votre Grandeur, Matthieu son frère et quelques autres. Ils avouèrent que j'avais communiqué avec les jonques chinoises et que j'avais remis des lettres à l'une d'entre elles. Aussitôt une escouade de satellites fut dirigée vers les jonques et en rapporta les lettres au gouverneur.

« ... On nous gardait avec une grande sévérité et chacun dans une prison séparée; quatre soldats veillaient jour et nuit sur nous. Nous avions des chaînes aux pieds et aux mains et la cangue au cou. Une longue corde était attachée à des chaînes, et trois hommes la tenaient par le bout, chaque fois qu'il nous fallait satisfaire aux exigences de la nature. Je vous laisse à penser quelles misères j'eus à supporter. Les soldats, voyant sur ma poitrine sept petites cicatrices qu'y avaient laissées des sangsues qu'on m'avait appliquées pendant mon séjour à Macao, disaient que c'était la constellation de la Grande Ourse, et se divertissaient beaucoup à mon sujet.

« Dès que le roi sut notre arrestation, il envoya des satellites pour nous conduire à la capitale; on lui avait annoncé que j'étais Chinois. Pendant la route, nous étions liés comme dans la prison. De plus, nous avions les bras garrottés d'une corde rouge, comme c'est la coutume pour les voleurs et les grands criminels, et la tête couverte d'un sac de toile noirâtre. Chemin faisant, nous eûmes à supporter de grandes fatigues. La foule nous obsédait.

Je passais pour étranger, et l'on montait sur les arbres et sur les maisons pour me voir.

« Arrivés à Séoul, nous fûmes jetés dans la prison des voleurs. Les gens du prétoire, entendant mon langage, disaient que certainement j'étais Coréen. Le jour suivant, je comparus devant les juges. Ils me demandèrent qui j'étais.

« — Je suis Coréen, leur répondis-je ; j'ai été élevé en Chine. »

« On fit venir des interprètes de langue chinoise, pour s'entretenir avec moi.

« Pendant la persécution de 1839, le traître Je-saing-i avait déclaré que trois jeunes Coréens avaient été envoyés à Macao pour y étudier la langue des Européens. Je ne pouvais rester longtemps inconnu, et d'ailleurs un des chrétiens pris avec moi leur avait dit qui j'étais. Je déclarai donc au juge que j'étais André Kim, l'un de ces trois jeunes gens, et je leur racontai tout ce que j'avais eu à souffrir pour rentrer dans ma patrie. A ce récit, les juges et les spectateurs s'écrièrent :

« — Pauvre jeune homme ! dans quels terribles travaux il est depuis son enfance ! »

Sa grandeur d'âme et son intelligence séduisirent les ministres eux-mêmes, qui prièrent le roi de lui conserver la vie.

« Il a commis, lui dirent-ils, un crime digne de mort en sortant du royaume et en communiquant avec les étrangers, mais il l'a expié en rentrant dans son pays. »

Ils présentèrent ensuite la copie d'une mappemonde traduite par le prisonnier. Le roi, satisfait de ce travail, était sur le point d'accorder la grâce demandée, lorsqu'il reçut une lettre de l'amiral français Cécille, qui, des Liou-Kiou, venait d'arriver sur les côtes de la Corée.

Cette lettre était écrite en chinois, et en voici la traduction :

« Par l'ordre du ministre de la marine de France, le contre-amiral Cécille, commandant l'escadre française en Chine, est venu pour s'informer d'un attentat odieux qui a eu lieu le 14 de la huitième lune de l'année kei-haï (21 septembre 1839).

« Trois Français, Imbert, Chastan et Maubant, honorés dans

notre pays pour leur science et leurs vertus, ont été, on ne sait pourquoi, mis à mort en Corée.

« Dans ces contrées de l'Orient, le contre-amiral, ayant pour devoir de protéger les hommes de sa nation, est venu ici s'informer du crime qui a mérité à ces trois personnes un sort aussi déplorable.

« Vous me direz peut-être : « Notre loi interdit l'entrée du « royaume à tout étranger ; or, ces trois personnes l'ayant trans-« gressée, ont subi la peine de la transgression. »

« Et le contre-amiral vous répond :

« Les Chinois, les Mandchoux et les Japonais entrent quelquefois témérairement chez vous. Loin de leur faire du mal, vous leur fournissez les moyens de retourner en paix au sein de leurs familles. Pourquoi n'avez-vous pas traité ces Français comme vous traitez les Chinois, les Mandchoux et les Japonais ?

« Nous croyions que la Corée était la terre de la civilisation, et elle méconnaît la clémence du grand empereur de France. Si vous voyez des Français s'en aller à des milliers de lieues de leur patrie, ne vous imaginez pas qu'ils cessent pour cela d'être Français et qu'on ne se soucie plus d'eux. Il faut que vous sachiez que les bienfaits de notre empereur s'étendent sur tous ses sujets, en quelque lieu du monde qu'ils se trouvent. Si parmi eux se rencontrent des hommes qui commettent dans un autre royaume des crimes punissables, tels que le meurtre, l'incendie ou autres, et qu'on les châtie, notre empereur laisse agir la justice ; mais si, sans sujet et sans cause, on les met tyranniquement à mort, alors, justement indigné, il les venge de leurs iniques oppresseurs.

« Persuadé que, pour le moment, les ministres ne peuvent promptement me répondre sur le motif qui m'a amené dans ces parages, savoir : la mort infligée par les Coréens à trois docteurs de notre nation, je pars.

« L'année prochaine, des navires français viendront chercher la réponse.

« Seulement je leur répète qu'ayant été clairement avertis de la protection bienveillante que notre empereur accorde à ses sujets, si par la suite une pareille tyrannie s'exerce de la part des Coréens sur quelques-uns d'entre eux, certainement la Corée ne pourra éviter d'éprouver de grands désastres; et quand ces désastres viendront fondre sur le roi, sur les ministres et les mandarins, qu'ils se gardent bien de les imputer à d'autres qu'à eux-mêmes; ils seront punis, et cela pour s'être montrés cruels, injustes, inhumains.

« L'an 1846 du salut du monde, le 8 de la cinquième lune (1er juin). »

« Si l'on vient, écrit à l'occasion de cette lettre Mgr Ferréol, si l'on vient l'année prochaine, et qu'on exige la réparation de la mort de nos confrères, il nous est permis d'espérer une ère moins cruelle pour la religion; mais si l'on s'en tient à des menaces, le peuple coréen méprisera les Français, et le roi n'en deviendra que plus furieux contre les chrétiens. Déjà cette lettre a été l'occasion de la mort du P. Kim, ou du moins l'a accélérée. »

En effet, voyant les chrétiens soutenus par les étrangers, le roi avait donné l'ordre de frapper les prisonniers, de relâcher ceux qui apostasieraient, et de mettre immédiatement à mort ceux qui resteraient fidèles à leur foi.

André Kim garda son invincible fermeté; il fut décapité le 16 septembre 1846. Sa mort fut belle et sainte, elle fait honneur au clergé indigène, qui dans toutes les missions récompensait si largement la société des Missions étrangères des sacrifices qu'elle s'impose pour lui.

Pendant les préparatifs du supplice, André parlait avec ses bourreaux :

« De cette manière, suis-je placé comme il faut? leur disait-il. Pouvez-vous frapper à votre aise?

— Non, tournez-vous un peu, voilà qui est bien.

— Frappez, je suis prêt. »

Alors commença autour du martyr une sorte de danse guerrière, exécutée par une douzaine de soldats, qui, le sabre au poing, déchargeaient leur arme en passant sur le cou de leur victime. La tête ne tomba qu'au huitième coup de sabre.

Le Père André avait à peine vingt-cinq ans. Ses travaux, son zèle, son intrépidité dans le danger et tant d'autres précieuses qualités, tout promettait à la Corée, pour de longues années, un fervent apôtre. Sa vie fut celle d'un vaillant soldat du Christ, son martyre glorieux fut le digne couronnement d'une telle vie.

Mgr Ferréol pleura amèrement son cher André, prémices empourprées du sacerdoce en Corée, alors qu'il fondait sur lui de si légitimes espérances. Dans les circonstances actuelles, cette perte semblait irréparable. Il était aisé de prévoir de quelle utilité eût été pour la prédication de l'Évangile cet ardent jeune homme élevé dans les travaux et les souffrances de l'exil et de l'apostolat. Du P. André, au jour de son triomphe, l'on peut dire avec la même admiration et les mêmes regrets que fait naître la mort des jeunes saints : « *Consummatus in brevi, explevit tempora multa*. Enlevé de ce monde à la fleur de son âge, il a fourni cependant une longue carrière. »

XV

EXPÉDITION FRANÇAISE EN CORÉE

Les officiers supérieurs de la marine française, qui pendant le règne de Louis-Philippe parcoururent les mers de Chine, furent tous les défenseurs dévoués, les amis sincères des missionnaires.

Favin-Levêque, Cécille, Lapierre et bien d'autres ne laissèrent échapper aucune occasion de rendre service aux apôtres.

En 1847, le commandant Lapierre, ayant sous ses ordres deux bâtiments, la frégate *la Gloire* et la corvette *la Victorieuse*, résolut de se présenter sur les côtes de la Corée pour savoir l'effet produit par la lettre que le commandant Cécille avait écrite l'année précédente à la cour de Séoul.

Il prit à son bord M. Maistre et le diacre coréen Thomas Tsoi.

Le 10 août, les deux bâtiments s'avançaient de concert, au milieu d'un groupe d'îles, dans des parages où les Anglais avaient trouvé de soixante-douze à quatre-vingts pieds d'eau. On était par 35°45' de latitude nord et 124°8' de longitude est.

Rien n'annonçait la présence d'un danger lorsque tout à coup les deux navires touchèrent à la fois.

En vain prit-on immédiatement toutes les mesures possibles pour les remettre à flot; on était malheureusement sur un banc de sable, la brise était fraîche, et, pour comble de malheur, la marée achevait de monter. Lorsqu'elle descendit, le corps des bâtiments se trouva presque tout entier hors de l'eau.

Il fallut attendre une nouvelle marée; mais, quand le flot revint, les navires s'étaient enfoncés dans le sable, des voies d'eau se déclarèrent de toutes parts, et tout espoir de sauver la *Gloire* et la *Victorieuse* fut perdu.

Le 11, la brise tomba un peu, et on put employer la journée à retirer les provisions, les armes et les munitions. Dans la journée du 12, les marins français, au nombre de plus de six cents, opérèrent leur débarquement sur une île voisine, et le 13 au soir les deux commandants quittèrent les derniers leurs navires. On n'eut à déplorer que la perte de deux matelots de la *Victorieuse*, qui se noyèrent en allant porter au large une ancre destinée à relever la corvette.

L'île sur laquelle les Français débarquèrent se nommait Kotoum-to, ou Ko-Koun-san[1].

Les équipages s'y établirent sous des tentes, en attendant le retour de la chaloupe de la *Gloire* qu'on expédia à Changhaï, à cent cinquante lieues environ, pour trouver des moyens de sauvetage.

L'île fournissait de l'eau, et les naufragés avaient des vivres pour deux mois au moins. On travailla activement à sauver les débris des navires, mais en quelques jours la mer avait tout emporté.

Les Coréens habitants de l'île se montraient bienveillants pour les étrangers; néanmoins ils craignaient d'avoir des relations avec eux. Bientôt arriva un mandarin de la cour; il permit de vendre des provisions aux Français, et offrit, au nom du gouvernement coréen, de fournir des barques pour les reconduire en Chine. Cet envoyé n'était porteur d'aucune lettre en réponse à celle du commandant Cécille.

Dans toutes les conférences des Français avec les Coréens, Thomas T'soi servait d'interprète; mais de peur d'être reconnu, il ne parlait pas coréen; c'était à l'aide des caractères chinois

---

[1] Ces deux mots sont ici synonymes, car *to* signifie : île, et *san* : montagne.

qu'il conversait avec le mandarin. Il lui demanda un jour s'il y avait des chrétiens en Corée et si le roi les persécutait encore. Le mandarin répondit affirmativement aux deux questions, et ajouta qu'on était résolu d'en finir avec cette secte impie, en mettant à mort tous ceux que l'on rencontrerait.

Le temps, qui semblait bien long aux matelots, paraissait trop court à M. Maistre et à Thomas; car ils craignaient de partir avant d'avoir pu s'aboucher avec des chrétiens et d'avoir trouvé le moyen de débarquer sur la presqu'île coréenne. Après tant d'années d'attente, après tant de voyages et de fatigues, un naufrage les avait jetés providentiellement sur le territoire de leur mission, et peut-être leur faudrait-il quitter cette terre si long-temps désirée.

« Chaque soir, écrivait plus tard Thomas, je regardais de tous côtés pour voir si quelque barque chrétienne ne viendrait pas vers nous, et je languissais dans la prière et dans l'attente. Un jour, j'étais allé dans un bourg voisin pour quelque affaire, et je revenais la nuit suivante dans une barque avec quelques Coréens. Je me mis à leur parler de religion en leur traçant dans la paume de la main des caractères chinois. Un d'eux me dit :

« — Est-ce que vous connaissez Jésus et Marie?

« — Oui, repris-je; et vous, les connaissez-vous? leur rendez-vous un culte? »

« Il me répondit affirmativement, et interrompit aussitôt la conversation de peur d'être remarqué des païens qui l'entouraient. »

Le lendemain, il fallut s'embarquer pour la Chine sur des navires anglais qui, à la première nouvelle du naufrage, étaient accourus porter secours aux Français.

Après ce départ le gouvernement coréen, craignant de nouvelles visites des barbares étrangers, résolut de répondre à la lettre du commandant Cécille.

Il envoya par Pékin une dépêche qui fut remise à M. Lapierre à Macao, et en même temps une proclamation royale fit connaître cette pièce dans tout le royaume.

« L'an passé, des gens de l'île d'Or-ien-to, qui fait partie du royaume de Corée, nous remirent une lettre, apportée, disaient-ils, par des navires étrangers. Nous fûmes tous étonnés à cette nouvelle, et, ouvrant la lettre, nous reconnûmes qu'elle était adressée à nos ministres par un chef de votre royaume. Or cette lettre disait :

« Trois hommes vénérables de notre pays: Imbert, Maubant et Chastan ont été mis à mort par vous. Nous venons vous demander pourquoi vous les avez tués. Vous direz peut-être que la loi défend aux étrangers d'entrer dans votre royaume, et que c'est pour avoir transgressé cette loi qu'ils ont été condamnés. Mais si des Chinois, des Japonais ou des Mandchoux viennent à entrer en Corée, vous n'osez pas les tuer et vous les faites reconduire dans leur pays. Pourquoi donc n'avez-vous pas traité ces trois hommes comme des Chinois, des Japonais ou des Mandchoux? S'ils avaient été coupables d'homicide, d'incendie ou d'autres crimes semblables, vous auriez bien fait de les punir et nous n'aurions rien à dire; mais comme ils étaient innocents, et que vous les avez condamnés injustement, vous avez fait une injure grave au royaume de France. »

« A cette lettre nous ferons une réponse claire.

« En l'année kei-haï (1839), on a arrêté en Corée des étrangers qui s'y étaient introduits, nous ne savons pas à quelle époque. Ils étaient habillés comme nous et parlaient notre langage; ils voyageaient la nuit et dormaient pendant le jour ; ils voilaient leur visage, cachaient leurs démarches et étaient associés avec les rebelles, les impies et les scélérats. Conduits devant le tribunal et interrogés, ils ont déclaré se nommer: l'un Pierre Lo, l'autre Jacques Tsang. Sont-ce là les hommes dont parle la lettre de votre chef?

« Dans l'interrogatoire, ils n'ont pas dit qu'ils étaient Français, et quand bien même ils l'auraient dit, comme nous entendions parler de votre pays pour la première fois, comment aurions-nous pu ne pas appliquer notre loi qui défend d'entrer clandestinement dans notre royaume ? Quand même nous aurions su que les hommes que nous avons fait mourir étaient Français, leurs actions étant plus criminelles que celles des homicides et des incendiaires, nous n'aurions pas pu les épargner; à plus forte raison, ignorant leur nationalité, avons-nous dû les condamner au dernier supplice.

« La chose est très claire et n'a pas besoin de nouvelles explications.

« Nous savions que vous deviez venir cette année chercher une réponse à votre lettre; mais, comme cette lettre a été remise sans les formalités requises, nous n'étions pas tenus d'y répondre. Ce n'est pas une affaire qui regarde un gouverneur de province. De plus, comme notre royaume est subordonné au gouvernement chinois, nous devons consulter l'empereur sur les affaires qui regardent les étrangers. Rapportez cela à votre chef, et ne soyez pas surpris que, pour vous exposer le véritable état des choses, nous ayons été conduits à vous parler comme nous venons de le faire. »

Dans la dépêche au commandant Lapierre, le gouvernement coréen témoignait aussi le désir qu'on n'envoyât pas de navire sur les côtes de Corée, pour recueillir les canons qui avaient été laissés dans l'île Ko-Koun-to.

M. Lapierre répondit à cette dépêche par la voie du gouvernement chinois. Il disait en substance :

« Dans les premiers mois de 1848, un navire de guerre français ira en Corée pour chercher tout ce qui a été laissé sur l'île Ko-Koun-to. Quant aux raisons alléguées par le gouvernement coréen, pour se justifier du meurtre des Français, elles ne sont pas acceptables. Si à l'avenir un Français est arrêté en Corée, on devra le renvoyer à Pékin; en agissant autrement, on s'exposerait aux plus grands malheurs. »

Telles furent les premières relations officielles de la France avec la Corée. Quand le commandant Lapierre rentra en France, la révolution de 1848 venait d'éclater et l'on ne songeait guère à la Corée.

Avant d'aller plus loin, nous devons payer un juste tribut de reconnaissance aux officiers français qui, à cette époque, représentèrent notre pays dans l'Extrême-Orient.

Avec des moyens d'action très limités, avec la crainte continuelle de dépasser leurs instructions et d'encourir un blâme sévère pour les actes du patriotisme le plus éclairé, ils surent se montrer dévoués à la sainte cause des missions et trouver les moyens de favoriser la prédication de l'Évangile. Leurs noms seront toujours chers aux Églises de l'Extrême-Orient, et, malgré tous les désastres qui ont suivi, la mission de Corée en particulier n'oubliera pas ce qu'ils ont fait ou voulu faire.

Le naufrage des vaisseaux français avait enorgueilli les Coréens, comme s'il eût été le fait de leur bravoure: ils affichaient le plus profond mépris pour les barbares d'Europe; ils ne parlaient plus que d'exterminer tous les chrétiens. Cependant cette ardeur tomba peu à peu; la mort du roi, des révolutions du palais tournèrent les esprits d'un autre côté, et les missionnaires purent accomplir en paix l'œuvre de Dieu. Malheureusement Mgr Ferréol, usé avant l'âge par les labeurs de l'apostolat, mourut le 5 février 1853; il n'avait que quarante-cinq ans.

Il fallait cacher cette mort aux païens du voisinage. M. Daveluy revêtit le corps du vénérable défunt des habits sacerdotaux, avec quelques insignes de la dignité épiscopale, et vers minuit on le transporta secrètement dans une autre maison plus retirée.

Le lendemain, le missionnaire célébra le saint sacrifice; il plaça ensuite le corps dans un cercueil en bois de pin, qui fut recouvert extérieurement d'une couche épaisse de vernis, sur laquelle on inscrivit les noms et qualités de l'évêque de Belline.

Le tout fut enfermé, selon l'usage du pays, dans un autre cercueil plus léger destiné à protéger le vernis.

La neige et les glaces ne permettant pas de faire immédiatement l'inhumation, le cercueil fut confié à un bon chrétien qui en demeura chargé pendant deux mois, et ce ne fut que le 11 avril, pendant la nuit, que M. Daveluy put rendre les derniers devoirs à son évêque.

Mgr Ferréol avait témoigné le désir d'être enterré auprès de Mgr Imbert, son prédécesseur, ou auprès du prêtre indigène André Kim. L'opposition de quelques païens ayant rendu le premier endroit d'un accès difficile, c'est auprès du martyr André, au village de Miri-nai, à quinze lieues de la capitale, que fut inhumé le troisième vicaire apostolique de la Corée.

Au moment où il acceptait la charge épiscopale, il avait dit:

« Des deux premiers évêques envoyés en Corée, l'un meurt à la frontière sans pouvoir y pénétrer, le second n'y prolonge pas ses jours au delà de vingt mois. Qu'en sera-t-il du troisième? »

Le troisième, après dix ans de voyages, de privations, de travaux et de souffrances, devait mourir dans la force de l'âge, épuisé de fatigues, laissant dans sa mission deux prêtres seulement : M. Maistre et M. Daveluy.

XVI

ENTRÉE DE M. MAISTRE

Après des difficultés et des démarches sans nombre, M. Maistre avait, en effet, réussi à pénétrer en Corée. Son entrée dans ce pays est marquée d'un caractère splendide d'héroïsme et de poignant intérêt. Pendant qu'il habitait Hong-kong avec un des deux guides qu'un jeune prêtre coréen, le Père Thomas, lui avait envoyés, il forma l'audacieux projet de se faire jeter à la côte avec son guide et d'attendre du ciel le succès de son généreux dessein. La demeure du néophyte coréen n'était qu'à une petite journée de l'endroit où avaient échoué les deux navires du commandant Lapierre, puisque, du haut de la montagne voisine, il avait pu apercevoir les débris du naufrage sur l'île de Ko-Koun-to. Il fut donc arrêté qu'on tâcherait d'aborder cette île, appelée aussi depuis l'île du Camp.

Le plan était facile; mais pour l'exécuter, il ne suffisait pas de se procurer une jonque chinoise quelconque, il fallait surtout, dans ces parages inconnus, un habile et intrépide pilote. Tout le monde refusant un poste si dangereux, un missionnaire jésuite au Kiang-nan, le Père Hélot, qui avait quelques connaissances nautiques, s'offrit comme pilote. On parvint à trouver une petite jonque, et M. de Montigny, consul de France à Shanghaï, inventa, dans son zèle ingénieux, le moyen de protéger autant que possible la petite expédition, en remettant au Père Hélot, établi commandant, une commission d'aller visiter les débris du naufrage, pour favoriser, sous ce prétexte, l'introduction clandestine du missionnaire coréen.

Tout étant ainsi organisé, la jonque leva son ancre de bois, déploya ses voiles de paille et cingla sur la mer Jaune vers l'île inconnue du Camp français. Après une tempête qui obligea les missionnaires à se réfugier derrière l'île de Tsong-ming, le frêle esquif remit à la voile et vogua de nouveau vers la presqu'île coréenne. Déjà depuis longtemps on n'apercevait plus le rivage, et il était prudent de s'assurer de la direction à suivre, direction que l'équipage ignorait complétement. Le Père Hélot se mit donc en devoir d'interroger ses instruments. Il ne savait où il était.

« Courage, courage! lui disait M. Maistre; vos recherches nous mettront bientôt sur la voie, et nous conduiront droit à notre but. »

En effet, la première difficulté vaincue, les jours suivants, le point fut facile à prendre et la nacelle courut hardiment sur l'île du Camp. Ces navigateurs improvisés, se fiant peu à leur science, avaient pris pour patrons de ces mers dangereuses André Kim et les martyrs coréens.

Au neuvième jour, quand l'aube commençait déjà à blanchir, on se trouva devant un groupe d'îles, sur lesquelles nos voyageurs dirigèrent leur barque. M. Maistre, qui, après le naufrage, avait habité l'île du Camp, ne la reconnaissait pas. Pour ne pas perdre un temps précieux à sa recherche et exciter par là quelques soupçons parmi les habitants de la côte, il parut plus expédient d'aller à terre demander ingénûment aux insulaires bons et simples où était l'île de Ko-Koun-to.

« Nous ne la connaissons pas, » répondirent-ils.

M. Maistre les entendait distinctement se dire entre eux qu'ils ne pouvaient donner cette indication, parce qu'ils en seraient punis. Ne pouvant obtenir aucun renseignement, les deux prêtres allaient remonter à bord de leur jonque, quand sur le rivage ils rencontrèrent le mandarin, qui, déjà averti, accourait leur faire des questions embarrassantes. On lui donna rendez-vous à bord.

Le Père Hélot, qui cumulait les fonctions de capitaine, de pilote et de chargé d'affaires, prit la parole et s'empressa de montrer ses lettres au mandarin et le pria de lui indiquer l'île du Camp français. Le mandarin, rusé personnage, ne répondit pas à cette question. Le Père Hélot lui signifia alors que c'était sur le lieu même du naufrage qu'il consentirait à traiter les affaires qui l'amenaient. On dit donc au mandarin de se retirer, et l'on remit à la voile.

A peine avait-on tourné la pointe de l'île, que M. Maistre reconnut le chemin tortueux tracé par les Français naufragés sur la pente rapide de la montagne; puis, un peu plus loin, dans la mer, la carcasse d'un navire contre laquelle leur barque allait se heurter. C'était bien là l'île du Camp, sur laquelle la Providence les avait conduits comme par la main.

Le lendemain matin, les missionnaires descendirent à terre, moins pour visiter les débris du naufrage, car il ne restait plus aucun vestige des objets, que pour examiner de là tous les endroits du continent, éloigné encore de plus de cinq lieues, et choisir le point le plus propre à la descente du Père Maistre. Les deux explorateurs avaient à peine regagné leur jonque qu'arriva près d'eux le mandarin de la veille. Le Père Hélot lui refusa d'abord l'entrée de sa barque, parce qu'il n'avait pas voulu lui indiquer l'île du Camp. Celui-ci, sans se déconcerter, répondit qu'il venait leur faire une visite de politesse selon les coutumes de son royaume.

« A ce titre, lui dit le prétendu mandarin français, tu peux monter à mon bord; car sache qu'en ce point nous ne cédons à personne; mais ne parle point d'affaires, je puis sans toi remplir ma mission. »

Après un gracieux échange de politesses, le mandarin s'en retourna à Ko-Koun-to, tandis que les missionnaires appelaient de tous leurs vœux la nuit pour approcher plus près de terre et opérer la descente, qui devenait de plus en plus pressante et plus difficile.

Mais, sur ces entrefaites, un vent violent s'éleva, bouleversant les eaux et rendant la mer intenable. Il était impossible au petit canot, et même à la jonque, de résister à la tempête au milieu de ces écueils. Cependant les matelots chinois, si peureux d'habitude, encouragés par les missionnaires, jurent de conduire à terre malgré tout M. Maistre et son guide. On met à la voile. Un banc de sable barre le chemin à la jonque.

« N'importe, disent les nautoniers chinois, attendons la marée et nous passerons par-dessus. »

Mais la tempête continuant, il fut impossible durant cette journée de lancer le canot. Le brouillard était épais et la nuit profonde. Enfin le ciel s'étant un peu éclairci, le vent s'apaisa et les vagues se calmèrent. Alors M. Maistre, au milieu du silence religieux des matelots chinois, se revêtit de son pauvre costume coréen et descendit dans le canot avec son guide, après avoir embrassé affectueusement son dévoué pilote. Le débarquement se fit à la voile, de peur que le bruit des avirons ne réveillât les pêcheurs endormis sur le rivage. Personne ne bougea. Le Père Maistre, précédé de son guide, portant comme lui sur son épaule un petit paquet des choses les plus nécessaires, gravit les sentiers escarpés des montagnes, derrière lesquelles il disparut rapidement.

La tempête de la veille avait empêché le mandarin de communiquer avec la terre ferme; mais, dès la pointe du jour, probablement assailli de soupçons, il se dirigeait de nouveau vers la barque du Père Hélot. Pour éviter des visites compromettantes, celui-ci lui refusa impitoyablement l'accès de son bord. Aussitôt le mandarin se rendit à un village du continent, d'où partirent, bientôt après, une multitude de barques qui s'éparpillèrent le long de la côte; puis, à la tombée de la nuit, des feux, allumés de distance en distance sur le rivage, continuèrent la surveillance, et on recommença les journées et les nuits suivantes. L'entrée en contrebande eût été désormais impossible.

Le Père Hélot, après avoir joué, quelques jours encore, le pauvre mandarin par différentes manœuvres, afin de dépister sa surveillance, finit par hisser ses voiles de paille, et la jonque tourna vers les côtes de la Chine sa proue aux grands yeux de poisson. Quelques jours après leur retour, les pauvres bateliers chinois, fiers de leur expédition, mais surtout pleins d'admiration pour le dévouement du Père Maistre, étudiaient les prières chrétiennes, se préparant à embrasser une religion qui enfante de tels héros.

XVII

Mgr BERNEUX ET SES MISSIONNAIRES. — LA GUERRE ANGLO-FRANÇAISE EN CHINE
— LES TERREURS DES CORÉENS. — NOUVEAUX APÔTRES

La succession de Mgr Ferréol échut à un missionnaire de la Mandchourie, sauvé dix ans auparavant par le commandant Favin-Levêque des prisons de l'Annam. Mgr Berneux naquit à Château-du-Loir, département de la Sarthe.

Il fit ses études au petit séminaire de Précigné et se montra, dès le début, digne du portrait qu'un de ses missionnaires, M. Féron, devait tracer de lui quarante ans plus tard :

« A une piété angélique, à un zèle ardent pour le salut des âmes, Mgr Berneux joignait une connaissance profonde de la théologie et une capacité rare pour l'administration. Son activité ne lui laissait aucun repos. Je n'ai jamais pu comprendre comment il suffisait seul à ce qui eût occupé trois ou quatre missionnaires, comment il pouvait entrer dans le plus petit détail de toutes les affaires spirituelles ou temporelles. Il avait le district le plus vaste, une correspondance très étendue avec les missionnaires et les chrétiens; il était le consulteur universel, le procureur de la mission; il donnait à la prière un temps considérable; et néanmoins, quand un missionnaire allait le voir, il semblait n'avoir rien à faire que de l'écouter, de s'occuper de lui, de le récréer par sa conversation pleine d'esprit et d'amabilité.

« Il n'était pas, ce semble, naturellement porté à l'humilité et à la douceur. On devinait que s'il n'eût été un saint, sa fermeté serait devenue aisément de la tyrannie, et sa plaisanterie du sarcasme. Mais la grâce avait tout corrigé.

« On pouvait le contredire surtout; il savait mettre tout le monde à l'aise, et ses lettres à ses missionnaires contenaient toujours quelque mot d'affectueuse tendresse. Sa modestie était portée à un excès qui nous faisait quelquefois sourire, et dont le bon évêque riait le premier, mais sans en rien rabattre. Quant à sa nourriture, lorsqu'il était seul, un peu de riz et quelques légumes, c'était tout. Il s'était interdit le vin de riz dans ses dernières années.

« Jamais ni la viande, ni le poisson, ni même les œufs ne paraissaient sur sa table, sinon quand il recevait quelqu'un de nous.

« Alors il faisait tous ses efforts pour bien traiter son hôte, et lui, qui ne mangeait jamais de pain quand il était seul, attendu que les Coréens n'en font point, prenait plaisir à pétrir lui-même quelques pains pour les offrir à un confrère qui venait le voir, ou les lui envoyer en province par quelque occasion.

« Un fait vous donnera la mesure de sa mortification : les cruelles douleurs de la pierre, dont il souffrait habituellement, ne lui faisaient interrompre son travail que quand il était gisant à terre presque à l'agonie. Je l'ai vu passer vingt-quatre heures de suite au confessionnal, et comme je me permettais de le gronder :

« Que voulez-vous! me répondait-il, ces douleurs m'empêchent de dormir. »

Mgr Berneux était entré en Corée accompagné de deux jeunes missionnaires, MM. Alexandre Petitnicolas, de Saint-Dié, et Antoine Pourthié, du diocèse d'Albi. Après avoir tout préparé pour ce voyage court, mais dangereux, sur la mer Jaune et leur entrée dans leur mission, les trois apôtres s'embarquèrent, le 17 janvier 1856, sur une jonque chinoise, qui devait les transporter en vue des côtes de la Corée, pour s'y rencontrer avec une barque de bateliers chrétiens.

Laissons M. Pourthié décrire agréablement les incidents de ce voyage de deux longs mois à fond de cale et les péripéties de leur entrée dans la Corée.

« ... En montant sur le pont de notre jonque, je contemple, pour la première fois, cette monstrueuse fabrication de l'art chinois : une carcasse plate, informe, de la grandeur de nos petits caboteurs, un pont raboteux, à ouvertures multipliées, presque complètement occupé par les grossières machines du bord ou par une barque secondaire; cinq mâts d'une seule pièce, parés chacun d'une toile retenue par des bambous, voilà ce qu'il m'est permis d'envisager au premier coup d'œil.

« Mais les matelots, ayant à leur tête le capitaine, viennent révérencieusement saluer Sa Grandeur, et immédiatement on nous introduit dans un appartement qui s'élève à l'arrière de la jonque. A peine y avais-je pénétré, qu'une odeur peu suave et des bouffées de fumée me préviennent que j'entre dans la cuisine; puis, à la lueur du foyer, voyant jonché sur le plancher un assortiment complet de tout le ma-

Mgr Berneux,
martyrisé en Corée (1868).

tériel qu'on peut supposer dans une barque, il ne me fut pas difficile de deviner que la salle servait tout à la fois de tabagie, d'arsenal, de vestiaire, de dépense et de dortoir.

« Cependant on me montre au milieu de la salle une petite trappe; je comprends qu'il faut se glisser par là, et aussitôt engageant mon corps dans l'intérieur, mes pieds parviennent à rencontrer une échelle à peu près verticale, à l'aide de laquelle je m'insinue dans un petit réduit ménagé dans la cale. Quelques couchettes y étaient pratiquées sur les côtés pour dormir, et un petit autel pour dire la sainte messe était le seul meuble que pût comporter l'étroitesse du lieu. C'étaient là les appartements de Sa Grandeur, de deux missionnaires, de nos deux courriers et du patron de la barque.

« Comme les quelques rayons de lumière qui peuvent pénétrer dans la cuisine viennent expirer à l'entrée de la trappe, notre unique soupirail, le jour est remplacé par une lampe chinoise, qui, si elle éclaire peu, projette en revanche une épaisse fumée. Au reste, le tout serait sans inconvénient grave s'il nous était permis d'aller respirer sur le pont l'air bienfaisant et pur de la mer. Mais une infinité d'embarcations circulent autour de nous; près de trois cents jonques stationnent à nos côtés, et il est plus que probable que plusieurs d'entre elles, corsaires déguisés, cherchent parmi leurs voisines une proie à leur rapacité. La tragique fin d'un de nos confrères jeté à la mer par ces pirates, l'an dernier, dans ces mêmes parages sonne trop haut pour que la prudence nous permette de laisser ébruiter notre présence. Nous nous condamnons donc à la réclusion dans notre sépulcre, et c'est là le côté le plus douloureux de notre position, car l'air, n'arrivant que médiocrement au fond de notre cale et après s'être chargé des vapeurs de la cuisine, ne peut être que lourd et morbide. Si vous ajoutez à cela que par le mauvais temps, ou même souvent avec la simple marée, les barques roulent de manière à imiter la danse de Saint-Guy, vous aurez une idée de notre félicité à bord.

« Cependant, comme le vent du nord souffle avec violence, il ne faut pas songer à partir; il serait trop dangereux de s'engager en pleine mer sous de pareils auspices. Enfin, après de longs jours d'attente, la mousson favorable se fait sentir. Vous pensez avec moi qu'on va s'empresser d'en profiter. Mais, comme les pauvres marins se défient, et peut-être avec raison, de leur science personnelle, aucun d'eux n'ose trancher la question de l'arrivée du beau temps. On attend donc, jusqu'à ce qu'enfin quelqu'un ait la hardiesse de hisser une voile. Aussitôt tout le monde se met à l'œuvre avec une activité incroyable. Il s'élève de toutes parts un tohu-bohu propre à terrifier quiconque n'est pas familiarisé avec les manœuvres des Chinois. On s'éloigne au plus vite du mouillage, on tend toutes les voiles; c'est à qui devancera ses voisins. Nous courons ainsi et assez vite, pendant douze ou quinze heures; les barques, dispersées au loin sur la mer, font les préparatifs d'un long voyage, quand soudain l'une d'elles croyant entrevoir l'arrivée prochaine d'un vent contraire, vire de bord et revient en toute hâte sur ses pas. Les voisins s'aperçoivent de la manœuvre et se hâtent d'en faire autant; la contagion gagne de proche en proche; en quelques instants on les voit toutes faire force de voiles pour prévenir les autres au mouillage, qui se trouve bientôt aussi peuplé qu'auparavant.

« Les jours suivants, dit M. Pourthié, la même manœuvre se répète toujours avec le même dénouement. Enfin, après un mois d'attente et d'essais, on se hasarde encore, et cette fois on courut la bordée si loin, qu'on n'eut plus envie de rebrousser chemin. Pendant quelques jours, nous allons très lentement, mais enfin nous allons vers notre but.

« Comme on n'aperçoit que quelques barques éparses dans le lointain de l'horizon, nous nous hâtons de sortir de notre réduit et de monter sur le pont, quand tout à coup le vent du nord vient nous donner le spectacle d'une de ces tempêtes effrayantes partout, mais qui sont bien autrement terribles à contempler du haut d'une faible barque que le choc des flots menace d'engloutir à chaque instant. Une rade de la province de Chan-tong nous reçoit fort à propos; car, quelques heures après, l'ouragan redouble de fureur, et le froid devient si intense, qu'au milieu de la rade nous sommes entourés par la glace.

« Cependant, en entrant dans la rade, il faut se remettre aux arrêts, tout en disant au bon Dieu, comme action de grâces :
« *Anima nostra sicut passer erepta est de laqueo venantium.*
« Notre âme a échappé au danger, comme le passereau aux filets
« du chasseur. » C'est qu'en effet nous avons passé, nous dit-on, près d'une trentaine de barques de pirates qui stationnent dans les environs du port, et la Providence n'a pas permis qu'ils nous vissent.

« Selon l'habitude des Chinois, qui ne peuvent aborder à un port sans y passer huit jours, nous voilà encore condamnés à une captivité d'autant plus étroite qu'une multitude de païens vient à chaque instant monter à notre bord. Plût à Dieu que ce fût la dernière station! Mais non, notre barque doit visiter tous les ports de la côte. On s'éloigne de quelques lieues pour aller séjourner de nouveau une huitaine à un autre amerage. Oh! qu'ils sont lourds, qu'ils sont accablants, ces jours passés au fond d'une cale! Il me paraît qu'on pourrait supporter, sans succomber, quelques mois d'une captivité assez dure, et pourtant quelques semaines passées dans notre chambre nous abattent complètement. Monseigneur est si faible, qu'il ne peut écrire quelques mots; mon confrère paraît sans force, comme s'il avait été meurtri de coups; pour moi, quoique moins maltraité, je sens à ma salive noircie par l'air, à ma poitrine haletante, oppressée, irritée, qu'un tel genre de vie serait bientôt mortel.

« Le bon Dieu nous arrache enfin aux rivages chinois; nous nous dirigeons directement vers la Corée, dont nous ne sommes éloignés que de quatre-vingts lieues. Corée! Corée! Ce seul nom, qui résonne si bien à tout cœur ardent pour le salut des âmes; ce nom, qui n'a retenti en Europe que pour annoncer des persécutions et des martyres, ce nom nous ranime et nous fortifie. En un instant le passé est oublié; toutes nos pensées, tous nos désirs sont pour cette terre qui renferme jusqu'ici les tombes de sept missionnaires seulement, et, sur ces sept, cinq ont donné leur vie pour Jésus-Christ.

« ... Le 19 mars apparaît la côte de Corée. Six jours de recherches infructueuses fatiguent déjà notre équipage. Nous visitons tous les mouillages du littoral, mais sans succès. Nous commençons déjà à nous persuader de l'inutilité d'autres recherches, lorsque, le vendredi saint, on tire un coup de canon pour attirer l'attention de nos gens. A peine cette détonation mesquine mais inaccoutumée a-t-elle fait grouper les Coréens sur le rivage, que nous voyons arriver de la haute mer une barque avançant avec peine, malgré les efforts des rameurs. Elle paraît se diriger insensiblement vers nous. Bientôt nous pouvons distinguer l'équipage, qui est composé de huit hommes. Tous se donnent beaucoup de mouvement, leurs gestes sont précipités. Malgré le calme plat, la barque a franchi un grand espace, et, passant aussi près de nous qu'il est possible de le faire sans se compromettre, l'un d'eux jette à la dérobée le nom de l'un de nos courriers, qui se hâte d'y répondre. Dieu soit loué! Nous voilà au comble de nos vœux!

« A peine la voix de notre courrier a-t-elle été entendue, que, par une manœuvre subite, les Coréens déploient les voiles entre eux et le rivage, et, protégés par elles, ils font ensemble un grand signe de croix; puis, joignant leurs mains sur leur poitrine, ils se prosternent devant la bénédiction de leur évêque; après quoi ils se relèvent, font quelques démonstrations de joie et se dirigent vers la terre, en attendant qu'ils puissent nous emmener avec eux.

« La nuit du samedi saint, la barque coréenne se détache du rivage, passe près de nous pour que nous puissions l'apercevoir et prend la route de la pleine mer. Notre jonque ne tarde pas à la suivre, et malgré le calme plat, et après beaucoup d'efforts des matelots des deux bords, nous nous joignons. En moins d'une heure tout est transbordé, nous avons fait nos adieux à la jonque chinoise, nous sommes installés dans notre nouveau logement, et nos pauvres chrétiens font force de rames pour être au point du jour un peu éloignés de l'endroit où la contravention a eu lieu.

« ... On a besoin de temps en temps de nous recouvrir d'une natte, sur laquelle on étend une épaisse couche de paille, et cela afin qu'en passant tout près des autres barques, ou en recevant la visite du mandarin, — ces messieurs font de fréquentes apparitions sur les barques, — on ne puisse pas soupçonner qu'un être vivant est enseveli sous un tel tas de paille foulée.

« ... Une barque nous conduit en quatre jours dans le fleuve de la capitale, à dix lieues de cette ville. Le moment de sortir de notre retraite approche. Chacun se revêt d'un habit coréen tel que le portent les nobles en deuil. La pièce la plus remarquable de notre costume, en toile grossière et un peu rousse, est un énorme chapeau en bambou tressé, dont la forme imite parfaitement les abat-jour de vos lampes à modérateur, mais si grand que, le haut du cône s'élevant au-dessus de la tête, le limbe inférieur vient entourer les épaules et la poitrine et cache ainsi admirablement nos visages européens. On a, au surplus, une toile fixée à deux petits bâtons, de manière à former un éventail, que l'on place devant sa figure. Un indiscret cherche-t-il à voir vos traits, vous vous empressez de lui opposer votre toile, et vous vous enveloppez la figure dans votre éventail. Personne n'est offusqué de ce soin que vous prenez de vous rendre invisible; car plus on se soustrait à tout regard, et mieux on garde le deuil, qui est un devoir strict et sacré dans ce pays.

« ... Affublés de nos précieux abat-jour et descendus dans un esquif, nous profitons de l'obscurité de la nuit pour nous élancer sur la rive, et nous nous engageons dans les rizières. La marche est pénible au commencement : pas un chemin tracé. Nous franchissons des fossés et des canaux remplis d'eau; nous côtoyons des précipices et des mares. Force nous est de nous accrocher et des pieds et des mains. Enfin nous grimpons, nous sautons, nous plongeons aussi parfois, jusqu'à ce que nous ayons atteint le chemin qui conduit à la capitale.

« ... Toute la nuit est employée à courir; mais nous nous en acquittons si bien, qu'au point du jour nous sommes en vue de la ville. Les portes étant fermées, il fallut attendre dans la maison d'un chrétien des faubourgs. Quelque temps après nous nous remettions en route, et nous entrions dans la place au moment même où les ministres du roi, accompagnés d'un certain nombre de mandarins civils et militaires et escortés d'un grand nombre de satellites ou de soldats, accouraient au-devant de leur roi qui allait rentrer.

« ... Comme le peuple accourt en grandes masses, la foule est si compacte qu'il n'est plus facile de la traverser. Imaginez-vous donc votre serviteur faisant tous ses efforts pour se frayer un passage et se rallier à ses compagnons, s'embarrassant dans la foule, coudoyant un petit mandarin piéton, allant se jeter par ricochet sur l'épaule d'un satellite ou celle d'un soldat, et se contentant pour toutes ces mésaventures de leur dire tout bas, de peur qu'ils ne l'entendent :

« — Si tu savais qui je suis, tu ferais plus que me coudoyer. »

« ... Notre courrier et le chrétien chez lequel nous sommes descendus au faubourg nous précèdent pour nous indiquer la route à suivre. Nous les serrons de près, mais rangés à la file, comme les canards. Notre énorme chapeau nous soustrait à tout regard; mais en même temps il borne tellement notre horizon, que nous pouvons tout au plus voir les pieds de nos conducteurs; encore faut-il pour cela les talonner de bien près. Or, comme tous les pieds se ressemblent, ne voilà-t-il pas qu'au milieu de la bagarre je me mets à la suite de deux autres Coréens qui me précèdent, et, croyant bien ne pas manquer mon coup, je m'attache scrupuleusement à leurs pas. Mes nouveaux conducteurs me font couper plusieurs rues, m'engagent dans des ruelles, jusqu'à ce qu'enfin j'arrive à un cul-de-sac. Là, ils se détournent de mon côté pour entrer dans une maison : je soulève mon chapeau, je les regarde, et à leurs traits, qui me sont complétement inconnus, je m'aperçois que je suis bien loin de mes compagnons et de mes guides. Vite je laisse ma visière, et, tout en feignant de considérer les maisons voisines, je me hâte de battre en retraite. Mais où aller? Seul au milieu d'une capitale que j'aborde pour la première fois, sous l'anathème d'une législation cruelle et inhospitalière, n'étant pas capable de fabriquer une phrase coréenne, essayerai-je de m'aboucher avec quelqu'un dans la rue? Mais, au premier mot de mon jargon, ne se hâtera-t-on pas de me faire arrêter? Et puis, que demanderai-je? La maison d'un chrétien? C'est comme si, à Paris, on s'enquérait au hasard, près d'un passant, de la retraite d'un de ces hommes malfaisants que poursuit la justice humaine. Telles étaient les premières pensées qui se heurtaient dans mon esprit. Mais, comme j'avais déjà éprouvé qu'il y a une bonne Providence pour les missionnaires, je me jetai dans ses bras par une courte prière. Avec un sans-souci que le bon Dieu permit alors que maintenant je ne puis concevoir, je revins sur mes pas. J'eus le bonheur de retrouver la grande rue, où je m'étais séparé de mes compagnons. Là, je circulai du côté où je présumais que l'on s'était dirigé, et bientôt j'arrêtai au passage le courrier, qui, tout effaré, courait à ma recherche.

« ... Je vous laisse à penser les appréhensions de Sa Grandeur et des autres missionnaires au moment où, entrant dans la maison et pouvant enfin regarder autour d'eux, ils ne m'avaient pas vu. Heureusement, après un quart d'heure d'anxiété, j'arrivai pour y mettre fin, et, de concert avec M. Daveluy, nous célébrâmes tout las, de peur d'être entendus par les voisins, l'heureuse issue de notre expédition. »

Tel fut ce voyage si long, si pénible et si dangereux de Mgr Berneux et de ses deux compagnons. Dieu les avait protégés et conduits comme par la main à travers ces épreuves si nombreuses et si difficiles. Le zèle qui les animait leur fit bientôt oublier fatigues et dangers.

Bien grande fut la joie en Corée à l'arrivée du prélat. Missionnaires et néophytes, tous louèrent la miséricorde de Dieu qui leur avait envoyé un évêque, et leur joie redoubla bientôt quand il leur fut donné de voir de près la vertu, le zèle, l'oubli de lui-même de leur pasteur.

A cette époque, la Corée ne jouissait pas sans doute d'un calme parfait. Cependant les missionnaires n'étaient point recherchés; le gouvernement paraissait laisser dormir pour le moment les anciens édits de proscription, et c'était par accident que le motif de religion attirait des désagréments et quelque persécution locale aux chrétiens. La situation était donc relativement bonne; mais, de temps en temps encore, une alerte venait rappeler les missionnaires à la prudence. C'est ainsi que, dans une de ses visites pastorales, Mgr Berneux fut recherché directement et dut son salut à une fuite prompte qui le mit en lieu sûr. Plusieurs chrétiens furent saisis à cette occasion, mis en prison, torturés, puis enfin relâchés.

Les obstacles provenant de la malice des hommes et les grandes fatigues d'une administration si difficile en de pareilles circonstances, au lieu de modérer le zèle du prélat, semblaient au contraire l'exciter, et sa vie se consumait dans des travaux apostoliques tels qu'aucun de ses missionnaires n'eût pu l'imiter. Écoutons-le nous donner lui-même le détail de l'emploi de son temps, dans une lettre au Séminaire de Paris :

« ... C'est ordinairement vers le mois de septembre que commence la mission. Cette époque est attendue avec impatience par les chrétiens. C'est le seul temps de l'année où ils peuvent recevoir les sacrements dont ils sont saintement avides, la seule fois aussi qu'ils peuvent voir le missionnaire pour lequel ils ont une vénération toute filiale. Lorsque les catéchistes ont déterminé les maisons où doivent se faire les réunions et qu'ils ont indiqué à chacun le jour et le lieu, je me rends à la maison où la mission doit s'ouvrir, et où m'attendent trente ou quarante néophytes.

« Une chambre à peine assez haute pour que je puisse me tenir debout se convertit en chapelle, dont un crucifix et une image de la sainte Vierge forment tout l'ornement. L'examen du catéchisme auquel tous sont soumis, le vieillard octogénaire comme l'enfant de dix ans, une instruction sur les dispositions qu'il faut apporter à la réception des sacrements, puis trente ou quarante confessions avec les extrêmes-onctions et les baptêmes m'occupent toute la journée et une partie de la nuit. Le lendemain, le lever à une heure; à deux heures, la messe où se fait la communion; enfin une instruction sur la nécessité et les moyens de persévérance, après laquelle je passe, avant le jour, dans une autre maison où les chrétiens m'attendent et où se répètent les mêmes exercices que la veille.

« Voilà les occupations du missionnaire à la capitale pendant quarante jours. C'est à en perdre la tête de fatigue. Plus d'une fois il m'est arrivé de tomber de sommeil au milieu de ma chambre, et de me réveiller le lendemain un bas dans la main et l'autre encore au pied. »

Il y avait à peine un an que Mɢʳ Berneux était en Corée, lorsque, songeant aux besoins de sa mission, à sa mauvaise santé et à l'incertitude des temps, il résolut, pour prévenir tous les inconvénients d'une telle situation, d'user des pouvoirs que lui avait donnés le saint-siège et de choisir un coadjuteur.

Son choix se fixa sur M. Daveluy, homme vraiment pieux et rempli de sagesse, que son zèle et ses vertus désignaient pour cette haute dignité.

La consécration du nouvel élu se fit le 25 mars 1857, à huis clos, dans la maison de Mɢʳ Berneux, pendant la nuit, en présence seulement de quelques chrétiens et des principaux catéchistes. La crainte d'une surprise de la part des satellites força les missionnaires à exclure, à leur grand regret, les pauvres néophytes coréens d'une cérémonie si touchante.

Deux des principaux travaux de Mgr Daveluy furent de publier divers ouvrages importants pour l'instruction des néophytes et recueillir de nombreux documents sur l'histoire du catholicisme en Corée, sur la vie et la mort des martyrs.

Pour éclairer quelques-unes des obscurités, combler plusieurs lacunes de l'histoire de la grande persécution de 1801 et des temps qui l'avaient précédée, il fit dans les parties les plus éloignées de la chrétienté un voyage de trois mois, afin de retrouver et d'interroger en personne, sous la foi du serment, tous les témoins qui pouvaient lui donner quelque renseignement utile.

Il envoya à M. Albrand, supérieur du Séminaire des Missions étrangères, la traduction des documents qu'il avait recueillis. Ce fut une heureuse inspiration, car au printemps de l'année suivante le feu prit à la maison épiscopale, en l'absence du prélat, et consuma une grande caisse où étaient réunis en sept ou huit volumes les titres originaux de l'histoire des martyrs en chinois et en coréen, avec différents travaux sur l'histoire du pays, une quantité de livres coréens très précieux.

Le provicaire, M. Pourthié [1], dans les courts instants que lui laissait le soin du séminaire, continuait le grand dictionnaire commencé par Mgr Daveluy, pendant que M. Petitnicolas [2], son collègue au séminaire, s'occupait de la paroisse voisine, et que M. Féron faisait ses débuts dans le ministère apostolique.

Outre les travaux ordinaires de l'administration des chrétiens, le prêtre indigène Thomas Tsoï, qui était sur le bord de la tombe, achevait la traduction des principaux livres de prières, préparait une édition plus complète et plus exacte du catéchisme et les renvoyait à la capitale, où s'organisait une imprimerie.

Quatre jeunes missionnaires, Landre, Joanno, Ridel et Calais, débarquèrent en Corée en 1862.

« Maintenant, s'écriait Mgr Berneux en annonçant leur arrivée à M. Albrand, que le travail vienne, et les ouvriers ne manqueront pas. »

[1] Du diocèse d'Albi, d'un hameau du canton de Valence-en-Albigeois. Parti en 1855, mort le 11 mars 1866.
[2] Du diocèse de Saint-Dié. Parti en 1853, mort le 11 mars 1866.

Hélas! combien furent tristes les beaux jours que l'évêque croyait entrevoir!

La Chine venait alors de subir d'humiliantes défaites; les Français et les Anglais avaient battu ses troupes, pénétré dans Pékin et dicté des lois à son empereur. Quand les missionnaires apprirent ces nouvelles, ils regrettèrent vivement qu'un vaisseau de guerre français ne parût pas dans la rivière de Séoul, car il eût obtenu pour la France et pour le catholicisme toutes les concessions qu'il eût demandées.

En effet, dire la terreur folle, la consternation profonde qui se répandirent de la capitale dans tout le royaume, serait chose impossible.

Toutes les affaires furent suspendues, les familles riches ou aisées s'enfuirent dans les montagnes. Les ministres, n'osant eux-mêmes quitter leurs postes, firent partir en toute hâte leurs femmes, leurs enfants et leurs trésors. Des mandarins du haut rang se recommandaient humblement à la protection des néophytes, et faisaient des démarches afin de se procurer des livres de religion, des croix ou des médailles pour le jour du danger; quelques-uns même portaient publiquement à leur ceinture ces signes du christianisme. Les satellites, dans leurs réunions, se disculpaient à qui mieux mieux de toute coopération aux poursuites dirigées contre les chrétiens et aux tortures qu'on leur avait infligées. Profondeur des desseins de Dieu! Si à ce moment un navire français, une simple chaloupe, se fût présenté exigeant pour la religion la même liberté qui venait d'être stipulée en Chine, on se fût empressé de tout accorder, heureux encore d'en être quitte à ce prix. Cette paix aurait été troublée peut-être comme en Chine et au Tonkin par des émeutes populaires, par de sourdes intrigues, par des incendies d'églises ou des assassinats de missionnaires; mais elle aurait donné des années de tranquillité comparative, favorisé l'essor des œuvres chrétiennes et la conversion des gentils; elle aurait fait une large brèche à ce mur de séparation qui existe entre la Corée et les peuples chrétiens et hâté le jour où il tombera pour jamais. Dieu ne l'a pas voulu!

Les navires qui, de la pointe du Chang-ton où ils séjournèrent des mois entiers, n'étaient pas à quarante lieues des côtes de Corée, partirent sans y faire même une courte apparition.

Quand les Coréens furent certains du départ de la flotte anglo-française, la panique générale se calma peu à peu, et le gouvernement, revenu de sa frayeur, songea à faire quelques préparatifs de défense pour le cas où les barbares d'Occident seraient tentés de revenir.

Mais les missionnaires ne furent pas inquiétés; les chrétiens eurent à subir seulement des vexations sans importance, qui cessèrent bientôt par suite d'émeutes populaires que le gouvernement dut réprimer, et M⁰ʳ Berneux, confiant en l'avenir, écrivait au Souverain Pontife en lui annonçant le baptême de huit cents néophytes :

« Le gouvernement de ce pays sait parfaitement bien ce qui s'est passé en Chine, et comme il tremble de voir les Européens lui déclarer la guerre, nous avons pour l'avenir une espérance sérieuse de paix, de tranquillité et par conséquent de succès abondants. »

XVIII

LES RUSSES. — ARRESTATION ET MARTYRE DE Mgr BERNEUX,
DE MM. DE BRETENIÈRES, BEAULIEU, DORIE

La société des Missions étrangères, escomptant ce bel avenir entrevu par Mgr Berneux, fit partir de nouveaux prêtres pour la Corée. Ce furent, en 1863, M. Aumaitre, un des rares prêtres que la Charente ait jamais donné aux Missions ; en 1864, Martin-Luc Huin, le doux et pieux enfant de Guyonvelle, au diocèse de Langres ; Louis Beaulieu, figure sympathique et charmante dont le Bordelais garde le souvenir ; Dorie, un fils de la Vendée, à l'âme vaillante comme ses ancêtres qui moururent pour Dieu et le roi ; Just de Bretenières, l'ardent praticien dont Mgr d'Hulst a fait revivre la mémoire dans une biographie de tous points admirable.

Mais, hélas ! à peine ces nouveaux apôtres étaient-ils arrivés sur la terre coréenne, que le ciel devenait gros d'orages et que la tempête éclatait.

Quels étaient donc les événements qui avaient si brusquement changé la face des choses ?

Les voici brièvement résumés.

La mort du roi, arrivée en 1864, avait rendu l'influence au vieux parti des persécuteurs. L'une des quatre veuves couronnées, la reine Tcho, s'empara par surprise de son sceau royal, et, sous le nom du défunt, transmit le trône, suivant la coutume coréenne, à un prince de son choix. C'était un enfant de douze ans.

Pour accomplir ce coup d'audace, elle s'était appuyée sur une faction, qui était précisément celle des pires ennemis du christianisme. Aussi, bien que personnellement elle ne fût pas portée aux mesures de violence, elle dut prendre pour ministres les partisans de la persécution. Ainsi se préparaient les terribles événements qui devaient accabler de maux l'Église coréenne.

Un incident de la politique étrangère en précipita la réalisation.

Depuis plusieurs années, les Russes faisaient en Tartarie des progrès inquiétants pour l'indépendance de la Corée. D'annexions en annexions, ils s'étaient rapprochés de la frontière septentrionale de ce royaume, et touchaient au petit fleuve qui forme la limite de la province de Ham-Kieng[1]. En janvier 1866, un navire russe se présenta à Ouen-san, port de commerce sur la mer du Japon; de là le commandant envoya à la cour de Séoul une lettre impérieuse réclamant la liberté du commerce et le droit pour les marchands russes de s'établir en Corée.

L'émoi fut grand à la cour et dans tout le royaume. Le zèle malencontreux de quelques chrétiens tourna contre l'Église le mouvement qui agitait le pays. Convaincus que de la démarche des Russes pouvait enfin sortir l'émancipation religieuse de la Corée, ils écrivirent au régent pour lui persuader que l'unique moyen d'éloigner leurs puissants voisins était de contracter une alliance avec la France et l'Angleterre, et que le négociateur né de cette alliance était l'évêque catholique

Le régent reçut la lettre sans manifester son sentiment. Partageait-il la manière de voir de ceux qui l'avaient écrite? En tous cas, il s'informa de Mgr Berneux, et exprima le désir de lui parler.

Celui-ci venait de quitter Séoul pour commencer l'administration en province, et jamais ses travaux apostoliques n'avaient été aussi féconds. L'invitation du régent lui ayant été transmise, il se hâta d'y déférer. Quatre jours après, le 25 janvier, il était de retour à la capitale. Mais le régent, informé de son arrivée,

---

[1] Voir *Atlas de la Société des Missions-Étrangères*, carte de la Corée.

négligea de l'appeler, et cette abstention laissa planer un doute terrible sur ses véritables dispositions. Dans l'intervalle, il est vrai, il avait eu avec un des auteurs de la lettre un long entretien sur la religion chrétienne, en avait admiré la doctrine morale, mais s'était plaint de l'interdiction qui proscrit les sacrifices aux ancêtres. En réalité, le régent gagnait du temps; il voulait s'inspirer des événements.

Malheureusement, une fois de plus, les menaces des Européens avaient été vaines, et le navire russe s'était éloigné; le parti de l'intolérance triompha. Le régent, à supposer que ses sentiments intimes fussent favorables, n'était pas homme à s'exposer pour protéger les catholiques.

Les mesures de violence et d'injustice ne répugnaient pas à son caractère. Il céda au courant, et la perte des missionnaires fut résolue.

Pendant ce temps Mgr Berneux, las d'attendre inutilement, avait de nouveau quitté Séoul et repris ses travaux, mais sans s'éloigner beaucoup. Il revint le 5 février.

Quelques jours plus tard, il ne pouvait plus se faire d'illusions sur le sort qui l'attendait. Des satellites se présentèrent pour faire une perquisition chez lui, sous un prétexte fiscal. L'évêque comprit qu'on voulait s'assurer de sa personne; mais il crut d'abord qu'on se proposait seulement de le garder à vue, et dès lors il refusa de changer de retraite, craignant que, pour le découvrir, la police n'étendît ses investigations à toutes les maisons des fidèles et que les vexations ne devinssent générales.

La perfidie de son domestique, assez mauvais chrétien, amena précisément le résultat que, dans son dévouement, le Vicaire apostolique avait voulu prévoir. Le traître indiqua aux satellites la résidence exacte des missionnaires, dont l'arrestation fut immédiatement résolue et exécutée.

Mgr Berneux fut naturellement pris le premier.

Le 23 février, à quatre heures du soir, sa maison fut envahie; il fut saisi, garrotté, puis, comme il n'opposait aucune résistance, délié presque aussitôt et conduit au tribunal de *Droite,* ainsi nommé parce qu'il est situé à droite du palais; de là, à la prison criminelle du Kiou-riou-kan, où sont enfermés pêle-mêle les criminels de bas étage, et le surlendemain il fut transféré à la prison Keum-pou, réservée aux accusés nobles et aux criminels d'État.

Les soldats chrétiens présents aux divers interrogatoires du confesseur de la foi ont noté ses réponses et toutes les circonstances du drame.

« Quel est votre nom ? demanda le juge.

— Tjiang (c'était le nom coréen de Mgr Berneux)

— Qu'êtes-vous venu faire en Corée ?

— Sauver vos âmes.

— Depuis combien d'années êtes-vous dans ce pays ?

— Depuis dix ans, et pendant ce temps j'ai vécu à mes dépens ; je n'ai rien reçu gratis, pas même l'eau ou le bois. »

L'évêque faisait allusion aux calomnies des païens, qui prétendaient que les missionnaires, manquant du nécessaire dans leur propre pays, venaient en Corée pour s'enrichir.

« Si on vous met en liberté, et qu'on vous ordonne de retourner dans votre pays, obéirez-vous ?

— Si vous m'y reconduisez vous-même de force, il faudra bien que j'y aille ; sinon, non.

— Mais nous ne connaissons pas votre pays, comment donc pourrions-nous vous y reconduire ? Votre réponse signifie que vous ne voulez pas quitter la Corée.

— Comme vous voudrez ; je suis entre vos mains, et je suis prêt à mourir. »

Le lendemain 27, nouvel interrogatoire, auquel assistèrent le régent et son fils aîné. On proposa au captif d'apostasier.

« Non, certes, répondit-il ; je suis venu prêcher la religion qui sauve les âmes, et vous voudriez que je la renie !

— Si vous n'obéissez pas, vous serez frappé et mis à la torture.

— Faites ce que vous voudrez ; assez de questions inutiles. »

L'effet suivit de près la menace. On fit subir au vénérable évêque, entre autres tortures, la bastonnade sur les jambes et la poncture des bâtons sur tout le corps, principalement sur les côtés. Les os des jambes furent dégarnis de leur chair, mis à nu et horriblement contusionnés; bientôt le corps ne fut plus qu'une plaie. Le supplice terminé, on enveloppa les jambes avec du papier huilé et quelques morceaux de toile, et on reconduisit le confesseur en prison.

La même scène se renouvela, à diverses reprises, les jours suivants; mais les forces de Mgr Berneux étaient tellement épuisées et sa voix devenue si faible, que les soldats ne purent entendre ses paroles.

La sentence de mort fut enfin portée en ces termes:

« L'accusé Tjiang, refusant d'obéir au roi et ne voulant ni apostasier, ni donner les renseignements qu'on lui demande, ni retourner dans son pays, aura la tête tranchée après avoir subi les différents supplices. »

Trois ou quatre jours après l'arrestation de Mgr Berneux, trois autres missionnaires: MM. de Bretenières[1], Beaulieu[2] et Dorie[3], avaient été pris.

Tout se passa pour eux comme pour leur évêque. Ils expliquèrent en quelques mots la raison de leur présence en Corée, et leur ferme résolution de mourir pour Dieu. Quant au reste, ils s'excusèrent de ne pas répondre, parce que, nouvellement arrivés, ils ne connaissaient pas encore assez la langue; ils reçurent la bastonnade sur les os des jambes et sur les pieds, et subirent aussi la ponction des bâtons. Leur dernier interrogatoire se termina par une sentence de mort.

Quelques jours se passèrent dans l'attente de l'exécution, dans les souffrances d'un corps brisé, dans la joie de l'âme heureuse de ses saintes espérances réalisées et de son amour victorieux.

Enfin, le 8 mars 1866, les quatre condamnés furent extraits de la prison.

Les satellites conduisirent les captifs dehors, et, quatre cents soldats formant l'escorte, le cortège se mit en marche vers le lieu

---

[1] Du diocèse d'Autun. Incorporé à Dijon, parti en 1865, mort le 8 mars 1866.
[2] Du diocèse de Bordeaux. Parti en 1864, mort le 8 mars 1866.
[3] Du diocèse de Luçon. Parti en 1864, mort le 8 mars 1866.

du supplice. Chacun des martyrs était assis sur une chaise longue, la tête légèrement renversée en arrière et retenue par les cheveux; les bras étendus et liés solidement, incapables d'aucun mouvement, ils étaient portés sur les épaules de deux hommes. Au-dessus de la tête de chacun était écrite la sentence de mort prononcée par le roi.

La foule grossissait à mesure que le cortège s'avançait; chacun voulait considérer de près les grands criminels d'Occident. Personne ne leur épargnait les insultes, tandis que les martyrs conservaient leur calme au milieu de ces clameurs de la populace et priaient pour leurs bourreaux.

« Ne riez pas, ne vous moquez pas de nous, criait de temps en temps Mgr Berneux à ceux qui l'entouraient; c'est plutôt votre propre malheur que vous devriez pleurer. Nous étions venus pour vous procurer le bonheur éternel. Après notre mort, qui donc vous montrera le chemin du ciel ! »

Puis il s'entretenait encore avec ses jeunes confrères, les exhortait et poussait avec eux de profonds soupirs en voyant cette foule en délire.

« Hélas! mon Dieu, disait-il, qu'ils sont à plaindre ! »

Après avoir quitté l'enceinte de Séoul, les soldats se dirigèrent vers la rive du fleuve, à une certaine distance de la ville. Une grande plaine de sable qui s'étendait en plan incliné jusqu'au fleuve permettait à la multitude de jouir du cruel spectacle de l'exécution des martyrs. Arrivés à cet endroit, les soldats se rangèrent en un vaste demi-cercle en face de la tente du mandarin. Un grand mât était planté au centre, et un drapeau blanc flottait à son extrémité.

Après avoir déposé à terre leurs victimes et les avoir détachées de la chaise sur laquelle elles étaient portées, les bourreaux les dépouillèrent de leurs vêtements, à l'exception d'un simple caleçon.

Mgr Berneux fut appelé le premier. Aussitôt ses bras sont liés fortement derrière le dos, de façon à lui ôter toute possibilité de les remuer. Un bourreau replie les deux extrémités de chaque oreille et les traverse ainsi chacune du fer d'une flèche, qu'il laisse suspendre de haut en bas dans la plaie. Un autre lui jette de l'eau à la figure, qu'il saupoudre aussitôt d'une poignée de chaux qui lui barbouille ainsi le visage et la tête d'une façon grotesque. Ensuite, passant deux bâtons assez forts par-dessous les bras, deux bourreaux soulèvent les extrémités sur leurs épaules et promènent ainsi la victime huit fois autour de l'assemblée, toujours en rétrécissant le cercle, de façon qu'au huitième tour ils déposaient l'évêque au pied du mât.

On le fit mettre à genoux, la tête inclinée en avant, et les cheveux attachés à une petite corde que tenait l'un des bourreaux.

Ainsi préparé, le saint martyr attendait la mort sous les yeux de ses compagnons, pour chacun desquels les mêmes lugubres préparatifs allaient bientôt se répéter. Six bourreaux alors, armés chacun d'un long coutelas qu'ils brandissent, en exécutant autour de leur victime une sorte de danse guerrière et sauvage, tournent, sautent et poussent des cris horribles. Chacun frappe comme il veut et quand il veut; au troisième coup la tête du martyr roule sur le sable. Un bourreau la dépose d'abord sur une petite table devant le mandarin chargé de l'exécution, puis il va la suspendre par les cheveux à un poteau, auprès du corps, et au-dessous de la planchette sur laquelle était écrite la sentence.

Ainsi recommencèrent dans le même ordre les mêmes préparatifs pour chacune des autres victimes. M. de Bretenières suivit immédiatement son évêque, puis M. Beaulieu. Enfin M. Dorie, après avoir assisté à ces trois scènes d'horreur, consomma lui-même son glorieux martyre.

Pendant trois jours on laissa les corps exposés. Les païens du village voisin vinrent alors les enterrer tous ensemble dans une même fosse. Ce ne fut que six mois après qu'il fut donné aux chrétiens de la capitale, avec de grands dangers, de rendre eux-mêmes à leurs pasteurs les devoirs d'une sépulture plus convenable.

Mgr Siméon-François Berneux avait près de cinquante-deux ans lorsqu'il reçut la palme du martyre avec ses trois jeunes confrères. Il avait passé dix ans sur la terre de Corée, qu'il illustra par ses vertus et ses talents. Les progrès étonnants de la religion, les nombreuses conversions d'infidèles dans les circonstances orageuses où il gouverna la mission de Corée, attestent son zèle apostolique et son habile administration. A sa mort, tout était disposé pour le moment où la Corée serait libre. Une imprimerie avait été fondée et propageait par milliers les bons livres. Les œuvres si catholiques de la Propagation de la Foi et de la Sainte-Enfance étaient connues des chrétiens; le clergé indigène, œuvre délicate et difficile entre toutes, était l'objet de sa sollicitude, et il soupirait après le moment où il lui serait donné d'imposer les mains à quelques jeunes clercs que formaient, dans le secret des forêts, MM. Pourthié et Petitnicolas.

Pressé quelquefois par son zèle et par la vue du bien à faire, on l'entendait s'écrier :

« Oh! que n'ai-je dix Pères Thomas! »

Il avait même fondé à la capitale un collège pour l'éducation des jeunes gens, et l'on y comptait déjà douze élèves. Sa science théologique était profonde, et son esprit distingué, ainsi que ses connaissances variées, rendaient sa conversation très agréable et extrêmement utile à ses confrères, qui aimaient à le consulter et le regardaient comme un père.

« Il avait, écrit M. Féron, l'un des missionnaires de Corée échappés à la persécution de 1866, il avait le district le plus vaste, une correspondance très étendue avec les missionnaires et les chrétiens; il était le consulteur universel et le procureur de la mission ; il donnait à la prière un temps considérable, et néanmoins, quand un missionnaire allait le voir, il semblait n'avoir rien à faire que de l'écouter, de s'occuper de lui et de le récréer par sa conversation.

« Quant à sa nourriture, lorsqu'il était seul, un peu de riz et de légumes, c'était tout. Il s'était interdit le vin de riz dans ses dernières années. Jamais ni la viande, ni le poisson, ni même les œufs ne paraissaient sur sa table, sinon quand il recevait quelqu'un de nous. Alors il faisait tous ses efforts pour bien traiter son hôte ; et lui qui ne mangeait jamais de pain quand il était seul, car les Coréens n'en font point, prenait plaisir à pétrir lui-même et à cuire quelques pains, afin de les offrir à un confrère qui venait le voir, ou de les lui envoyer en province par quelque occasion.

« Un fait donnera la mesure de sa mortification. Les cruelles douleurs de la pierre, dont il souffrait habituellement, ne lui faisaient interrompre son travail que quand il était gisant à terre, presque à l'agonie. Je l'ai vu passer vingt-quatre heures de suite au confessional, et comme je me permettais de le gronder :

« — Que voulez-vous! répondit-il, ces douleurs m'empêchent de dormir. »

Tel était le saint prélat dont le glaive du persécuteur termina la carrière, lorsqu'il promettait encore de longs jours et des œuvres fécondes. Au sortir des prisons du Tonkin, il exprimait le regret d'avoir manqué l'occasion du martyre. Le procureur des Missions étrangères à Hong-Kong, en lui donnant sa nouvelle destination pour la Chine, avait ajouté avec amabilité :

« Qui sait, si un jour vous ne franchirez pas la frontière et vous ne retrouverez point en Corée la chance du martyre! »

Vingt et un ans après, cette prophétie se réalisait.

Comme il avait toujours été le premier à la peine parmi ses confrères, Mgr Berneux se trouvait encore à leur tête au jour du grand combat. A bon droit, en jetant les yeux sur sa vie si bien remplie, il aurait pu, lui aussi, se rendre le témoignage de l'Apôtre :

« *Bonum certamen certavi, cursum consummavi. Fidem servavi, in reliquo reposita est corona justitiæ quam mihi reddet Dominus in illa die justus Judex.* J'ai combattu le bon combat, j'ai achevé ma course, j'ai gardé ma foi, il ne me reste plus qu'à jouir de la couronne de justice que me donnera le Seigneur mon juste juge. »

Quant aux trois jeunes missionnaires, heureux compagnons du prélat en ce jour du martyre, pleins de vertus, de zèle et de bonne volonté, à peine entrés dans la carrière, ils furent couronnés. Dieu récompensa, à leurs débuts, les ardents désirs dont leurs cœurs étaient remplis, ne faisant, par une faveur toute spéciale, cesser si promptement leurs travaux que pour leur accorder la rémunération éternelle de leurs mérites : *Ut labores quidem cito finirentur, meritorum vero præmia sine fine durarent!*

XIX

MARTYRE DE MM. POURTHIÉ ET PETITNICOLAS, DE Mgr DAVELUY ET DE SES COMPAGNONS (A. D. 1866)

Tandis que l'on conduisait Mgr Berneux et ses compagnons au supplice sur le bord du fleuve, deux lourds chariots attelés chacun de deux bœufs s'arrêtèrent devant la prison des grands criminels. Une croix grossière, solidement fixée par le pied, était dressée sur chaque véhicule pour y recevoir une victime. Les portes de la prison s'ouvrirent; les bourreaux en tirèrent deux prisonniers, qu'ils attachèrent avec des cordes chacun à une des croix, par les bras, les genoux et les cheveux. La sentence, barbouillée sur une planchette et placée au-dessus de leur tête, indiquait leur crime, leurs noms et leurs dignités. C'étaient le mandarin Jean Nam et Thomas Hong, les auteurs malheureux de la pétition au régent, qui expiaient du dernier supplice cet acte de religion et de patriotisme.

Dès que les charrettes eurent franchi l'enceinte de la ville, leurs féroces conducteurs, afin d'augmenter la douleur de leurs victimes, se mirent à aiguillonner les bœufs et à les faire courir à travers les pierres et les ornières du chemin. Les pauvres patients, dont le corps avait déjà été affaibli par les tortures, ne purent résister à cette atroce souffrance, et perdirent tous deux connaissance. Arrivés au lieu ordinaire des exécutions, les bourreaux coupèrent les liens qui les retenaient à la croix et les laissèrent tomber à terre comme une masse inanimée. Il leur fallut alors transporter ces deux infortunés jusqu'au billot, et ils leur tranchèrent la tête. Pendant quinze jours on abandonna leurs corps aux animaux carnassiers, qui néanmoins respectèrent ces restes précieux. Alors seulement les chrétiens purent les enterrer convenablement. La famille du mandarin Jean fut exilée à perpétuité, et son vieux père, qui dès le début lui avait prédit tous ses malheurs, fut condamné à mourir de faim avec son petit-fils, âgé seulement de quatorze ans.

Ce même jour encore, MM. Pourthié et Petitnicolas étaient amenés par les satellites à Séoul. M. de Bretenières leur avait écrit la triste nouvelle de l'arrestation de Mgr Berneux. Leur résidence était au fond des montagnes, isolée de tout village et protégée en ce moment par une couche de neige si épaisse, que les sentiers qui y conduisaient étaient invisibles et impraticables aux plus hardis.

Les missionnaires se croyaient donc à l'abri de tout danger imminent ou du moins d'une attaque imprévue. Du reste, M. Pourthié était tellement affaibli par la maladie et par des crachements de sang, qu'il n'avait plus la force de chercher un autre refuge dans un lieu plus caché encore de la montagne. Bien grande fut donc la surprise des deux missionnaires quand, le lendemain du jour où leur était parvenu le billet de M. de Bretenières, ils virent leur retraite soudainement envahie par des satellites.

Ceux-ci, étant à la poursuite du mandarin Jean Nam, avaient appris par hasard, dans une conversation avec d'autres satellites du district, qu'il y avait des prêtres européens dans les environs, et, après avoir pris des renseignements précis, ils s'étaient empressés de fondre sur cette proie inespérée. Ils attachèrent aussitôt les deux missionnaires chacun sur un bœuf et se dirigèrent vers la capitale.

M. Pourthié souffrait beaucoup; ses gardes allèrent plus lentement, et ce fut le cinquième jour qu'ils arrivèrent à Séoul. Sur ce long parcours, la foule des curieux s'empressait autour du cortège, chacun voulant considérer de plus près les visages des maîtres de l'Occident. Leur majesté et leur douce gaieté dans le malheur frappaient tout le monde, et beaucoup de païens leur manifestèrent ouvertement leur respect et leur sympathie.

Un soir, un jeune homme employé au tribunal s'approcha de M. Petitnicolas :

« Maître, lui dit-il, les larmes aux yeux, si l'on regarde votre corps, vous êtes bien à plaindre; mais si l'on considère votre âme, ce que vous faites est bien beau! »

Ces paroles, inattendues dans la bouche d'un païen, touchèrent le missionnaire d'une vive émotion. Lui saisissant la main, il le remercia affectueusement et lui dit qu'il ne désespérait pas de le revoir un jour.

Devant le mandarin qui avait déjà jugé M⁹ʳ Berneux, les confesseurs se conduisirent avec un noble courage.

« Qu'arrivera-t-il, leur demanda le juge, si l'on vous fait mourir?

— Après notre mort, répondit M. Petitnicolas, la Corée subira de grandes calamités. »

C'était lui surtout qui prenait la parole, à cause de la fatigue de M. Pourthié; aussi fut-il plus maltraité que son confrère. Leurs tortures à tous deux furent atroces, mais la sentence de mort fut bientôt prononcée et exécutée. Trois jours après leur arrivée à Séoul, ils marchaient au supplice. La tête de M. Pourthié tomba au premier coup de sabre, et celle de M. Petitnicolas au troisième coup. C'était le 11 mars 1866, trois jours après le martyre de leurs confrères.

Ils avaient passé dix ans en Corée. Tous deux étaient entrés le même jour dans le royaume coréen, étaient demeurés cinq ans ensemble, partageant les mêmes travaux, se soignant dans leurs infirmités et s'aimant comme deux frères. Dieu ne voulut point les séparer au jour du triomphe, et tous deux entrèrent aussi ensemble dans la gloire. *Gloriosi martyres Dei quomodo in vitâ sui dilexerunt se, ita et in morte non sunt separati!*

Excités par le sang déjà répandu, encouragés par leurs crimes passés à en commettre de nouveaux, les persécuteurs redoublèrent d'activité pour s'emparer des autres prêtres et massacrer tous les chrétiens. Le Judas qui avait déjà dévoilé tout ce qu'il savait au sujet de la mission était entré dans tous les détails au sujet de chacun des missionnaires: il avait indiqué la demeure et les moyens à prendre pour s'emparer de chacun d'eux.

Les martyrs déjà exécutés avaient été pris et jugés si prompte-

Mgr Petitnicolas.

ment et dans un moment où tous les chrétiens espéraient la liberté prochaine, que la nouvelle de leur mort jeta la consternation dans tous les cœurs. Avant que les esprits fussent revenus de cette première terreur, arriva encore la nouvelle de l'arrestation de Mgr Daveluy.

Fidèles à suivre les indications si précises du traître Ni-Son-I, les satellites s'étaient répandus dans le pays, jetant partout la terreur par leurs vexations et leurs pillages. Le pieux évêque, se sentant vendu, prit une résolution héroïque pour éviter à ses chers néophytes la tentation d'apostasier et les cruels périls qui les menaçaient. Nouveau Jonas, il songea à s'offrir de lui-même aux bandes qui infestaient le pays afin d'apaiser la tempête.

Il fut bientôt rejoint par MM. Aumaître et Huin, qui, eux aussi, commençaient à trouver intenable leur situation. Tous trois ils délibérèrent devant Dieu sur ce qui était le plus convenable pour échapper à leurs persécuteurs, et tous trois ils virent l'impossibilité de gagner une retraite plus sûre. S'en remettant à la Providence, ils se séparèrent donc et se retirèrent chacun dans un village voisin, mais sans espoir de rester longtemps cachés. Grâce, en effet, à la tranquillité générale et aux bons rapports des chrétiens avec les païens, la présence des missionnaires était partout connue. A chaque instant donc ils pouvaient être dénoncés par ceux qui voudraient se débarrasser des vexations des satellites. Ceux-ci parurent bientôt dans ces villages, la menace à la bouche et pleins d'ardeur à gagner la récompense offerte à leur zèle pour l'arrestation des Européens.

Mgr Daveluy, voyant sa situation désespérée, fit le projet de s'enfuir par mer, coûte que coûte, avec M. Aumaître, qui était venu le rejoindre de nouveau. Ils montèrent en barque et s'efforcèrent en vain de gagner le large. Le vent soufflait de la haute mer et, les retenant cloués à la côte, les exposait à chaque instant à de dangereuses visites. Force leur fut donc de renoncer à ce projet et de regagner leurs premières cachettes.

Mais les satellites se rapprochaient de plus en plus, encouragés par certains indices qu'ils découvraient de temps en temps, de mettre la main bientôt sur leur proie. On était déjà au 11 mars; le péril allait toujours croissant, et Mgr Daveluy songeait à se livrer, lorsque, cédant encore aux vives instances de quelques chrétiens dévoués, il consentit à se blottir sous un tas de bois sec, ayant à côté de lui le panier qui renfermait ses ornements sacrés. Un instant après, la maison est envahie par les satellites. L'un d'eux donne par hasard un coup de pied dans le tas de bois et met à découvert le panier. Cet objet suspect attire son attention, et, d'un second coup de pied, il dégage la tête de Mgr Daveluy, qui, se voyant pris, se leva aussitôt.

« Qui cherches-tu? dit-il au satellite presque effrayé de sa trouvaille.

— Les hommes d'Occident, répondit celui-ci.

— Alors prends-moi, dit l'évêque, car je suis l'un d'eux. »

A l'appel de leur camarade, les autres satellites accoururent, et, sans faire aucun mal au prisonnier, ils se contentèrent de le garder dans la maison. Ils voulaient savoir de lui où étaient les autres missionnaires et le pressaient de questions à ce sujet. Mgr Daveluy, pesant toutes les circonstances de cette persécution et du martyre de ses confrères, était convaincu non seulement de la trahison de Ni-Son-I, mais de l'impossibilité d'échapper longtemps aux recherches des persécuteurs déjà trop bien renseignés. Pour éviter des malheurs inutiles à ses chrétiens, il envoya prier M. Huin de venir le rejoindre.

Celui-ci était déjà en train de fuir et s'était réfugié chez un bon païen d'un village voisin, pour détourner l'orage de dessus la tête de ses chrétiens. Dès qu'il eut reçu le billet de Monseigneur, il alla immédiatement se constituer prisonnier dans la maison où celui-ci était gardé.

M. Aumaitre apprit aussitôt ces fâcheuses nouvelles, et, jugeant toute fuite impossible, il congédia ses chrétiens et rejoignit aussitôt ses confrères. Tout heureux de leur succès facile et de la bonne volonté des prisonniers, les satellites, sur leurs instances, épargnèrent le village et n'arrêtèrent aucun chrétien. Le serviteur de l'évêque ne voulut point abandonner son maître, auquel il était tout dévoué, et il partagea le sort des trois vénérables prisonniers.

On se mit bientôt en marche pour la capitale, et la prison qui avait reçu déjà les premiers martyrs ouvrit de nouveau ses portes. Les interrogatoires accoutumés eurent lieu, les jours suivants, avec les mêmes tortures. Mgr Daveluy était très versé dans la langue coréenne; il en profita pour faire une apologie de notre sainte religion. Mais son éloquence ne fit que lui attirer plus de cruauté de la part de ses bourreaux.

La sentence de mort fut portée, et, sans une indisposition du jeune roi, elle aurait été exécutée immédiatement. Les sorciers ayant déclaré que la mort des missionnaires pourrait amoindrir l'effet des sortilèges et des superstitions qu'ils faisaient pour la santé du roi, on s'abstint de verser du sang aux environs de la capitale, et l'on fit partir les prisonniers à vingt-cinq lieues au sud de Séoul.

Les martyrs avaient été rejoints par Joseph Tieng, le maître de maison de M. Pourthié. Leurs jambes, affreusement battues, avaient été grossièrement enveloppées de papier huilé, mais ne pouvaient les soutenir, et, pour une si longue marche, on les fit monter à cheval. Ils eurent tout le temps de se préparer à la mort, et ce voyage fut employé en saintes méditations, en conversations pieuses, en cantiques d'actions de grâces. Comme les apôtres autrefois, eux aussi s'estimaient heureux d'avoir quelque chose à endurer pour le nom de Jésus, et leur tranquillité en allant à la mort était un sujet de perpétuel étonnement pour tous ceux que la curiosité attirait auprès des prisonniers.

Le soir du jeudi saint, les satellites faisaient entre eux le projet de se détourner de leur chemin et d'aller à la ville voisine montrer les Européens pour de l'argent. Mgr Daveluy les entendit et les reprit vivement de leur honteux calcul.

« Non, non, dit-il, il ne doit pas en être ainsi; c'est demain que nous devons mourir. Conduisez-nous donc droit au lieu de l'exécution. »

Les soldats de l'escorte se regardèrent tout confus, et abandonnèrent leur projet. Ils donnèrent ainsi, sans le savoir, satisfaction au pieux désir des martyrs de verser leur sang au jour même et à l'heure où le Sauveur daigna mourir pour nous.

Le lendemain donc, jour du vendredi saint, on conduisit les cinq confesseurs au bord de la mer, sur la plage. Le mandarin chargé de l'exécution ordonna à ses soldats de prendre leurs vieux fusils et de se tenir prêts à tirer sur les martyrs en cas de besoin. La foule était immense, et deux cents soldats armés de longues piques avaient peine à la contenir. Avant de faire commencer l'exécution, l'orgueilleux mandarin voulut les humilier et leur ordonna de se prosterner devant lui à la façon orientale. Les nobles victimes se refusèrent à subir cette insulte et se contentèrent de le saluer selon l'usage français. Blessé dans son amour-propre, le lâche les fit alors jeter violemment à terre devant lui.

Les bourreaux, après avoir dépouillé Mgr Daveluy de tous ses vêtements, lui attachèrent les bras à la hauteur des coudes, derrière le dos. Ils le firent mettre à genoux et pencher la tête en avant. C'est alors que commença une scène inouïe. Par un infâme calcul, le bourreau, au lieu de lui trancher la tête d'un seul coup, lui fit seulement une profonde blessure, d'où jaillissaient des flots de sang. Alors, jetant son sabre, il refusa de continuer sa besogne à moins d'une augmentation de salaire. Spéculant sur la pitié que les souffrances atroces de sa victime devaient éveiller chez le mandarin, il avait choisi ce moment, où il se croyait nécessaire, pour exiger davantage. Mais l'avarice tenait le cœur du mandarin tout autant que celui de ce misérable, et tandis que leur victime, baignée dans son sang, se tordait dans les convulsions d'une affreuse agonie, ces hommes ou plutôt ces tigres débattaient froidement le salaire de l'exécuteur. Enfin, après une discussion assez longue, l'ignoble marché fut conclu, et deux autres coups de sabre terminèrent les souffrances de Mgr Daveluy.

Mgr Daveluy,
martyrisé en Corée (1866).

M. Aumaître reçut deux coups; un seul suffit pour M. Huin et les deux chrétiens leurs compagnons. Les corps des martyrs restèrent trois jours sur le rivage, abandonnés aux animaux carnassiers et aux oiseaux de proie, qui cependant les respectèrent. Les païens du voisinage les enterrèrent enfin dans une fosse commune, et plusieurs mois après seulement, lorsque le feu de la persécution s'était un peu ralenti, des chrétiens dévoués leur donnèrent une sépulture plus honorable. Ils trouvèrent alors les corps des martyrs intacts et sans odeur, à l'exception de M. Huin, qui, dit-on, portait une légère trace de corruption.

Il y avait vingt ans que Mgr Daveluy travaillait en Corée. Depuis neuf ans il avait été sacré évêque d'Acône et coadjuteur de Mgr Berneux, auquel il succéda seulement pendant vingt-deux jours. Plein de zèle pour la mémoire des martyrs coréens, il avait, grâce à sa profonde connaissance de la langue, fait avec fruit et surtout dirigé d'immenses recherches sur leurs vies, leurs travaux et leurs souffrances. Il avait aussi composé et corrigé des livres de piété et achevé un dictionnaire latin-coréen, ouvrage très utile aux nouveaux missionnaires. Malheureusement, presque tout le fruit de tant de travaux fut anéanti dans un incendie.

Lorsque la nouvelle de ces faits parvint en France, tous les diocèses qui avaient l'honneur de compter les martyrs parmi leurs enfants se réjouirent de leur triomphe et le célébrèrent par des fêtes solennelles.

A Amiens, patrie de Mgr Daveluy, Mgr Mermillod, entouré du nonce et de dix-neuf archevêques et évêques, fut l'interprète éloquent des sentiments de l'admiration commune.

A Dijon, le même grand évêque chanta plutôt qu'il ne raconta l'héroïsme de M. de Bretenières, le jeune martyr « qui honorait plus sa patrie par sa mort glorieuse que par l'éclat d'une carrière brillante aux yeux du monde ».

Au Mans, Mgr Fillion, dans un langage d'une piété émouvante et douce, rappela les vertus de Mgr Berneux, dont il avait guidé les premiers pas sur les marches du sanctuaire.

Partout, les églises remercièrent les martyrs du nouveau fleuron qu'ils attachaient à leur couronne; mais nulle part la reconnaissance ne fut plus touchante et la joie plus vive qu'au Séminaire des Missions étrangères; sans doute parce que nulle part on ne recevait de ces morts une gloire plus resplendissante et des grâces plus abondantes.

Les aspirants étaient en vacances à Meudon, dans la maison de campagne du Séminaire. Le soir, le supérieur leur annonça qu'en Corée, dans l'espace de quelques jours, deux évêques et sept prêtres de la société avaient versé leur sang pour Jésus-Christ.

A cette glorieuse nouvelle, un cri de joie sortit de tous les cœurs; et aussitôt, improvisant une illumination dans les branches des grands érables qui protégent la statue de la sainte Vierge, ils chantèrent un *Te Deum* d'action de grâces avec l'invocation neuf fois répétée : « Reine des martyrs, priez pour nous! »

XX

MM. FÉRON, CALAIS, RIDEL. — LA PERSÉCUTION. — EN MER
DE CORÉE A TCHE-FOU

Trois missionnaires seulement restaient en Corée : Féron, Ridel et Calais. Les deux premiers purent se réunir et se cacher chez une pauvre mère de six enfants en bas âge. La famine régnait dans la contrée, et les chrétiens du hameau faisaient leur nourriture d'orge verte. Les proscrits ne pouvant tenir à ce régime, les néophytes mirent en commun leurs dernières ressources pour leur procurer deux boisseaux de riz.

M. Calais courut plus de dangers et fut arrêté deux fois comme suspect; mais il réussit à s'enfuir sans qu'on eût constaté qu'il était Européen. Pendant huit jours il coucha dans les bois, vécut de fruits sauvages et de racines; puis il quitta la montagne pour aller, malgré tous les dangers, prêcher dans la petite chrétienté de Soun-la-Kol. Il eut la consolation de baptiser quelques païens, qui ne craignirent pas d'embrasser le catholicisme même en face de la mort; car l'espoir des saintes victimes, qui avaient cru sauver les chrétiens de Corée par leur sacrifice, fut cruellement déçu. La persécution prit, en effet, une extension plus grande et un caractère plus rigoureux que les précédentes.

L'année 1866 ne vit que massacres, pillages, dévastations.

Les catholiques furent traqués en tous lieux, arrêtés en grand nombre, tantôt soumis aux plus épouvantables tortures et exécutés solennellement, tantôt étranglés clandestinement dans leurs prisons.

Privés du soutien des missionnaires, assistant sans espoir de délivrance à la ruine de leur Église, d'aucuns cherchèrent dans l'apostasie extérieure une protection qui souvent leur échappa; car la haine de leurs bourreaux semblait plus jalouse d'exterminer les croyants que de les ramener au culte national.

Le sabre des exécuteurs, la corde des étrangleurs n'allant plus assez vite au gré des mandarins, on imagina une espèce de guillotine en bois qui, en laissant retomber une longue poutre sur le cou des condamnés liés ensemble, faisait périr vingt ou vingt-cinq personnes à la fois. Ailleurs on alla jusqu'à enterrer les prisonniers vivants dans de larges fosses; la terre et les pierres qu'on jetait sur leurs corps leur donnaient en même temps la mort et la sépulture.

Au mois de juin, M. Féron, devenu par rang d'ancienneté supérieur de la mission, envoya M. Ridel en Chine, et le chargea de faire connaître les désastres de la Corée, et de travailler à y porter remède, en avertissant les autorités françaises. Le missionnaire obéit, bravant les dangers de terre et de mer, que lui-même nous a racontés.

« Nous fîmes préparer une barque, écrit-il, ce qui nous coûta des peines extrêmes; et enfin le jour de la Saint-Pierre je quittais de nouveau M. Féron.

« Les satellites étaient de tous côtés, gardaient toutes les routes; les douanes étaient plus vigilantes que jamais, et les soldats de la capitale mettaient les barques en réquisition pour transporter les matériaux destinés à la construction du nouveau palais : tout autant de périls qu'il nous fallait éviter. J'étais caché au fond de mon petit navire, monté par onze chrétiens résolus, et nos craintes furent grandes pendant trois jours que nous naviguâmes à travers les îles qui bordent la côte; mais Dieu vint à notre aide, et le sang-froid de notre pilote nous tira d'affaire.

« Enfin nous gagnâmes le large. J'avais apporté une petite boussole; je donnai la route pour filer en pleine mer sur les côtes de Chine. Mes pauvres marins n'avaient jamais perdu la terre de vue; quelle ne fut pas leur frayeur lorsque, le soir, ils ne virent plus autour d'eux que l'immensité des mers! Un vent furieux se déchaîna; nous essuyâmes une violente bourrasque, et pendant deux heures nous eûmes toutes les peines du monde à maintenir notre embarcation. Figurez-vous une petite barque toute en sapin, les clous en bois, pas un seul morceau de fer dans sa construction, des voiles en herbes tressées, des cordes en paille! Mais je l'avais appelée le *Saint-Joseph*. J'avais mis la sainte Vierge à la barre et sainte Anne en vigie.

« Le lendemain, point de terre. Le troisième jour, nous rencontrâmes des barques chinoises. Le courage revenait au cœur de mon équipage; mais le calme nous surprit.

« A la nuit, nous eûmes encore un coup de vent qui dut nous pousser fort loin dans la bonne direction. Le vent soufflait par soubresauts de droite à gauche; la mer se gonflait et frappait les flancs de la barque. On ne pouvait voir à deux pas dans l'obscurité, et il tombait une pluie torrentielle. J'admirai le courage de mon pilote; il resta toute la nuit au poste, ne voulant pas céder sa place avant que l'orage fût passé, et tenant fidèlement la direction que je lui avais donnée.

« Enfin le vent cesse, les nuages se dissipent; il ne reste plus que le roulis, et bientôt l'orient en feu nous fait présager une belle journée. Où étions-nous? Où avions-nous été jetés par la tempête? Telle était la question que nous nous posions, lorsqu'un matelot fait remarquer un point noir. Peu à peu il grossit : c'est une terre dans la direction que nous avons prise. Plus de doute, c'est la Chine.

« Puis on signale un navire; bientôt, à ses voiles, on reconnaît un navire européen : il vient vers nous. J'ordonne de passer tout à côté, et je fais hisser un petit drapeau tricolore que j'avais eu soin de préparer avant de quitter la Corée. C'était un beau trois-mâts; j'ai appris depuis qu'il était de Saint-Malo et venait de Tche-fou. En passant, je lui fais un grand salut. Le capitaine, qui nous regardait avec grande attention, très étonné de voir flotter le drapeau français sur une si singulière embarcation, qui n'était même pas chinoise, me répond de la manière la plus gracieuse; puis sur son ordre on met le drapeau.

« J'attendais avec anxiété : c'était le drapeau de la France! Trois fois il s'élève et s'abaisse pour nous saluer. Impossible de vous décrire ce qui se passa dans mon cœur. Pauvre missionnaire! Depuis six ans je n'avais pas vu de compatriotes! Et en ce moment, perdu au milieu des mers, sans connaître la route, j'aurais voulu rejoindre ce bâtiment; mais ses voiles, enflées par un vent favorable, l'avaient déjà emporté à une grande distance. C'était, du reste, pour nous une grande consolation. Tous mes matelots, qui n'avaient jamais vu de navires européens, étaient dans l'admiration.

« — Père, est-ce que ce sont des chrétiens? Si ce navire venait chez nous, tout le monde s'enfuirait; il prendrait notre pays et forcerait le roi à donner la liberté de la religion. »

« Bientôt je reconnus la côte : c'était le port de Weï-haï, d'où j'étais parti six ans auparavant. Nous étions sur les côtes du Chang-tong, dans la direction de Tche-fou, où je voulais aller. Nous arrivions par conséquent en droite ligne, aussi bien que l'eût fait le meilleur navire avec tous ses instruments nautiques. Que la sainte Vierge est un bon pilote! Il ne nous restait que quelques lieues, mais le vent contraire ne nous permit pas d'aborder ce jour-là.

« Le 7 juillet au matin nous vîmes le port, et à midi nous jetions l'ancre au milieu des navires européens. Aussitôt nous fûmes environnés de Chinois, curieux de voir les Coréens, qu'ils reconnurent aussitôt. Je descendis et fus immédiatement entouré d'une foule de Chinois, qui me faisaient cortège et regardaient avec curiosité mon étrange costume.

« Les nouvelles que j'apportais firent grande sensation parmi les membres de la colonie européenne. Je me rendis sans retard à Tien-tsin, où je rencontrai le contre-amiral Roze, qui commandait la croisière française sur les côtes de Chine. Il me fit un accueil bienveillant et me promit son assistance. »

XXI

INTERVENTION DE L'AMIRAL ROZE EN CORÉE. — ÉCHEC

L'amiral français n'avait aucune instruction pour aller en Corée; mais il jugea et avec raison que les missionnaires catholiques, ses compatriotes, avaient droit d'être protégés sans qu'on référât à un bureau ou à un ministère.

Au mois de septembre, ayant à son bord M. Ridel, qui lui servait d'interprète, il partit pour la Corée.

Les premières opérations furent bien conduites. On s'attaqua à l'île de Kang-hoa, arsenal et boulevard de la Corée. La ville et la citadelle furent enlevées de vive force. De là fut adressé au gouvernement coréen une sommation, qui réclamait des satisfactions pour le meurtre des Français. Exaltés par l'impunité qui avait suivi leurs précédents attentats, les chefs de la nation dédaignèrent de répondre.

Cent vingt hommes furent ensuite envoyés sur le continent, vis-à-vis de la porte de Séoul.

On nomme ainsi une arche en pierre, de forme ogivale, surmontée d'une toiture en pagode chinoise, qui commande la tête du chemin de la capitale. Autour de cette porte il y a un village et quelques fortifications.

Lorsque nos marins voulurent débarquer, ils reçurent à l'improviste une décharge qui leur tua trois hommes. Ils descendirent à terre néanmoins, et se rendirent maîtres de l'endroit après avoir tué quelques Coréens et mit les autres en fuite; puis, ne jugeant pas prudent de pousser plus loin l'expédition, ils revinrent à bord et demeurèrent en observation.

Le soir, une partie de l'armée coréenne défila au fond de la plaine; mais quelques obus lancés à propos vinrent, à leur grande surprise, éclater près de leurs rangs. Étonnés et effrayés par l'effet de ces engins inconnus, ils rompirent bientôt leurs rangs et s'enfuirent sur le sommet des montagnes. Ils se montrèrent ensuite à plusieurs reprises dans une gorge éloignée de deux mille mètres; mais le feu des canonnières les obligeait à se retirer. La nuit, ils allaient allumer des feux de bivouac en différents endroits de la plaine, et, le jour, ils y plaçaient des mannequins habillés, afin de nous faire dépenser de la poudre et des boulets. Souvent on entendait le bruit de leurs canons; sans doute ils s'exerçaient au tir dans leur camp, derrière les montagnes. On nous dit qu'ils avaient fabriqué des canons sur le modèle de ceux qu'ils avaient pris à bord de la goélette américaine brûlée par eux avec l'équipage quelques mois auparavant, sur la côte de Piengsan. Les canonnières étaient postées en différents endroits, pour empêcher la circulation des barques et tenir le blocus de la rivière de la capitale; un certain nombre de jonques furent brûlées, mais de petits canots trouvèrent moyen de passer pendant la nuit.

« Un jour, raconte M. Ridel, un chrétien vint me dire que, la veille, trois cents Coréens chasseurs de tigres et habiles tireurs venaient de passer dans l'île, et que, la nuit suivante, il en passerait encore cinq cents qui iraient rejoindre les autres et s'enfermer dans la pagode de Trieun-tong-sa, dans l'île même de Kang-hoa, à trois ou quatre lieues au sud de la ville.

« Je me hâtai d'en prévenir l'amiral. Ce jour-là même, une baleinière qui faisait de l'hydrographie avait été attaquée tout auprès de l'endroit où s'effectuait le passage. L'amiral résolut de faire attaquer cette pagode, et détacha à cet effet cent soixante hommes. Sur son ordre j'accompagnai l'expédition, tant pour guider la marche que pour servir d'interprète.

« Nous partîmes à six heures du matin.

« L'avant-garde nous précédait de quelques pas; venait ensuite le commandant, en tête de son détachement, puis quelques bagages et les chevaux qui portaient notre déjeuner. Nous n'avions pas d'artillerie, quoique la veille on eût parlé d'emmener quelques petites pièces; je ne sais pourquoi on changea d'avis. Nous allions assez doucement, nous reposant d'heure en heure. En suivant la grande route qui est assez belle, nous passâmes quelques collines, et nous aperçûmes bientôt des murailles qui longent le sommet des montagnes. Sur la route, presque toutes les maisons étaient désertes. Un habitant nous dit que la veille il y avait beaucoup de soldats à la pagode. Nous vîmes, en effet, un certain mouvement aux environs et plusieurs hommes qui gravissaient la montagne en se dirigeant vers la forteresse; car cette pagode est en réalité une petite place forte, habitée ordinairement par des bonzes soldats.

« Nous ne voyions pas la pagode même, car elle est placée dans un ravin, au milieu d'un cercle de montagnes dont les sommets sont garnis de remparts de quatre mètres de hauteur bâtis sans ciment, avec de grosses pierres à demi taillées entassées les unes sur les autres. On n'y pénètre que par une seule route facile; c'est celle que nous suivîmes après avoir tourné à droite, afin d'attaquer du côté opposé à celui d'où nous venions.

« Il était onze heures et demie; quelques-uns proposèrent de déjeuner, mais on trouva qu'il serait plus facile de s'établir dans la pagode et de déjeuner dans le palais même de Bouddha.

« Nous quittâmes la grand'route pour prendre le sentier qui conduit à la pagode. Un Coréen parut en armes tout près de nous; deux ou trois coups tirés trop au hasard ne purent l'atteindre; trois de nos hommes se mirent à sa poursuite, mais il avait disparu. Nous n'étions plus qu'à trois ou quatre cents mètres de la porte, nous nous reposâmes un instant. Nous avions devant nous une muraille épaisse et solide, qui fermait le ravin et s'élevait des deux côtés sur les pentes de la montagne. La porte, en pierres de taille, voûtée en plein cintre, n'avait pas de battants, comme c'est souvent le cas.

« Je considérais très attentivement ce qui se passait à l'intérieur.

« A notre arrivée, j'avais entendu quelques cris; maintenant tout était muet comme dans un désert. On donna le signal d'avancer: un détachement prit à droite pour gravir la colline; le principal corps, précédé de l'avant-garde, se dirigea droit sur la porte. Nous n'étions pas à cent mètres, et l'avant-garde était beaucoup plus rapprochée, lorsqu'une décharge subite se fit entendre sur toute la longueur de la muraille; les coups se mêlaient, se succédaient, sans intervalle; et les balles sifflaient de tous les côtés à nos pieds et sur nos têtes. Je me détournai et vis presque tout le monde couché; chacun se cachait où il pouvait pour se mettre à l'abri et attendre la fin de la fusillade. J'en fis autant.

« Nos soldats ripostaient par un feu bien nourri, tout en descendant chercher une position plus favorable; mais que pouvaient leurs balles contre des murailles et contre des hommes dont on ne voyait que la tête? »

Enfin, après d'héroïques mais inutiles efforts, le détachement dut se replier sur Kang-hoa, emportant plus de trente blessés et tenant vigoureusement tête à l'ennemi qui le poursuivait.

Il était facile encore de réparer ce petit échec, en entrant avec la flottille dans le fleuve de Séoul et en allant bombarder la capitale. L'amiral craignit d'engager une affaire trop sérieuse, sans instructions de son gouvernement, et il appareilla pour la Chine.

A ce moment même, MM. Féron et Calais essayaient de le rejoindre; mais, n'ayant pu arriver à temps, ils se firent conduire à Tche-fou par des barques chinoises.

La Corée n'avait plus de missionnaires, et de longues années devaient s'écouler avant qu'aucun d'eux pût remettre le pied sur son sol.

XXII

CONSÉCRATION ÉPISCOPALE DE Mgr RIDEL. — A NOTRE-DAME-DES-NEIGES — RETOUR EN CORÉE

Le nouveau pasteur que Rome donna à la mission de Corée pendant ces jours de deuil fut le jeune prêtre que nous avons vu voguer, sans autre guide qu'une petite boussole, sur les mers de Chine, devenir l'interprète de l'amiral Roze et prendre part à l'expédition de Kang-hoa : Mgr Félix Ridel.

Il fut sacré à Rome pendant le concile du Vatican, et, aussitôt après la clôture de la grande assemblée, il se hâta de retourner en Extrême-Orient.

Il se fixa dans la petite paroisse de Notre-Dame-des-Neiges, une des résidences de Mandchourie, la plus proche de la Corée, épiant le moment favorable pour aller au secours de ses chrétiens.

En 1874, il tenta d'obtenir, par voie diplomatique, l'autorisation de retourner dans son vicariat.

La Chine, toute-puissante sur le gouvernement de Séoul, refusa d'agir, ce qui confirma les missionnaires dans la pensée de ne compter que sur Dieu et sur eux-mêmes et de marcher en avant.

Consulté sur cette question, le Séminaire de Paris partagea leur opinion et le leur dit dans deux lettres, dont la dernière surtout offre un caractère de vigueur tout apostolique :

« Nous avons pesé une à une les difficultés graves, très graves que Votre Grandeur expose dans sa lettre, et il nous a paru qu'au point de vue de la foi et des devoirs de la vocation apostolique, ces difficultés prises à part ou toutes réunies ne pouvaient prévaloir contre la nécessité de secourir vingt mille chrétiens, depuis huit ans privés de prêtres et dénués de tous les secours de la religion.

« Sans doute, la rentrée en Corée dans les circonstances présentes constitue un acte vraiment héroïque et non pas seulement un devoir ordinaire; mais dans certaines vocations, et principalement dans les vocations apostoliques, les actes héroïques peuvent devenir et deviennent souvent un devoir. Quoi qu'il en soit, il est absolument hors de doute que ceux qui auront la générosité de se dévouer pour courir au secours de ces pauvres abandonnés, ceux-là auront, aux yeux de Dieu et de l'Église, accompli l'acte de la plus excellente charité. Et s'ils venaient à tomber sous le glaive de la persécution, non seulement ils seraient martyrs, mais leur mérite serait d'autant plus grand que l'éventualité de cette mort, sans être recherchée, aurait été plus clairement prévue et plus généreusement acceptée pour Notre-Seigneur Jésus-Christ.

« Si, dans un avenir prochain, nous avions pu prévoir une facilité plus grande de rentrer en Corée, nous aurions conseillé un retard; mais cette espérance, nous ne la voyons briller nulle part.

« Quoique notre réponse à Votre Grandeur soit appuyée sur une conviction entière, nous n'avons cependant pas voulu nous en tenir à nos seules lumières, et, moins pour mettre à couvert notre propre responsabilité que pour donner à Votre Grandeur une assurance et une consolation de plus, nous avons exposé au cardinal préfet de la Propagande le projet difficile que vous aviez l'intention de réaliser, en le recommandant à ses prières et en sollicitant pour sa réussite une spéciale bénédiction du Saint-Père. Par les soins du cardinal, cette bénédiction a été obtenue dimanche dans l'octave de l'Épiphanie.

« Après cela, il semble que rien ne manque pour que vous puissiez mettre la main à l'œuvre en vous confiant, pour le résultat, en la bonté de Celui pour l'amour duquel plusieurs confrères vont s'exposer aux plus rudes labeurs et peut-être à la mort. »

Une première tentative, au mois de septembre 1875, ne réussit pas. Monté sur une jonque chinoise avec un de ses prêtres, M. Blanc, Mgr Ridel était parvenu au lieu du rendez-vous; mais la barque coréenne qui devait venir le recevoir ne parut point. La jonque étrangère fut bientôt remarquée, elle essaya de fuir, on se mit à sa poursuite; la situation devenait grave : à la côte, les satellites surveillaient scrupuleusement ceux qui débarquaient; au large, la tempête grondait avec violence. Les éléments parurent moins redoutables que les hommes, le navire vira de bord et en quelques instants fut emporté avec une vitesse vertigineuse; la mort était imminente, les missionnaires s'adressèrent à Celle que l'Église invoque sous le beau nom d'Étoile de la mer, et lui firent un vœu. Le vent tomba aussitôt, la mer redevint calme, et la jonque put regagner le port d'où elle était partie quinze jours auparavant.

Aujourd'hui une grande plaque de marbre, dressée dans une des chapelles de la basilique de Notre-Dame de Lourdes, rappelle à la fois le péril que coururent les missionnaires, leur confiance en Marie et le secours qu'ils en obtinrent. Ces tentatives, plusieurs fois réitérées et toujours sans résultat, ne découragèrent pas le vaillant évêque.

Enfin, Dieu exauça les désirs de Mgr Ridel. En 1876, il put faire entrer en Corée deux de ses missionnaires, et au mois de novembre de l'année suivante il eut l'ineffable consolation de les y rejoindre avec deux autres prêtres.

« Mais, hélas! s'écrie-t-il, dans quel triste état j'ai trouvé cette pauvre mission! Des milliers de fidèles ont disparu, victimes de cette cruelle persécution que nos chrétiens disent être la plus terrible de toutes celles qui ont sévi jusqu'ici. Les uns sont morts dans les tourments, égorgés, étranglés, etc.; d'autres sont morts de faim, de froid, de misère; d'autres, surtout les jeunes filles, ont été vendues comme esclaves et emmenées on ne sait où. Ceux que nous voyons sont dans le plus misérable état et pour le corps et pour l'âme. Obligés de fuir, de se cacher, ils ont perdu tout ce qu'ils possédaient, leurs champs, leurs maisons; ils n'ont plus rien pour vivre.

La baie de Fousan.

« J'ai vu un chrétien qui avant la persécution était très riche; il avait une grande maison et vivait dans le luxe. A la persécution il a tout perdu, il s'est retiré sur une montagne, et, depuis douze ans, vit de pommes de terre qu'il cultive lui-même. Une jeune fille de douze ans voit les satellites entrer dans sa maison, prendre ses parents, les lier et les emmener pour les faire mourir; effrayée, elle s'enfuit avec son frère âgé de huit ans. Tous deux bientôt fatigués de la marche, souffrant de la faim, souffrant du froid, s'arrêtent sous un arbre. Quelques jours après on les a trouvés : la petite fille tenait son jeune frère dans ses bras comme pour le réchauffer et le défendre de la dent du tigre; tous deux étaient morts gelés. Et de cette façon sont mortes des centaines, pour ne pas dire des milliers de personnes.

« Ici, je me tiens caché, entouré de païens de tous côtés; je ne puis parler qu'à voix basse, et quand je sors pour administrer les chrétiens, ce n'est qu'au milieu des ténèbres de la nuit. Jusqu'ici, aucun accident ne nous est arrivé : la divine Providence nous protège d'une manière sensible. Que la sainte volonté de Dieu soit faite! Si je suis jugé digne de souffrir pour son saint nom, en ce moment je me souviendrai de mes amis, et, comptant sur l'appui de leurs prières, je prierai aussi pour tous. »

XXIII

EMPRISONNEMENT DE M̄ᵍʳ RIDEL. — SA DÉLIVRANCE

Le moment de souffrance entrevu par Mgr Ridel ne devait pas tarder.

Trois mois à peine s'étaient écoulés depuis l'entrée de l'évêque en Corée, lorsque les chrétiens qui apportaient le courrier d'Europe furent arrêtés à la frontière. Sous les coups, ils firent quelques révélations. L'ordre de saisir tous les missionnaires fut donné.

Mgr Ridel fut arrêté le 28 janvier, à quatre heures du soir. Il fut traîné à travers les rues de Séoul et conduit au tribunal. Il a raconté son premier interrogatoire, ses souffrances pendant les longs mois de prison, sa délivrance, son retour en Mandchourie. Il n'a admis dans son récit ni emphase ni poésie; tout y est simple, vrai et dur comme la réalité, bon et doux comme lui-même.

Le juge lui demanda :

« Qu'es-tu venu faire?

— Prêcher une belle doctrine.

— Quelle doctrine?

— La religion catholique, qui enseigne à honorer le maître du ciel (Dieu). »

Trois jours plus tard, il fut jeté dans un cabanon où se trouvaient plusieurs chrétiens et un païen. C'était une sorte de hutte de quelques pieds carrés, n'ayant qu'une porte pour toute ouverture. Sur le plancher, on avait étendu une couche de paille pourrie qui servait de lit aux captifs; les murs, solides, étaient recouverts de planches de tilleul disjointes. Les prisonniers sortaient pendant quelques minutes chaque jour. Ils portaient des vêtements sales, usés, déchirés; ils n'en changeaient jamais. Ils mangeaient deux bols de riz par jour avec un peu de sel, et quelquefois des légumes. Mgr Ridel devait rester trois mois et demi dans ce cachot.

« Quelle est la règle de la prison? demanda-t-il en entrant.

— La règle..., la règle..., répondit un vieux païen, c'est de s'asseoir sur la paille et de rester tranquille. »

Parmi les captifs, il y avait une jeune femme à peine âgée de vingt-six ans et mère de deux enfants, dont le dernier n'avait pas plus de six mois. Mariée à un païen, elle l'avait converti; mais, au moment de la persécution, elle avait apostasié. Malgré cela, elle avait été jetée en prison. Le souvenir de sa faute ne lui laissait aucun repos. Profitant d'un moment de distraction des satellites, elle fit le signe de la croix et s'inclina du côté de l'évêque en versant d'abondantes larmes; il était impossible de la confesser. A un moment convenu, Mgr Ridel prononça de sa place la formule d'absolution, et la jeune femme, rassérénée, forte, désormais heureuse, retrouva avec le calme de la conscience toute l'énergie de sa foi.

En vérité, sommes-nous bien à Séoul, dans la petite capitale d'un royaume inconnu, ou à Rome, la souveraine du monde? Est-ce un évêque français du XIXe siècle qui console et absout d'humbles enfants de la Corée, ou Paul qui bénit des matrones et des chevaliers romains, ses compagnons de captivité?

A côté de ces joies intimes, profondes et singulièrement suaves, Mgr Ridel en avait d'autres; il nous les a redites, et l'âme du prêtre, le cœur de l'apôtre, se peignent trop fidèlement dans son récit pour que nous le passions sous silence.

« Si j'ai souffert beaucoup pendant ces jours de captivité, j'ai été consolé bien souvent par la vue de nos chrétiens. Doux, patients, dociles, saisissant l'occasion de rendre service à tout le monde, il ne leur échappait jamais aucune injure, ni une mauvaise parole. Dès le matin, ils commençaient leur journée par la prière; ils priaient et méditaient pendant le jour, et le soir, quelquefois pendant la nuit, ils faisaient encore de longues prières. On prie bien en prison. »

Le 5 juin, anniversaire du sacre de Mgr Ridel, le chef du poste se présenta dans la prison.

« Prenez votre grand habit, dit-il à l'évêque, et suivez-moi. »

Mgr Ridel obéit. Le soldat le conduisit dans un coin éloigné, et lui donna de l'eau pour se laver.

« Le soleil paraissait, a écrit le captif; je caressais quelques brins d'herbe qui poussaient là; il y avait si longtemps que je n'en avais vu! Je contemplai le ciel; je pus même voir des montagnes dans le lointain. Tout me paraissait nouveau, tout me paraissait beau. »

Le cœur bat plus vite et les yeux se mouillent de larmes en lisant ces quelques lignes.

On signifie ensuite à l'évêque qu'il allait être reconduit à la frontière chinoise.

Que s'était-il donc passé? et quelle était la cause de la clémence des Coréens à l'égard de Mgr Ridel?

Le ministre de France à Pékin avait prié le gouvernement chinois de demander à la cour de Séoul la délivrance de l'évêque missionnaire. On était loin des jours où, après la mort de Mgr Berneux, le régent faisait à la Chine cette orgueilleuse réponse :

« Ce n'est pas la première fois que des Français sont tués en Corée, et jamais leurs compatriotes n'ont réclamé; du reste, personne n'a rien à voir dans les affaires de notre pays. »

De son côté, le gouvernement japonais, sollicité par Mgr Osouf, aujourd'hui archevêque de Tokio, de faire une démarche analogue, saisit l'occasion de prouver aux nations européennes qu'il comprenait enfin la tolérance religieuse, et invita les Coréens à relaxer l'évêque. Ces démarches avaient abouti.

Mais si le prisonnier obtint la liberté, ce ne fut cependant que la liberté de l'exil. Il fut conduit de bourgade en bourgade jusqu'à la frontière. Lorsque, après avoir traversé le fleuve Ap-no-kang, il mit le pied sur la terre de Chine, il se retourna pour contempler une dernière fois ce pays où il avait tant souffert, et qu'il aimait d'un si ardent, si vrai et si profond amour.

« Quel beau panorama! s'écrie-t-il dans le journal de sa captivité. C'est comme un sourire de la Corée que je suis forcé de quitter. Du fond de mon cœur, embrassant tout le pays, je lui envoyai ma plus tendre bénédiction en disant : Au revoir! que ce soit bientôt! »

Hélas! l'apôtre ne revit jamais ce pays si cher à son cœur. Il fut frappé de paralysie, et aujourd'hui son corps repose au bord de l'Océan, dans un modeste cimetière de Bretagne.

XXIV

ARRESTATION ET DÉLIVRANCE DES PÈRES DEGUETTE ET LIOUVILLE. — TRAITÉ DES PUISSANCES OCCIDENTALES AVEC LA CORÉE. — TRAITÉ AVEC LA FRANCE

La tolérance allait-elle s'acclimater en Corée? La libération de Mgr Ridel le faisait espérer; celle d'un missionnaire, le Père Deguette, dont le zèle excitait l'admiration de tous, affermit ces espérances.

Arrêté et emprisonné, le Père Deguette ne subit aucun mauvais traitement, et après quelques mois il fut relaxé.

Des hautes sphères gouvernementales, cette tolérance descendait dans les classes moins élevées et inspirait la conduite des mandarins de province.

Le bon et saint Père Liouville, cet homme au calme imperturbable, l'éprouva à son tour.

Il venait de faire l'administration d'une chrétienté voisine de sa résidence, lorsque, sur le soir, il fut rencontré par une bande de satellites lancés à la poursuite des voleurs, très nombreux en ces parages.

A l'auberge où se trouvaient les agents du gouvernement, les compagnons du missionnaire furent reconnus par un portefaix des environs comme étant potiers de leur profession, habitant tel village, et par conséquent n'ayant pas le droit d'accompagner un noble, ce qui est contraire à l'étiquette coréenne. Ayant manifesté ses soupçons aux satellites, ceux-ci se rendirent le lendemain au village désigné, et demandèrent à le visiter, sous prétexte qu'on y cachait un chef de voleurs.

Le prêtre fut bientôt découvert, et, comme on le traitait de brigand, il se déclara Européen, demanda aux satellites s'ils avaient ordre de s'emparer de sa personne; et, sur leur réponse négative, il leur enjoignit d'aller prendre les instructions du gouverneur de la province.

Deux d'entre eux se mirent en route, tandis que les autres gardaient le Père Liouville. Pendant les trois jours qui s'écoulèrent avant le retour des premiers, le missionnaire administra les sacrements à tous les habitants du village. Les satellites assistèrent à la sainte messe et gardèrent une attitude respectueuse. Les païens des environs vinrent par milliers voir l'Européen.

Cependant il n'y eut ni trouble ni manifestation hostile. Les satellites empêchaient la foule de pénétrer dans l'appartement du prêtre pendant que celui-ci entendait les confessions.

Enfin les satellites envoyés près du gouverneur arrivèrent. Tous ensemble vinrent saluer leur prisonnier, lui faisant leurs adieux et lui manifestant même le désir d'embrasser le christianisme; puis ils se retirèrent tranquillement. Le gouverneur leur avait intimé l'ordre de laisser en liberté l'Européen.

Le régent lui-même, l'ancien ennemi acharné des catholiques, était-il pris de remords? On eût pu le croire; car il fit offrir par les bonzes des sacrifices aux âmes des chrétiens mis à mort depuis 1866, « afin, dit-on, de consoler ainsi ces pauvres âmes du regret qu'elles ont dû éprouver de quitter la vie. » Seuls les lettrés s'agitaient et déclamaient contre les étrangers.

Pour leur imposer silence sans doute et leur donner quelque satisfaction, le roi publia un édit outrageant la religion du Maître du ciel, mais en même temps il donnait au préfet de police l'ordre de laisser les chrétiens en repos.

On ne pouvait attendre beaucoup plus d'un roi païen, que deux partis opposés essayaient d'attirer à eux.

Le parti du progrès et de la civilisation finit par l'emporter.

Le 2 avril (1882), l'ambassade coréenne qui tous les ans porte à Pékin le tribut revenait à Séoul par la voie de mer, et s'embarquait à Tien-tsin sur la canonnière chinoise *Ching-Haï*. L'ambassadeur était accompagné du commodore Schuffeldt, qui devait poser les préliminaires du traité coréen-américain, et de M. Hughes, dont la mission était d'organiser le service des douanes dans plusieurs ports de la Corée.

Six semaines plus tard, le traité de commerce entre l'Amérique et la Corée était signé.

Le traité américain conclu, ce fut, en 1883, le tour de l'Angleterre; ensuite l'Allemagne, l'Autriche, la Russie et l'Italie vinrent successivement réclamer le même avantage. Les délégués de ces puissances furent reçus avec les plus grands honneurs par le gouvernement coréen, qui s'empressa d'accueillir favorablement leur demande. Les négociations de la France présentèrent quelques difficultés.

La Chine étant suzeraine de la Corée, les délégués des puissances étrangères, avant de traiter avec le gouvernement de Séoul, venaient à Pékin demander au Tsong-ly-yamen une lettre pour le Ma-tao-tay, commissaire chinois résidant à Séoul.

Celui-ci présentait alors aux Coréens, de la part de la Chine, les envoyés des délégations européennes, et leur faisait octroyer participation au traité américain.

Notre ministre à Pékin, M. Bourrée, délégua M. Dillon, consul français à Tien-tsin, et le pria de demander au Tsong-ly-yamen la pièce ordinaire pour le Ma-tao-tay; mais le ministre chinois ne voulut rien donner, à moins qu'on ne *s'engageât d'avance à ne pas parler de missionnaires aux Coréens.*

M. Bourrée se rendit lui-même au Tsong-ly-yamen.

« Il ne s'agit pas de faire un traité avec la Corée, dit-il au mandarin. Quand on en sera là, je verrai ce qu'il y aura à faire. Pour le moment, il ne s'agit que d'une pièce que vous avez donnée aux légations. Ou vous allez me la donner ce soir, ou ce soir je télégraphie à mon gouvernement. »

La pièce fut accordée aussitôt.

Lorsque M. Dillon fit à In-tchyen les premières ouvertures pour obtenir un traité de commerce, les Coréens se récrièrent, disant que la France n'était pas dans les mêmes conditions que les autres gouvernements, puisqu'elle avait fait la guerre à la Corée; qu'elle devait auparavant donner satisfaction pour la prise de Kang-hoa. Cette raison ne semblant pas suffisante, les plénipotentiaires coréens motivaient leur refus sur l'intention qu'ils attribuaient à la France de vouloir favoriser surtout les missionnaires.

Mais le Ma-tao-tay répondit aux Coréens :

« Vous avez tort de faire exception pour la France; c'est une puissance aussi respectable que les autres. Les Américains, avec qui vous avez traité, ont rejeté toute clause contraire à la religion; aucune puissance ne l'acceptera, et encore moins la France. Pourquoi vouloir la lui imposer? »

L'à-propos de ces remarques étouffa immédiatement une discussion qui aurait pu entraver les négociations. M. Dillon revint en Chine avec une dépêche officielle par laquelle le gouvernement coréen promettait de faire un traité avec le gouvernement français. Ce traité fut en effet signé en 1886, et ratifié en 1887.

Après bien des efforts, notre plénipotentiaire, M. Cogordan, sans obtenir que la présence des missionnaires et leurs prédications fussent explicitement autorisées, réussit à faire insérer une clause que personne n'avait pu arracher à l'obstination jalouse des Coréens. Dans l'article IV de la convention, il fut stipulé que les Français résidant en Corée pourraient professer leur religion. On introduisit également dans le traité une disposition permettant à tout sujet français de circuler à l'intérieur du pays, moyennant un passeport, pour y étudier ou y professer la langue écrite ou parlée, les sciences, les lettres ou les arts.

XXV

ATTENTAT CONTRE LES JAPONAIS. — TRAITÉ. — M⁰⁵ BLANC
MORT DU PÈRE DEGUETTE. — LES RELIGIEUSES DE SAINT-PAUL DE CHARTRES
— MORT DE M⁰⁵ BLANC

Ces changements dans la politique extérieure de la Corée avaient soulevé bien des colères.

A la tête des mécontents était le beau-père du roi, grand ennemi des chrétiens.

En 1883, il révolutionna Séoul, attaqua les Japonais, qu'il détestait autant que les Européens et peut-être craignait moins.

Ceux-ci se défendirent bravement, mais ils furent accablés par le nombre. Quand ils comprirent qu'il leur était impossible de vaincre, ils placèrent au milieu d'eux leur chef Hanaboussa et opérèrent en bon ordre leur retraite. Ils arrivèrent ainsi à Intchyen, et s'embarquèrent sur les deux premières jonques qu'ils trouvèrent. Après avoir couru les plus grands périls, cette poignée de braves fut rencontrée par un aviso anglais, qui les recueillit à son bord et les ramena au Japon.

A la nouvelle de cet attentat, tout le Japon s'émut et réclama une prompte vengeance de l'outrage fait à son ambassadeur et du meurtre de ses enfants. Hanaboussa retourna en Corée, et cette fois, à la tête d'une force imposante, se rendit à la capitale, où le roi et le régent l'attendaient.

Les exigences du gouvernement japonais furent beaucoup plus dures que celles des gouvernements européens en pareille circonstance; mais le cabinet de Tokio connaît les Orientaux, il sait ce qu'on peut exiger et obtenir d'eux en parlant haut et ferme et en laissant entrevoir que la force appuiera les paroles.

Hanaboussa devait demander :

La punition des coupables ;

Payement d'une indemnité de 50000 yen[1] aux familles des victimes, et de 500000 yen au gouvernement japonais pour frais de préparatifs de guerre ;

L'entretien des troupes japonaises pour la défense de la légation ;

L'ouverture d'un nouveau port et la liberté de circuler autour de ces ports dans un rayon de dix lieues ;

Enfin, l'envoi d'un ambassadeur coréen porteur d'une lettre autographe du roi faisant des excuses à S. M. le Mikado.

A son arrivée à la capitale, le ministre japonais fut l'objet des prévenances hypocrites du régent ; mais au milieu des fêtes il n'oublia pas le but de sa mission, et devant sa fermeté le gouvernement coréen céda.

Quelques semaines plus tard, le régent était par ordre de la Chine arrêté au milieu d'un festin et conduit à Pékin pour y être jugé. L'ordre rétabli, le roi reprit toute son autorité. Après avoir sévèrement châtié les complices du régent, il adressa à son peuple cette proclamation :

« Notre pays ratifia, au printemps de 1876, l'accord amical intervenu entre nous et le Japon et promit d'ouvrir trois ports au commerce. Maintenant, nous avons conclu d'autres traités avec l'Amérique, l'Angleterre et l'Allemagne.

« C'était certainement une innovation, et il n'y a pas lieu d'être étonné du mécontentement exprimé à cette occasion pour notre peuple. Mais les relations internationales entrent maintenant tout à fait dans les usages, et il n'y a aucune difficulté à établir des rapports en s'appuyant sur les vrais principes et la bonne foi.

« Nos traités d'amitié et de commerce seront réglés d'après la

---

[1] Le yen équivaut environ à 4 fr. 50 de notre monnaie.

jurisprudence internationale. Quant à la religion, nous ne pouvons la laisser prêcher à l'intérieur, des lois particulières s'y opposent.

« Maintenant que nous entretenons des relations amicales avec les nations de l'Occident, j'ordonne que l'on enlève, en dehors de

Mgr Blanc.

la capitale, comme incompatibles avec le nouvel ordre de choses, toutes les bornes routières notifiant aux étrangers qu'il leur est interdit de passer outre. Vous, étudiants et peuples, comprenez bien cela.

« Cet ordre promulgué par l'autorité du gouvernement doit être affiché dans les principales localités, dans toute la longueur et la largeur du pays. »

Si la politique n'avait pu donner aux catholiques de la Corée la liberté entière due à la vérité, elle avait cependant amélioré leur sort.

Mgr Blanc, le successeur de Mgr Ridel, inaugura son épiscopat par la création d'œuvres de charité : hospice de vieillards et orphelinat, par l'établissement d'un séminaire dont les élèves pouvaient, en regardant le passé, saluer avec une sainte fierté l'héroïque figure d'André Kim, le premier prêtre coréen.

Mais la charité, pour être complète, pour avoir tous ses charmes d'ordre, d'habileté pratique, de dévouement délicat, semble avoir besoin de la main d'une religieuse d'Occident, et bientôt Séoul vit les sœurs de Saint-Paul de Chartres promener dans ses rues étonnées leur blanche cornette et leur rosaire.

Puis, un jour, un cortège solennel se déploya dans la capitale : c'était un cortège de deuil, mais il fut brillant comme en la célébration d'une fête ; un ancien confesseur de la foi venait de mourir : le Père Deguette.

La cérémonie funèbre eut lieu le 2 mai 1889, à dix heures du matin, à la Mission catholique, colline de Tjyong-hyen. A la messe des funérailles assistèrent les représentants des sept puissances étrangères : France, Angleterre, Allemagne, États-Unis, Russie, Chine et Japon.

Le commissaire du gouvernement français, M. Collin de Plancy, se présenta en costume officiel et suivit le convoi, qui traversa croix en tête toute la capitale au milieu d'une population païenne respectueuse.

La route était celle qu'avaient naguère suivie les martyrs en allant au supplice.

Le Père Deguette quittait Séoul, où il était resté pendant quatre mois prisonnier du Christ, par cette même porte de l'Ouest qu'il avait franchie pour aller en exil, et il allait dormir son dernier sommeil en face de la plaine de Saï-nam-to, dans laquelle étaient tombées, avec plus de gloire, mais peut-être sans de plus nombreux mérites, les victimes de la persécution de 1866.

L'année suivante, au moment où s'ouvrait enfin l'avenir de paix et de prospérité que si souvent il avait rêvé dans la solitude de Notre-Dame des Neiges, Mgr Blanc suivait dans la tombe le vaillant Père Deguette.

Oh! combien grands sont les mystères de la Providence dans la conduite des destinées humaines! Est-il jamais possible de prévoir à qui Dieu réserve les amertumes des défaites, les longues tristesses des jours d'attente, les joies du triomphe? Ceux qui ont semé ne récolteront-il jamais? Mais qu'importe la moisson à l'ouvrier dont la récompense est au ciel; à l'encontre des hommes, le Maître souverain couronne le labeur et non le succès, le sacrifice et non la victoire.

XXVI

« FLORETE, FLORES MARTYRUM. FLEURISSEZ, FLEURS DES MARTYRS. »
— LES TONG-HAK. — MASSACRE DU PÈRE JOZEAU

... 21 septembre 1839 : trois condamnés à mort sortent de Séoul, ils se dirigent vers le fleuve Hang-Kang; non loin du rivage, ils sont dépouillés de leurs vêtements, garrottés; des soldats s'avancent avec de grands cris et des hurlements de bêtes fauves, ils frappent un coup de sabre, et la tête des condamnés roule sur le sol.

Cinquante et un ans se sont écoulés, et nous sommes au 21 septembre 1890, à Paris, dans l'église du séminaire des Missions étrangères. Un jeune prêtre, à genoux devant un vieillard, reçoit l'onction qui sacre les pontifes; les chants d'allégresse résonnent sous la voûte sainte; l'orgue éclate sonore et vibrant, les lumières brillent, jetant l'éclat de leur or sur l'assistance nombreuse, émue, fervente.

> Il est là, couronné de la mitre aux glands d'or,
> Appuyé sur son sceptre et frémissant encor.
> D'une main bénissant la foule,
> Devant ses pas chacun se prosterne en priant;
> Tous les cœurs sont émus, et, flot vivifiant,
> Le bonheur en larmes s'écoule.

Ce consacré était Mgr Gustave Mutel, le successeur d'Imbert, de Berneux, de Daveluy, les martyrs; de Ridel, le confesseur de la foi. Ancien missionnaire en Corée, rappelé en France pour être directeur du Séminaire des Missions étrangères, il avait été élu vicaire apostolique du pays que naguère il avait évangélisé. Quelques jours après sa consécration il reprit le bâton de l'apôtre pour aller là-bas, disions-nous alors, cueillir la moisson semée dans le sang et dans les larmes.

Le nouvel évêque prit cette belle devise: *Florete, flores martyrum.* « Fleurissez, fleurs des martyrs. » Du tombeau des martyrs s'élevaient en effet les belles et radieuses fleurs de la liberté, de la charité, de la victoire. Elles fleurissaient, jetant partout leurs parfums fortifiants et féconds, réjouissant de leur brillant et pur éclat, embellissant de leur splendeur la mission de Corée.

Mais, hélas! sont-ce des fleurs d'immortalité, ou bien, semblables aux fleurs de la terre, ne sont-elles nées le matin que pour disparaître le soir?

Une secte étrange s'est formée en Corée sous le nom de *Tong-hak*, ou doctrine de l'Est, dont la propagation a inquiété le gouvernement.

En 1893, la capitale et les huit provinces furent mises en émoi par les menées de ces doctrinaires, qui étaient avant tout de vulgaires rebelles. Depuis longtemps, de soi-disant prophéties, colportées dans tout le pays, annonçaient que la dynastie actuelle ne dépasserait pas la date fatidique de cinq cents ans. Or cette date expirait en 1892. On devait s'attendre à voir, à cette époque, surgir des amateurs de nouveauté, qui volontiers donneraient un coup de main à la roue de la fortune pour hâter l'accomplissement des prophéties. Et puis il y a toujours les mécontents qui attendent le redressement de leurs griefs, les nobles sans place qui escomptent d'avance l'avènement d'une nouvelle dynastie, les désœuvrés enfin, — et leur nombre n'est que trop considérable en Corée, — qui volontiers pêcheraient en eau trouble. Tout ce monde s'est donc réuni comme par enchantement, et, comme il est dangereux d'être rebelle ou de passer pour tel, on prit une enseigne doctrinale afin de se cacher plus aisément.

Il est assez difficile de se faire une idée des enseignements de la secte, et les livres édités par elle sont d'une obscurité parfaite.

Un de ses chefs paraît avoir eu autrefois des relations avec les chrétiens; il raconte dans un de ses livres comment, en 1861, alors qu'il était anxieux de savoir s'il devait ou non embrasser le catholicisme, il eut un songe : un esprit lui apparut qui, tout en louant son désir de parvenir à la vérité, lui dit de laisser de côté la religion du Maître du ciel telle qu'elle est enseignée par les hommes venus de l'Occident, promettant de l'en instruire lui-même; la doctrine qu'il recevrait et qu'il serait chargé de répandre porterait le nom de *Tong-hak*.

S'il y a là autre chose que les rêveries d'un illuminé, il est bien évident que l'ange qui a parlé au prophète n'est point un ange de lumière.

Au nom de Dieu (*Htyen-tjyou*) et à quelques lambeaux de vérités empruntés au catholicisme, sont mêlées les idées les plus incompréhensibles, tirées généralement du livre des Mutations (*I-King*), et des formules de magie et quelques fragments de prières. D'ailleurs, le très grand nombre des partisans du *Tong-hak* ignorent absolument la doctrine qu'ils sont censés professer; son nom seul leur est un signe de ralliement.

En décembre 1892, plusieurs milliers de ces nouveaux sectaires s'assemblèrent dans la province du Sud. Leur programme avéré était de monter en masse à Séoul et d'en chasser tous les étrangers; mais très certainement les meneurs avaient un autre but. Pendant tout l'hiver, il ne fut bruit que de leur rassemblement; nombreux furent les badauds qui abandonnèrent leur métier et la culture de leurs champs, croyant qu'après le grand coup frappé on pourrait vivre sans travailler. Dans les campagnes, la crainte était vive, surtout chez nos chrétiens, et à chaque instant il arrivait à l'évêque des courriers pour lui dire de prendre garde; que cette fois sa perte et celle de la mission était certaine. Habitué aux exagérations des Coréens, les missionnaires ne prêtèrent qu'une médiocre attention à tous ces dires.

« Le 25 mars, jour que l'on disait fixé pour le massacre général, se passa sans la moindre alerte. Un peu plus tard, l'époque ordinaire des examens amena nombre d'étrangers à Séoul: on disait partout que les *Tong-hak* s'étaient joints aux candidats, et que « la danse allait commencer ».

Le 1er avril, des placards contenant des injures et des menaces contre les étrangers étaient affichés aux portes de plusieurs ministres protestants américains.

Le commissaire de France écrivit à Mgr Mutel pour lui demander si pareil fait s'était produit chez lui; mais l'évêque ne découvrit rien, et cependant sa résidence était plus à portée, puisqu'elle est au milieu de la ville.

Quelques jours plus tard, un nouveau placard, affiché comme la première fois chez un ministre protestant, amusa beaucoup la colonie européenne. En dehors des Révérends, il était évidemment l'œuvre d'un mécontent sorti de chez eux, par la fenêtre peut-être, mais qui avait assez bien appris à connaître ses maîtres pour faire d'eux un portrait fort ressemblant, point flatté du tout ni flatteur.

Cependant les *Tong-hak*, qui menaçaient de loin de tout mettre à feu et à sang, se calmèrent en arrivant à la capitale. Ils se contentèrent de présenter au roi une requête lui demandant de vouloir bien chasser les étrangers du pays. On les laissa plusieurs jours prosternés le front dans la poussière devant le palais, puis le roi leur fit dire de se retirer. Comme ils se faisaient prier, la police fut lancée à la recherche des principaux meneurs, et bientôt on n'entendit plus parler des *Tong-hak* à Séoul. Ils se retirèrent en masse sur une haute montagne appelée Syokri-san, aux confins des deux provinces de Tchyoung-tchyeng et de Kyeng-Syang; on envoya des soldats pour les déloger, mais avant l'arrivée des troupes tous avaient disparu. On pouvait craindre que l'agitation produite dans le pays par ces menées de *Tong-hak* fût nuisible à l'évangélisation. Grâce à Dieu, il n'en fut rien; si quelques catéchumènes remirent à des temps plus tranquilles de compléter leur instruction et de recevoir le baptême, la plupart tinrent bon, et des dix-huit cents qui avaient demandé à se faire chrétiens dix-sept cent vingt-quatre reçurent le baptême en 1893. C'était un chiffre qui jamais n'avait été atteint. Peu ont manqué à l'appel, puisque nous avons cette année dix-sept cent vingt-quatre baptêmes d'adultes, chiffre que nous n'avions jamais atteint.

Cependant les sectaires reparurent bientôt, et les troubles furent plus grands, surtout quand les Japonais, désireux de s'emparer de la Corée, eurent déclaré la guerre à la Chine.

Le Céleste Empire envoya des troupes qui, très indisciplinées et mal commandées, portèrent le désordre à son comble. A la haine des Japonais les soldats chinois ajoutaient la haine des Européens et particulièrement des missionnaires; aussi un des plus jeunes apôtres de la Corée, le Père Jozeau, tomba bientôt sous leurs coups.

Depuis quelque temps il était le plus menacé; à plusieurs reprises les rebelles envahirent sa résidence, et trois fois même ils le couchèrent en joue; chaque fois le Père s'était avancé, découvrant sa poitrine et leur disant de tirer s'ils l'osaient. Sa bonne contenance seule les avait fait reculer. Toutefois cette situation violente ne pouvait durer, et le Père Jozeau ne se faisait point illusion; car, le 16 juillet, il écrivait en tête de son testament:

« Au milieu des désordres où je me trouve, je m'attends d'un jour à l'autre à succomber sous les coups de quelques sauvages. Peut-être mon sang serait-il nécessaire pour empêcher le massacre de mes chrétiens; s'il en est ainsi, je le donne de tout mon cœur pour la plus grande gloire de Dieu. »

Le 11 juillet, Mgr Mutel recevait à Séoul la dépêche suivante:

« Les Pères et tous les chrétiens vont mourir. »

Il renouvela aussitôt par télégramme l'ordre déjà donné par lettre pour le cas où la situation deviendrait désespérée:

« Que les Pères fuient ou viennent ici. »

Dès qu'il eut connaissance de ce nouvel ordre, le Père Jozeau partit pour la ville de Tjyen-Tjyou, dont il était éloigné de cinquante lys environ, et de là il se mit en route pour Séoul. Les Pères Baudounet et Villemot, serrés de moins près, résolurent d'attendre encore. Le Père Jozeau partit le 27, à cheval, accompagné d'un domestique. Quatre autres chrétiens le suivaient à pied; mais ils furent bientôt devancés de trente ou quarante lys par le missionnaire, qui avait résolu de gagner Séoul en quatre jours. Il passa le fleuve de Kong-Tjyou le 28, après midi, et alla coucher à quarante lys de là, à une auberge appelée Koang-tjyeng.

Le lendemain matin 29, il se remit en route; mais à peine avait-il fait quelques lys, qu'il rencontra l'armée chinoise fuyant sur Kong-tjyou. Les premiers bataillons le laissèrent passer. Un peu plus loin il se butta à un groupe de rebelles coréens, et c'est très probablement à leur suggestion que le général chinois qui se trouvait là le fit arrêter par ses soldats.

« Je dois faire remarquer ici, écrit Mgr Mutel, que, depuis le 23 juillet, un grand changement s'était produit dans les esprits des rebelles, et peut-être aussi des Chinois. En s'emparant du palais royal et en mettant la main sur la personne du roi, les Japonais blessèrent le sentiment national des Coréens; les rebelles qui précédemment étaient partis en campagne contre l'administration du roi se donnèrent, à partir de ce moment, comme les défenseurs de son autorité; ils s'allièrent alors aux Chinois pour pouvoir se venger des Japonais et même des Européens, que le peuple croyait plus ou moins complices de leur agression.

« Les Chinois, déjà en partie défaits et à la veille d'être culbutés de leurs positions par les Japonais, acceptèrent volontiers l'alliance des rebelles Tong-hak, qu'ils étaient venus combattre. Ils voulaient sans doute s'en servir comme guides et comme approvisionneurs de leurs troupes en fuite.

« Le général chinois dont il s'agit ici est appelé par les témoins coréens *Syep-tai-in* (en chinois: *Iei-ta-jên*). Ce renseignement est absolument certain. Il vient d'un des soldats de la suite du général. Les Coréens lui ayant demandé par écrit quel était le nom du général, il écrivit de son doigt sur le sable les trois mots *Iei-ta-jên*. »

Après avoir fait arrêter le Père Jozeau, le général, assisté d'un interprète coréen, l'interrogea.

« De quel pays êtes-vous?
— Je suis Français.
— D'où venez-vous?
— Je viens du Tjyen-la-to, des environs du Tjyen-tjyou.

— Que faites-vous dans le Tjyen-la-to?

— Je ne me suis jamais mêlé de rien que d'enseigner la doctrine chrétienne.

— Pourquoi donc avez-vous quitté le Tjyen-la-to?

— J'ai dû partir à cause des Tong-hak, qui nous menaçaient de mort, moi et les chrétiens.

— N'avez-vous point vu des Japonais?

— Non.

— Où allez-vous?

— A Séoul.

— Puisque vous allez à Séoul, retournons ensemble à Kong-tjyou; de là nous ferons route de concert pour Séoul. »

Le Père Jozeau vit bien sans doute qu'on lui tendait un piège; mais, dans l'impossibilité de résister, il se laissa conduire où l'on voulut. Une escouade de soldats le mit entre ses rangs et le fit marcher à pied en le gardant de près; de temps en temps ces soldats poussaient des cris sauvages. Après avoir ainsi cheminé quelque temps, le missionnaire, fatigué de la marche et de la chaleur très vive, fit signe à son domestique, qui conduisait son cheval par la bride, d'approcher des rangs; mais on ne voulut pas permettre au Père de monter à cheval, et il dut bon gré mal gré continuer son chemin de croix.

Avant d'arriver au fleuve de Kong-tjyou, il y a sur le bord de la route, à une auberge appelée Kam-na-mou-Kol, un petit pavillon ouvert, entretenu par l'administration de la ville et servant de salle d'attente pour les hôtes de distinction qui y arrivent. C'est là que les mandarins sortant de charge ont coutume d'échanger la politesse d'usage avec ceux qui viennent les remplacer. Le gouvernement de Kong-tjyou, apprenant l'arrivée des troupes chinoises, envoya à l'encontre du général le mandarin et le juge criminel, tous deux magistrats de la ville. La rencontre se fit précisément dans ce pavillon.

Après les premières politesses échangées, le général chinois entra dans le pavillon et s'y assit; à sa droite et à sa gauche s'assirent également le mandarin titulaire et le juge criminel. Le Père Jozeau, harassé de fatigue, s'arrêta comme tout le monde devant l'auberge, et là nombre de Coréens s'assemblèrent en curieux autour de lui. Aucun n'osait, à cause des soldats, lui adresser la parole. L'apôtre dit alors à haute voix :

« Je suis missionnaire français, j'ai été arrêté par les Chinois ce matin, et je n'ai rien pris de la journée; donnez-moi, s'il vous plaît, une tasse de vin. »

L'aubergiste en apporta aussitôt une tasse. Le prêtre y porta ses lèvres, mais les soldats ne lui donnèrent pas le temps de la vider; ils se jetèrent brutalement sur lui, et le vin tomba en partie à terre.

A ce moment, le général fit appeler le missionnaire par son interprète à son tribunal. Le Père Jozeau crut l'occasion favorable de s'expliquer plus clairement près de deux magistrats coréens, et il essaya d'entrer à son tour dans le pavillon. Les soldats le repoussèrent violemment et même le forcèrent à s'agenouiller sur la terre nue, comme un criminel, en présence de ses trois juges. Il y eut là un nouvel interrogatoire de quelques instants. Tout ce que l'on sait, c'est que le prisonnier renouvela devant ses juges sa déclaration :

« Je suis un missionnaire français. »

Puis le cortège se remit en route. En arrivant sur la rive droite du fleuve qu'il fallait traverser pour gagner Kong-tjyou, le mandarin militaire et le juge criminel entrèrent dans une barque, et le général chinois dans une autre. Le Père Jozeau monta dans la barque du général. Celui-ci, extérieurement du moins, ne parut pas s'en offenser; mais presque aussitôt des soldats chinois se jetèrent sur le prêtre et l'entraînèrent de force dans une autre barque, déjà remplie de leurs camarades et qui passa la première.

En débarquant sur l'autre rive, le missionnaire fut aussitôt entouré et serré de près par les soldats passés avec lui. Autour d'eux, à peu de distance, se tenait la foule des Coréens sortis de la ville en curieux pour voir défiler les troupes. Il y avait parmi eux des chrétiens, dont l'un reconnut immédiatement le prisonnier pour un missionnaire, l'autre pour le Père Jozeau, qu'il avait vu précédemment. Beaucoup de curieux païens disaient à haute voix que c'était l'Européen qu'on avait vu passer la veille montant à Séoul.

Le Père Jozeau[1] avait le bas de ses vêtements tout mouillé et couvert de boue; il se tenait droit au milieu du cercle des soldats chinois, dans une attitude tranquille ou plutôt résignée. Tantôt il les regardait avec assurance comme un homme sans peur et sans reproches; tantôt il levait les yeux au ciel, dans l'attitude de la prière.

Brusquement, un soldat s'approcha par derrière, lui prit la tête entre les deux mains et fit un effort violent comme pour le soulever; les témoins pensent qu'on voulait par là allonger le cou de la victime et le rendre plus souple au coup de sabre.

Presque aussitôt on vit le missionnaire faire un bond en l'air: les uns pensent qu'il fut à ce moment piqué aux reins par les soldats et que la douleur subite le fit ainsi bondir; d'autres, qu'il essaya peut-être de s'arracher à ses bourreaux pour se jeter dans le fleuve et tenter de se sauver à la nage. Mais il fut retenu par quatre soldats, qui, lui prenant les bras, les ramenèrent derrière le dos; il tomba la tête en avant. A ce moment, d'autres soldats le frappèrent de leurs sabres. Le premier coup porta sur la nuque, le second sur la tête même, et on vit la cervelle jaillir. La victime ne s'affaissa qu'au cinquième coup de glaive, mais la tête ne fut pas entièrement séparée du tronc. On le frappa aussi sur les bras et sur les jambes. Il était environ cinq heures du soir, le dimanche 29 juillet.

Le lieu de l'exécution est la plage de sable de la rive gauche du fleuve, lieu qui sert à la ville de Kong-tjyou pour l'exécution des criminels de marque.

Le domestique du missionnaire avait assisté à son exécution; il était là à quelques pas de la scène, tenant toujours le cheval par la bride. Les soldats chinois ne paraissaient pas faire attention à lui, quand un des Tong-hak qui les accompagnaient s'écria:

« Et ce coquin de valet, où est-il? »

En entendant ces mots, le pauvre homme essaya de fuir; mais

---

[1] *Lettre de Mgr Muttel, Missions catholiques*, 9 novembre 1894.

il fut appréhendé au bout de quelques pas par des soldats, qui le frappèrent de deux coups de sabre sur le cou. Il s'affaissa ; mais, comme il respirait encore, on l'acheva de deux coups de fusil tirés dans le dos à bout portant. C'était un nouveau chrétien que le Père Jozeau avait engagé à la ville de Tjyen-tjyou pour ce voyage seulement. Il laisse une femme et un enfant de six ans.

Légation japonaise de Séoul.

Les barques du général chinois et des mandarins coréens n'accostèrent sur la rive gauche qu'après ce double meurtre ; ils virent de leurs yeux les cadavres des deux victimes, sans paraître d'ailleurs se soucier de ce qui venait de se passer. Un soldat chinois, arrivé après l'exécution, fouilla les habits du Père Jozeau et lui enleva son crucifix, son scapulaire et son chapelet ; ce que voyant, les deux autres chrétiens coréens crurent que ce soldat était aussi chrétien ; mais ils furent bientôt détrompés en voyant ce misérable faire rouler d'un coup de pied le cadavre du prêtre sur la berge du fleuve, et le laisser à moitié plongé dans l'eau.

Pendant deux jours et deux nuits, les chrétiens cherchèrent en vain l'occasion de confier à la terre les restes abandonnés du missionnaire; le passage continuel des troupes et l'affluence des curieux les en empêchèrent. Enfin, dans la nuit du 31 juillet au 1er août, réussissant à tromper toute surveillance, ils creusèrent tant bien que mal dans le sable, et non loin de la rive, une fosse où ils déposèrent en toute hâte les dépouilles vénérées de leur père, qu'ils enveloppèrent d'une simple natte.

Le Père Baudounet, resté à Tjyen-Tjyou, ayant appris le meurtre de son confrère, adressa le 4 août au gouverneur de Kong-Tjyou le télégramme suivant:

« *Le Père Jozeau a été tué sur le bord du fleuve: pour quelle raison? Qu'est devenu son cadavre?*

« BAUDOUNET, *missionnaire français.* »

Le gouverneur envoya des satellites pour procéder à l'enterrement du missionnaire; ceux-ci, trouvant la chose faite, se contentèrent d'enterrer le domestique.

Le gouverneur répondit, le 5, par cette étrange dépêche:

« *On dit que quand les soldats chinois ont passé le fleuve, ils ont exécuté un Japonais, et que son corps a été enterré par les soins d'un mandarin local.*

« *Gouverneur de Kong-Tjyou.* »

« C'est là un mensonge administratif dont Coréens et Chinois sont coutumiers, dit Mgr Mutel. Personne d'ailleurs n'a pu se méprendre et ne s'est mépris sur la nationalité et la qualité du Père Jozeau. Le bruit de sa mort se répandit dans tout le pays comme une traînée de poudre, et les chrétiens même très éloignés en ont su la première nouvelle par la rumeur publique.

« Sans parler de la perte inappréciable pour nous d'un missionnaire tel que le Père Jozeau, je puis dire que sa mort a été pour la Mission le plus grand de tous les malheurs. Les Tong-hak, qui jusque-là n'avaient osé porter la main sur les missionnaires, se mirent à les poursuivre comme des bêtes fauves recherchant une proie. Pour éviter de tomber sous leurs coups, les deux

Pères Baudounet et Villemot ont dû se réfugier dans les cavernes des montagnes, où ils ont passé quinze jours. Quant aux chrétiens, s'ils avaient déjà beaucoup souffert, leur position devint à partir de ce moment absolument intolérable. Dans les deux provinces de Tjyen-la et de Tchyoung-tchyeng, il n'est peut-être pas un seul village chrétien qui n'ait été pillé et saccagé. Les habitants sont tous en fuite, et l'on se demande avec douleur aujourd'hui s'il restera des survivants de ces onze mille chrétiens.

« Je note aussi que les soldats chinois, et un général à leur tête, n'ont pas craint de tremper leurs mains dans le sang d'un missionnaire français quelques jours seulement après que la mission française de Séoul avait donné abri et refuge au moment du danger au secrétaire de la légation chinoise, deux jours après que la canonnière française *le Lion*, ayant à son bord ce même secrétaire, avait arraché à une mort certaine une cinquantaine de soldats chinois naufragés du *Kao-cheng*. »

Cette mort, le Père Jozeau l'avait vaillamment acceptée d'avance. Le récit de son évêque nous le prouve, et le martyr lui-même nous le dit dans la lettre suivante, datée du 25 juin :

« Nous sommes ici dans une véritable guerre engagée depuis un mois par des rebelles[1] ; le canon et les fusils retentissent de tous côtés ; je me trouve juste au milieu du mouvement. Chaque jour des centaines de soldats ou rebelles voyagent continuellement autour de chez moi. Les insurgés voudraient nous chasser ; jusqu'à ce jour ils n'ont osé, sachant qu'à la capitale, et tout près, des vaisseaux de guerre de toute nationalité sont là pour nous défendre. Qu'en résultera-t-il ? On ne peut encore le savoir. Les Coréens, incapables de supprimer cette rébellion, ont appelé les Chinois à leur secours. J'espère par la divine Providence n'avoir point d'affaires, et après tout, s'il faut y mourir, je n'aurai vraiment aucun regret en mourant à ma tâche.

« N'ayez point souci de cette affaire ; car jusqu'à présent il n'y a aucun risque. Du haut de mes montagnes, j'ai vu incendier la plus grande ville capitale de ma province ; beaucoup de morts et

---

[1] A ce moment, il ne s'agissait que d'une guerre civile ; la Chine et le Japon n'avaient encore ni déclaré ni commencé les hostilités.

de blessés chez les rebelles et dans la population. Priez Dieu de nous secourir, nous et nos chrétiens.

« Adieu, monsieur le curé. Tout à vous *in Christo*.

« M. JOZEAU, *Missionnaire apostolique en Corée.* »

Cette lettre est arrivée en France le 29 août. Ce jour même, seize jeunes prêtres quittaient le séminaire des Missions étrangères, et parmi eux deux étaient destinés pour la mission de Corée.

Un des partants a traduit par un chant la joie sainte et les désirs ardents qui, de tous temps, animèrent les aspirants missionnaires à la nouvelle de la mort sanglante de leurs anciens dans la carrière apostolique.

> Un de tes fils est mort ! Chante, ô noble Vendée [1] !
> Il est tombé là-bas aux champs de la Corée,
> Fauché dans son printemps par le glaive chinois.
> A son *Alleluia* nous mêlons notre voix :
> Car ce n'est pas des pleurs qu'on donne à ces apôtres,
> On ne sait que chanter au martyre des nôtres,
> Et l'œil est fier de voir briller sur le drapeau,
> Avec Cornay, Vénard, ce nouveau nom : Jozeau !
> Depuis longtemps déjà les courriers de l'Asie
> N'apportaient au pays que des bruits d'accalmie.
> On bénissait le ciel..., mais on rêvait tout bas,
> Près des cangues des preux, à leur heureux trépas ;
> Et c'est par un soupir qu'en montrant leurs reliques,
> On commençait ainsi : « C'était aux temps antiques... »
> Bref, l'espoir s'éteignait comme un feu qui s'endort.
> ...Voilà qu'il se ranime au seul bruit de ta mort,
> Jozeau ; car ton martyre est un phare d'espoir.
> Nous qui partons demain sous l'Étoile des mages,
> Nous saluons joyeux l'horizon plein d'orages.

Sentiments admirables d'âmes saintes heureuses de donner leur sang pour la gloire du Christ Jésus ; et pourtant, ô mon Dieu, notre dernière et notre plus ardente prière n'est pas pour demander la grâce du martyre, mais la paix, la liberté, qui rendent plus facile et plus rapide le triomphe de votre nom. Mon Dieu, daignez nous exaucer !

[1] Le Père Jozeau était Vendéen, né à La Boissière-Thouarsaise (Deux-Sèvres), le 9 février 1866, missionnaire en Corée en 1888.

XXVII

TROUBLES POLITIQUES. — L'AMNISTIE. — NOUVEL ÉTAT DE CHOSES. — CONVERSIONS. — LA REINE MÈRE CATHOLIQUE. — LA CATHÉDRALE

Pendant ce temps, la politique n'avait pas chômé, toute l'année 1894 ne fut qu'une suite de commotions et de révolutions. Après qu'ils se furent emparés du palais royal en juillet 1894, les Japonais mirent le régent à la tête de l'administration, croyant sans doute en faire l'instrument de leurs volontés. Ils reconnurent bientôt leur erreur, et, dès la fin de novembre, ils le remercièrent de ses services pour mettre au gouvernement des ministres de leur choix. Au lieu de se faire l'humble serviteur des Japonais, le régent avait, au contraire, remué ciel et terre afin d'en délivrer son pays. Pour cela il avait fait appel aux rebelles de la province et avait concerté avec eux un complot, qui fut heureusement éventé avant d'être mis à exécution. Les rebelles devaient venir en masse à la capitale, y provoquer du désordre, en chasser les Japonais, entourer le palais, forcer le roi à abdiquer et faire monter sur le trône Ni-tjyoun-yong, le petit-fils même du régent.

Tels sont, du moins, les chefs d'accusation relevés au procès qui s'est déroulé au printemps dernier. On n'a point osé toucher au régent, l'âme du complot; on s'est contenté de faire arrêter son petit-fils. Les charges relevées contre lui ont-elles été bien prouvées? il est difficile de le savoir; toujours est-il que cinq de ses principaux complices ont été condamnés à mort et exécutés, d'autres envoyés en exil perpétuel.

Parmi les partisans des Japonais qui furent mis aux affaires, se trouvaient plusieurs proscrits de 1884. Leur premier soin fut naturellement de faire effacer leur ancienne condamnation et celle de leurs complices. Pour rendre la mesure acceptable, ils proposèrent au roi de gracier tous les condamnés pour délits politiques ou faits semblables et de leur restituer leurs anciennes dignités. Or, sur la liste soumise à la sanction royale, les missionnaires eurent la joie de voir figurer les noms de plusieurs chrétiens condamnés à mort pour cause de religion et exécutés en 1866.

Cette grâce posthume et cette réhabilitation étaient d'une importance capitale; on peut enfin considérer comme close l'ère des persécutions officielles et prévoir l'heure où la liberté entière d'embrasser la religion sera octroyée. Mgr Mutel s'empressa de remercier les membres du gouvernement et même le roi de cette faveur inespérée.

Pour la première fois, l'évêque eut cette année l'honneur d'être reçu ou plutôt mandé en audience royale, car c'est le roi lui-même qui exprima le désir de le voir. Il lui fut présenté par le commissaire de France; l'accueil fut bienveillant et l'entrevue très cordiale; le roi se plut à l'entretenir longtemps et à causer familièrement avec lui. La conversation roula spécialement sur les épreuves du temps passé, sur les moyens que les missionnaires employaient alors pour se tenir cachés.

Le prince rappela la persécution de 1866, exprima le regret le plus sincère des violences commises alors:

« Je n'y ai été pour rien, dit-il, et depuis que j'ai pris en main les rênes du gouvernement, tout cela a passé. Je vous connais depuis longtemps, je sais que votre unique but est le plus grand bien de la Corée, et c'est pour cela que j'ai tenu à vous voir. Je saurai désormais que vous êtes là, et, dans les événements heureux ou tristes de l'avenir, je compterai que vous êtes avec nous. »

Après la victoire du Japon sur la Chine, le traité de Shimonoseki déclara la Corée indépendante, c'est-à-dire indépendante de la Chine; car, pour son autonomie, la Corée était encore loin de l'avoir. Le parti progressiste au pouvoir fut doublé dans tous les ministères de conseillers japonais; aussi l'année fut-elle très fertile en réformes, en projets surtout. On s'est attaqué à tous les abus à la fois, on a tout réglementé, jusqu'à la couleur des habits et la longueur des pipes. A côté des réformes ridicules de ce genre, il y en a d'autres très sages et dont le pays profiterait beaucoup, pourvu qu'elles fussent appliquées. Or c'est là précisément ce qui a manqué jusqu'ici, et, de toutes les nouvelles mesures édictées et promulguées au *Journal officiel,* on peut dire qu'il n'y en a peut-être pas une sur cent qui soit observée.

Les anciens abus subsistent à côté de la réglementation nouvelle, et les populations n'ont qu'une médiocre confiance dans ce régime, auquel elles ne comprennent rien.

Les chrétiens n'ont pas eu plus que les autres à souffrir de cet état de choses; plus que tous même ils ont profité des secours envoyés par les Japonais contre les rebelles, et qui ont tant contribué à ramener le calme dans le pays.

Celui de tous qui a le plus souffert de ces réformes fut le roi. Habitué à gouverner par lui-même, il s'est difficilement résigné au rôle effacé, auquel on l'a réduit, de n'avoir plus guère qu'à approuver et à contresigner les mesures et les nominations préparées par ses ministres. Pour écarter cette main des Japonais qui lui pesait tant, il a cherché tous les moyens, et, n'en trouvant pas d'autre, il s'est tourné de nouveau vers l'ancien parti au pouvoir, celui des parents de la reine. Cela n'a guère servi qu'à accentuer la défiance entre le souverain et ses ministres et peut-être à susciter les révolutions qui ont suivi.

Le 7 juillet au matin, on apprenait qu'un mandat d'arrêt venait d'être lancé contre l'un des anciens proscrits, le ministre de l'intérieur Pak-yeng-hyo. Il était accusé d'avoir voulu envahir le palais à la tête d'une troupe de Japonais, pour attenter à la vie du roi et de la reine. On n'a jamais su si cette accusation était fondée; le prévenu se réfugia à temps à la légation du Japon, qui favorisa son évasion, et, après quelques jours d'émotion, tout rentra dans le calme ordinaire.

Trois mois plus tard, le 8 octobre 1895, le même complot, repris en sous-œuvres sans doute, fut exécuté. Des Japonais, parmi lesquels des soldats et des agents de police, allèrent chercher le régent à sa maison de campagne et le conduisirent au palais royal; pendant ce temps, d'autres conjurés escaladaient les murs du palais, en gardaient les issues, et des assassins se mettaient à la poursuite de la reine.

Après une résistance insignifiante et quelques coups de fusils tirés, la garde royale prit la fuite, et les traîtres eurent le champ libre. Un général fut tué à son poste devant la porte du palais, et un ministre près des appartements royaux. La reine fut tuée aussi, et son cadavre brûlé. Il y avait avec les Japonais des soldats coréens formés par eux; mais la plupart, sauf quelques chefs, n'ont pas su à quelle besogne on les employait.

Quoique la légation du Japon ait nié toute participation de sa part, son personnel a été renouvelé, et les principaux meneurs de la révolution rappelés au Japon. En même temps, le cabinet de Tokio exprimait sa plus vive indignation pour les crimes commis et envoyait un ambassadeur spécial porter ses condoléances au roi.

Pendant ce temps et comme pour dérouter l'opinion, les Japonais jusque-là tout-puissants amenaient le roi à rendre un décret réhabilitant la reine défunte, et quelques jours plus tard, le 1er décembre, on annonçait officiellement sa mort; tout le royaume se mit en deuil. On réussit même à trouver trois Coréens, gens obscurs et inconnus, qui furent soi-disant convaincus d'avoir assassiné la reine et comme tels exécutés le 29 décembre.

Cependant toutes ces menées ne réussissaient pas à tromper l'opinion: on sentait que le peuple rongeait son frein, qu'il gémissait sous l'oppression de ses maîtres du jour et que sa sympathie était toute pour le pauvre roi, gardé à vue dans son palais comme prisonnier du parti au pouvoir. Le 28 novembre, une tentative fut faite pour lui rendre sa liberté; elle échoua. Des patriotes conjurés avaient rassemblé quelques centaines d'hommes de bonne volonté et s'étaient rendus, en secret, derrière le palais royal, prêts à y entrer dès que la porte leur serait ouverte; ils voulaient faire main basse sur les ministres accusés de félonie. La conspiration fut connue, la porte ne s'ouvrit point au signal con-

Façade de l'église de Ouen-San.

venu, ou plutôt, quand elle s'ouvrit, ce fut pour livrer passage à une garde bien armée, qui se saisit des premiers conjurés et les jeta en prison. Les deux principaux fauteurs de ce coup de main furent exécutés le 30 décembre, et les autres rendus à la liberté.

Délivrés de ce danger, les ministres, toujours soutenus par les Japonais, se crurent tout permis. Le 31 décembre, un décret royal rendu sur leur initiative adoptait le calendrier européen pour les actes publics. Du 1er janvier de cette année date l'ère nouvelle, appelée première année de l'*Établissement du Soleil* et correspondant à la 505ᵉ année de la fondation de la dynastie. Cette mesure passa sans difficulté; mais d'autres réformes édictées en même temps, et entre toutes la coupe des cheveux à l'européenne, excitèrent au plus haut point le mécontentement du peuple. Le roi était tellement devenu l'esclave de ses ministres, que, malgré ses répugnances, il donna l'exemple, se coupa lui-même les cheveux et publia un décret invitant son peuple à l'imiter.

Dans le principe, la mesure n'était obligatoire que pour les seuls fonctionnaires du gouvernement, soldats et agents de police, lesquels s'exécutèrent en rechignant. Mais bientôt on mit à l'extension de cette soi-disant réforme un tel zèle, une telle violence, que, bon gré mal gré, tout le monde dut s'exécuter. Si ridicule, vexatoire et impopulaire que fut cette mesure, on s'y soumit presque sans protester à la capitale et dans les environs. En province, il en alla tout autrement; ce fut le signal de la rébellion; de tous côtés se levèrent des volontaires qui prirent le nom de *Soldats de la justice,* et se donnèrent le mandat de chasser les Japonais du royaume et de faire justice des ministres félons pour rendre au roi sa liberté. Le mouvement fut si général, qu'il fallut songer rapidement à se mettre en demeure de l'arrêter; on envoya donc des soldats contre ces rebelles d'un nouveau genre. Les soldats partirent sans enthousiasme et se battirent de même, si tant est qu'il y ait eu de vrais engagements.

Les choses en étaient là quand, le 11 février au matin, on apprend que le roi a quitté son palais en secret, et s'est rendu à la légation de Russie pour y chercher asile et protection. Cette nouvelle est accueillie avec un étonnement profond, auquel se mêle la joie de la délivrance.

Mais, comme il arrive dans toutes les révolutions, il y eut des victimes. A peine rendu à la légation russe, le roi destituait le ministère et lançait un mandat d'arrêt contre les principaux titulaires; les décrets de la première heure sont entachés d'une violence regrettable, et qui n'eut que trop bien son effet. Deux des ministres, arrêtés dans la journée, furent massacrés sur-le-champ, et leurs cadavres livrés aux outrages de la populace; un troisième fut tué quelques jours plus tard en se rendant en province; les autres réussirent à s'échapper et probablement à se réfugier à l'étranger.

Avec le ministère, le Japon voyait du même coup tomber toute son influence, passée d'emblée aux mains de la Russie. Nombre de Japonais, répandus un peu partout dans la province pour leur commerce, étaient massacrés sans pitié par les populations : terrible retour des justices humaines, les innocents payaient pour les coupables.

Tous les décrets rendus précédemment par le roi sous la pression du ministère tombé furent rapportés; la liberté est laissée à chacun de s'habiller à sa guise et de porter les cheveux longs ou courts; une amnistie générale est accordée aux condamnés politiques, les troupes envoyées contre les *Soldats de la justice* sont rappelées; aux populations soulevées on envoie des émissaires royaux chargés de les ramener au calme et à l'ordre; on promet toutes les satisfactions désirables.

Malheureusement la rébellion est plus facile à déchaîner qu'à apaiser, et les *Soldats de la justice*, habitués à tenir campagne, ne voulurent rien entendre aux messages de pacification. Sous prétexte que le roi était l'hôte et peut-être le vassal des étrangers, que justice n'avait pas été faite du meurtre de la reine, ils continuèrent à soulever le pays. Il fallut en venir aux moyens de rigueur et de nouveau envoyer des troupes contre eux.

Enfin, peu à peu, les choses se calmèrent, le roi retourna dans son palais, et la Russie se désintéressa, — pour un moment du moins, — de la Corée, la laissant sous le protectorat japonais, où elle est encore actuellement.

Comme toute la population paisible, les chrétiens ont souffert de ces révolutions successives. Un village de cinquante maisons fut, à leur occasion, partie incendié, partie pillé par les païens d'un canton voisin. Un autre village perdit tous ses bœufs et ses instruments de labour avec son mobilier.

Huit chrétiens, abominablement calomniés par leurs persécuteurs, sont depuis trois mois en prison et même condamnés aux travaux forcés, malgré leur innocence évidente.

Ce ne fut cependant pas général, et il semble, au contraire, que l'œuvre d'évangélisation a profité du désarroi dans lequel était le pays. Beaucoup de païens honnêtes sont allés vers les missionnaires avec l'arrière-pensée, sans doute, de trouver près d'eux quelque appui.

Par la grâce de Dieu, ils y ont d'abord trouvé le don de la foi, qui a bien vite corrigé ce que les dispositions premières avaient de défectueux. L'augmentation du nombre des baptêmes d'adultes est en effet exceptionnelle, puisque le chiffre en 1896 s'est élevé à deux mille sept cent vingt-quatre, soit près d'un millier de plus que d'habitude; en 1897 et en 1898, la progression a continué, et sept mille quatre cent soixante-douze Coréens ont été régénérés dans les eaux saintes.

Le 22 février 1898 mourut le père de l'empereur, plus connu sous le titre de régent. Pendant les dix années qu'il fut au pouvoir, il se montra le plus féroce persécuteur que la Corée ait jamais vu. Il fut l'auteur de la persécution de 1866, qui fit tomber la tête de deux évêques, de sept missionnaires et de milliers de chrétiens. Rentré, contre son gré, dans la vie privée depuis plus de vingt ans, les déboires, la disgrâce et l'adversité l'avaient ramené à des sentiments plus humains. Peut-être voyait-il dans ses épreuves le châtiment de Dieu. Toujours est-il qu'il a plusieurs fois manifesté son regret de ses violences contre la religion catholique: il avouait s'être trompé. Ce regret n'a point été, hélas! jusqu'au repentir efficace de la conversion : il est mort païen.

Sa femme, la princesse mère, qui l'avait précédé d'un mois dans la tombe, mourut dans la foi catholique. Chrétienne, elle l'était par le cœur depuis de longues années. Dès l'époque sinistre où le régent s'acheminait à l'extermination du nom chrétien, à ses côtés même, elle étudiait en secret son catéchisme et ses prières. Elle fut longtemps retenue et comme enchaînée par une participation à des actes idolâtriques ou superstitieux, que le malheur des temps et sa situation lui rendaient presque inévitables. Quand elle eut rompu tous ces liens et qu'elle se sentit libre, elle demanda avec instance la grâce de la régénération. Mgr Mutel eut la joie de la baptiser et lui administra la confirmation en octobre 1896. Un peu plus tard, il la revit encore pour entendre sa confession et lui donner la sainte communion. Ce devait être sur la terre leur dernière entrevue. Quelques mois plus tard, elle tomba malade pour ne plus se relever. Le secret profond qui planait sur sa conversion ne permit pas qu'on lui portât le secours des derniers sacrements; mais jusqu'à la fin elle fut assistée par une des femmes de chambre chrétienne, qui se servait pour l'exhorter de paroles et de signes de convention dont l'entourage païen ne pouvait percer le mystère. La princesse Marie s'endormit dans la paix du Seigneur, le 8 janvier 1898, à dix heures du soir; elle était dans la quatre-vingtième année de son âge.

Cette même année 1898 apporta à la mission de Corée une grande joie: le 29 mai, fut consacrée la cathédrale de Séoul, dont les superbes flèches disent au loin que l'époque des catacombes et des grandes persécutions est finie, et que l'ère de la liberté a commencé.

A cette cérémonie l'assistance dépassait trois mille personnes. Aux premiers rangs, tous les représentants de France, Russie, Angleterre, Allemagne, États-Unis, Japon et Chine, ainsi que les principaux résidents européens, les membres du gouvernement coréen et tous les hauts fonctionnaires avaient été invités. La plupart avaient gracieusement accepté. Il y avait le président du conseil, plusieurs ministres et personnages de la plus haute noblesse, l'élite certainement de toute la Corée. Il n'est pas jusqu'à cet ancien ministre des affaires étrangères, lequel avait autrefois si âprement disputé à la mission le terrain où est bâtie l'église, qui ne soit venu faire joyeuse amende honorable de ses tracasseries d'antan.

Tel est le dernier épisode que nous ayons à raconter des faits et gestes des missionnaires français en Corée; puisse-t-il être le gage de succès plus grands encore! puisse dans un avenir prochain la terre qui a bu le sang de tant de martyrs se couvrir de glorieux monuments redisant à tous la victoire de Jésus, le roi éternel du monde!

FIN

TABLE

LA CORÉE

I. — Le pays. — Les productions. — Les habitants	7
II. — Histoire de la Corée. — Son état de vasselage vis-à-vis de la Chine. — Origine des divers partis politiques	19
III. — Rois. — Princes du sang. — Eunuques. — Funérailles royales	26
IV. — Gouvernement. — Organisation civile et militaire	35
V. — Tribunaux. — Prétoriens. — Prisons. — Supplices	44
VI. — Examens publics. — Grades et dignités. — Écoles spéciales	56
VII. — La langue coréenne	64
VIII. — État social. — Différentes classes. — Noblesse. — Peuple. — Esclaves	67
IX. — Condition des femmes. — Mariage	84
X. — Famille. — Adoption. — Parenté	92
XI. — Religion. — Culte des ancêtres. — Superstitions populaires	98
XII. — Caractère des Coréens. — Leurs qualités morales. — Leurs défauts. — Leurs habitudes	111
XIII. — Jeux. — Comédies. — Fêtes du nouvel an. — Le hoan-rap	121
XIV. — Logements. — Habillements. — Coutumes diverses	130
XV. — Sciences. — Industrie. — Commerce	144

LES MISSIONNAIRES FRANÇAIS

I. — Origine de l'Église coréenne	155
II. — Premiers martyrs	167
III. — Le Père Jacques Tsiou (1794-1801)	181
IV. — Colombe Kang (1801)	192
V. — Luthgarde Ni, vierge et martyre (1802)	203
VI. — Martyre du Père Tsiou. — Lettre des catholiques coréens au pape	217
VII. — Mgr Bruguière. — De Siam en Tartarie. — M. Maubant	220
VIII. — En Corée. — Un pauvre homme	224
IX. — Un écolier sans pareil. — Mgr Imbert, ses vertus	228
X. — Martyre de Mgr Imbert et de MM. Chastan et Maubant	234
XI. — Une famille de martyrs	241

XII. — Voyage de Mgr Ferréol et de M. Maistre.	249
XIII. — En route pour la Corée.	260
XIV. — Première intervention française en Corée. — Martyre du Père André Kim.	265
XV. — Expédition française en Corée.	273
XVI. — Entrée de M. Maistre	280
XVII. — Mgr Berneux et ses missionnaires. — La guerre anglo-française en Chine. — Les terreurs des Coréens. — Nouveaux apôtres.	285
XVIII. — Les Russes. — Arrestation et martyre de Mgr Berneux, de MM. de Bretenières, Beaulieu, Dorie.	299
XIX. — Martyre de MM. Pourthié et Petitnicolas, de Mgr Daveluy et de ses compagnons (A. D. 1866).	308
XX. — MM. Féron, Calais, Ridel. — La persécution. — En mer. De Corée à Tché-Fou.	318
XXI. — Intervention de l'amiral Roze en Corée. — Échec.	322
XXII. — Consécration épiscopale de Mgr Ridel. — A Notre-Dame-des-Neiges. — Retour en Corée	326
XXIII. — Emprisonnement de Mgr Ridel. — Sa délivrance	331
XXIV. — Arrestation et délivrance des Pères Deguette et Liouville. — Traité des puissances occidentales avec la Corée. — Traité avec la France. . . .	335
XXV. — Attentat contre les Japonais. — Traité. — Mgr Blanc. — Mort du Père Deguette. — Les religieuses de Saint-Paul de Chartres. — Mort de Mgr Blanc.	339
XXVI. — « Florete, flores martyrum. Fleurissez, fleurs des martyrs. » — Les Tong-hak. — Massacre du Père Jozeau	344
XXVII. — Troubles politiques. — L'amnistie. — Nouvel état de choses. — Conversions. — La reine mère catholique. — La cathédrale	357

20653. — Tours, impr. Mame.

BIBLIOTHÈQUE DES FAMILLES ET DES MAISONS D'ÉDUCATION

FORMAT GRAND IN-8° — 1re SÉRIE
VOLUMES ORNÉS DE NOMBREUSES GRAVURES SUR BOIS

ADEN A ZANZIBAR (1v). Un coin de l'Arabie heureuse. Le long des côtes, par Mgr Le Roy, vicaire apostolique du Gabon.
ANTIQUAIRE (L'), de Walter Scott; adaptation par A.-J. Hubert.
A TRAVERS LE ZANGUEBAR. Voyages dans l'Oukal, l'Ouzigoua, l'Oukwéré, l'Oukami et l'Ousagara, par les PP. Baur et Le Roy, missionnaires au Zanguebar.
A TRAVERS L'ESPAGNE ET L'ITALIE, par Victor Fournel.
BLANCHE DE CASTILLE (histoire de), par Jules-Stanislas Doinel.
CARAVANE DE LA MORT (LA). Souvenirs de voyages, par Karl May; traduit de l'allemand par J. de Rochay.
CHRÉTIENS ILLUSTRES (LES), depuis la prédication des Apôtres jusqu'à l'invasion des barbares, par J.-B. Marty.
CONSCRITS DU TRAVAIL (LES), ou l'Enseignement professionnel chrétien, par Guy Tomel.
CONSTANCE SHERWOOD, par Lady G. Fullerton; adapté de l'anglais par A. Chevalier.
CORÉE ET LES MISSIONNAIRES FRANÇAIS (LA), par Adrien Launay, de la société des Missions étrangères; introduction sur le pays, les mœurs et les coutumes, par Charles Dallet, de la même société.
FABIOLA, ou l'Église des Catacombes, par Son Éminence le cardinal Wiseman; traduit de l'anglais par M. Richard Viot.
FEMMES D'AUTREFOIS, par A. Chevalier.
FLEURS DE LORRAINE, par Jean Tincey.
FRANCE COLONIALE ILLUSTRÉE (LA). Algérie, Tunisie, Congo, Madagascar, Tonkin et autres colonies françaises, par Alexis-M. G.
FRANCE PITTORESQUE (LA). Région du Nord, par Alexis-M. G.
FRANCE PITTORESQUE (LA). Région de l'Est, par Alexis-M. G.
FRANCE PITTORESQUE (LA). Région de l'Ouest, par Alexis-M. G.
FRANCE PITTORESQUE (LA). Région du Sud, par Alexis-M. G.
HISTOIRE NATURELLE EXTRAITE DE BUFFON ET DE LACÉPÈDE, quadrupèdes, oiseaux, serpents, poissons et cétacés.
IMITATION DE JÉSUS-CHRIST, avec une prière et une pratique à la fin de chaque chapitre, par le R. P. de Gonnelieu.
ITINÉRAIRE DE PARIS A JÉRUSALEM, par le vicomte de Chateaubriand.
JAPON D'AUJOURD'HUI (LE). Journal intime d'un missionnaire apostolique au Japon septentrional.
JEANNE D'ARC, par Marius Sepet.
JÉSUS-CHRIST (histoire de), d'après les Évangiles et la tradition, par M. l'abbé J.-J. Bourassé.
LAC ONTARIO (LE), de Fenimore Cooper. Adaptation par A.-J. Hubert.
LES PLUS BELLES CATHÉDRALES DE FRANCE, par M. l'abbé J.-J. Bourassé.
LE PLUS FORT, par Champol.
OFFICIER DE FORTUNE (L'), de Walter Scott.
ORPHELINE DES FAUCHETTES (L'), suivi de : L'Oncle Jacques, et de : Les États de Franconnette, par Marguerite Levray.
PAYS DES MAGYARS (LE). Voyages en Hongrie. Ouvrage adapté de l'anglais par A. Chevalier.
PILOTE (LE), de Fenimore Cooper. Adaptation par A.-J. Hubert.
PIRATES DE LA MER ROUGE (LES). Souvenirs de voyages, par Karl May; traduit de l'allemand par J. de Rochay.
POLE SUD (LE), par Handel.
ROCHE-IVOIRE (LA), suivi de : Sans Berceau, par Marguerite Levray.
ROI DES REQUINS (LE), suivi de : Un Bureau Américain, L'Aveugle de Bagdad, par Karl May. Traduit de l'allemand par J. de Rochay.
ROME, ses églises, ses monuments, ses institutions, par M. l'abbé Rohault.
SAINT LOUIS, SON GOUVERNEMENT ET SA POLITIQUE, par Leroy de la Marche.
SUR TERRE ET SUR L'EAU. Voyages d'exploration dans l'Afrique orientale, par Mgr Le Roy.
TESTAMENT DU CORSAIRE (LE). Aventures de terre et de mer, par Edmond Neukomm et Gaston Dujarric.
UN TOUR EN SUISSE, par Jacques Duverney.
UNE VISITE AU PAYS DU DIABLE. Souvenirs de voyages, par Karl May; traduit par J. de Rochay.
VIES DES SAINTS POUR TOUS LES JOURS DE L'ANNÉE, avec une pratique de piété pour chaque jour.
VOYAGES DANS LE NORD DE L'EUROPE : Un Tour en Norvège, Une Promenade dans la Mer Glaciale (1871-1873), par Jules Leclercq.

Tours. — Imprimerie MAME.

www.ingramcontent.com/pod-product-compliance
Lightning Source LLC
Chambersburg PA
CBHW070452170426
43201CB00010B/1304